U0664867

儒家说

财富之道

王慧红 主编

新华出版社

图书在版编目（CIP）数据

财富之道儒家说／王慧红主编．
－－北京：新华出版社，2022.12
ISBN 978-7-5166-6528-2

Ⅰ．①财… Ⅱ．①王… Ⅲ．①儒家－经济思想－研究－中国 Ⅳ．① F092.2

中国版本图书馆 CIP 数据核字 (2022) 第 207324 号

财富之道儒家说

编　　者：王慧红	
责任编辑：丁　勇	**封面设计：**赵　妍

出版发行：新华出版社
地　　址：北京石景山区京原路 8 号　　邮　　编：100040
网　　址：http：//www.xinhuapub.com
经　　销：新华书店、新华出版社天猫旗舰店、京东旗舰店及各大网店
购书热线：010-63077122　　中国新闻书店购书热线：010-63072012

照　　排：山东檀音文化传媒有限公司
印　　刷：济南继东彩艺印刷有限公司

成品尺寸：170mm×240mm　　字　　数：462千字
印　　张：27.25　　彩　　插：27
版　　次：2022 年 12 月第一版　　印　　次：2022 年 12 月第一次印刷

书　　号：ISBN 978-7-5166-6528-2
定　　价：69.90 元

《财富之道儒家说》
编 委 会

学习与财富

　　学习究竟是为了什么？孔子讲"古之学者为己，今之学者为人"。荀子对这句话做了补充与阐释："君子之学也，以美其身，小人之学也，以为禽犊。"就是说君子之学是为了完美其身，而小人之学以为禽犊，是为了交易。

　　学习不是增长财富的"禽犊"，而增长财富却离不开学习。

　　随着物质文明的高速发展和世界各国交流与对话的日益频繁，怎么做才能在积累一定财富的同时避免成为物欲的奴隶？如果财富与道德分离，不讲取之以义，就会迷失方向，坠入欲望的深渊。

　　关于财富增长，有没有一种哲学能够给人以方向的指引？

　　从周公制礼作乐到孔子正定礼乐，再到孟子对王道政治、荀子对隆礼重法的强调，乃至汉唐儒家对佛、道文化的吸收以及对现实政治的关涉，儒家文化随着历史和实践而发生变化，其引导大众实现"修身""齐家""治国""平天下"的内涵却始终未变。

　　在科学技术高度发展、社会物质财富迅速增长的当今时代，如何从儒家文化中"择其善者而明用之"？近年来，国家倡导优秀传统文化的创造性转化、创新性发展，想从儒家经典中汲取智慧，就需要结合当今社会的实际情况与大众的传统文化素养对经典进行新的诠释。

　　近年来，许多学者运用西方现象学、解释学的范式对儒家哲学进行了探讨，提出了多种形式的儒学概念。贺麟先生在20世纪40年代谈及"建设新儒家"和"儒家思想的新开展"时，曾特别指出："我们既不必求儒化的科学，也无须科学化儒家思想。"贺麟先生这句话的意思，并不是说不要用科学的态度和方法去研究儒家思想，而是反对当时有些人简单比附儒学与自然科学的做法。在当今时代，应该如何去研究和诠释儒学？与当代新儒家注重开出"新外王"的取向不同，我认为开出儒学的"新内圣"之学似乎更为社会所需要，并且具有广阔而深远的发展前景。这里所谓的"内圣"之学，主要是儒学中那些有关指导人生修养、提高精神生活、发扬道德价值、协调群己权界、整合天（自然）人关系等学说。我们如果能密切结合时代的问题和精神，把儒家这些学说中所蕴含的现代意义充分阐发出来，则必将大有益于当今社会的精神文明建设。而古老的儒学，也将由此萌生出新的意义和新的生命。

社会经济的决定力量大大超过道德的教化力量，但我们不能因此就放弃道德教化的努力。物质文明越发达，精神文明就越重要，自我修养也就越不可缺少。

如何学好儒家的财富哲学？

理学大家朱熹在他的《白鹿洞书院揭示》中说道："考察以往圣贤之所以教人，无非是让人们探求明白做人的道理，进行自我修身，然后推己及人。并不只是教人们广闻博记，写漂亮文章，以便去沽名钓誉，追求利禄。"程子有云："今人不会读书，如读《论语》，未读时是此等人，读了后又只是此等人，便是不曾读。"读书之后，能将理论运用于实践中，才是真正的"学"，这也是为什么说要"为己学"而不是"为人学"。只有"学而时习之"，方能让自己的人生发生质的转变。就是《中庸》讲的，"博学之，审问之，慎思之，明辨之，笃行之"。

儒家经典是儒家思想的重要载体，重读经典，还要强调在学习中的体悟。无论是以孔子、孟子、荀子等为代表的先秦原始儒学，还是以董仲舒、《白虎通义》为代表的两汉政治制度化和宗教化的儒学，或是以程、朱、陆、王等为代表的宋、明、清时期的性理之学的儒学，其中都有对于义利观与财富思想的论述。

《财富之道儒家说》一书以大众关注的"财富"为切入点，以儒家思想为载体，引导读者走进儒学，并以儒家的核心思想指引人生方向。这本书有以下几方面的特点：

第一，不失专业性。本书既从宏观上对儒家的财富思想进行了横向和纵向的解读，让大众对儒学的核心思想、发展阶段、主要代表人物以及财富观方面的主要思想有了整体的了解。同时，又对儒家经典及其代表人物单独分章节进行了详细的剖析，儒家的典型著作"四书"、《周易》《荀子》《孔子家语》，典型代表人物孔子、孟子、董仲舒、王阳明以及孔子的几位代表弟子颜回、子贡、曾子等都容纳在内，同时各章之间又有逻辑性与关联性，有助于读者对儒家思想有深入而全面的了解。本书由行业内的一些知名学者进行解读，在他们深入浅出的解读下，读者能够更透彻地理解儒家财富思想的内涵。郭齐勇的《儒学财富纵横观——走进"日用而不知"的财富世界》从宏观层面以儒家财富观的核心、儒学发展史、儒学学什么、儒家与其他学派财富思想的同与异等方面的内容引领读者对儒家的财富思想进行全面的了解；吴光的《致富路上不仅要有含"金"量，更要有含"文"量》从"体"和"用"两方面对儒家财富思想的应用进行了解读；王杰的《"最为老师"教你化解"性"之"恶"——透过荀子的财富分配方案看财富之道》则以荀子的"性恶论"入手，从个人的学习修身到以礼调节"义"与"利"的冲突，再到富国裕民，对荀子的义利思想及财富分配方案进行了细致的阐述。为了让读者了解儒学的特质，一些学者还结合道家、法家、墨家等学派的思想，从中西方财富思想对比的角度进行了分析。从百姓日用到国家治理，从上下俱富到大同社会，书中的内容十分丰富，也揭示了儒学的人文关怀及哲学的深度和意义。

第二，具有通俗性。只有通俗而接地气的作品才能真正起到以文化人的作用。本书采用了对话的形式，《文化大观》通过一个个通俗而又不失内涵的问题，与学者一起以平实的语言将人生道路上遇到的诸多问题一一解答，让每一位见闻者有机会依照经典所说，根据自己的实际情况学习、运用圣贤智慧。

第三，应用性与实践性。这本书不仅对儒家的财富思想进行阐述，还把体和用结合起来，把大众在生活、工作当中遇到的一些问题抛出来，探讨往圣先贤是如何处理类似的问题的。这对广大读者有一定的启发和指导意义。书中不仅有对儒家经典和古代儒家代表人物的解读，还有当代的企业家将儒学以及传统文化运用到企业管理和企业发展中的经验，引导大众将知与行合为一体。

第四，具有创新性。这本书是文化与经济的跨界融合。将大众关注的两个行业的问题放在一本书中进行碰撞，又以大众能读懂的形式呈现出来，是比较少见的。这让我们的视野放得更宽，在感知宇宙大道运行规律的同时，能够以自然之道指引自己的人生。

这本书的编写，不是某个人的独家观点，而是由多方的力量汇聚而成，其中既有圣贤的教诲，也有当代学者独到的解读，亦有从古至今的商人和企业家的代表在商业中践行儒家文化的案例。这本书是多方力量推动下的力作，既有学界的支撑，也有媒体力量、金融力量的推动。

在孔子之前，儒者就是教授六艺的人。从这个角度来讲，儒者也就相当于现在的老师。到了孔子的时代，"儒"这个称呼实际上已经泛化了，它已经成为当时凡是具有知识的人的通称，也就是我们现在讲的知识分子。教育的核心就是教人如何做人。

当今时代，阅读儒学、研究儒学的人很多，践行儒学的人却很少。随着我国经济社会不断发展，在共同富裕的背景下，随着物质财富与精神财富的需求逐渐增强，我们更应该积极地挖掘和开发儒学这座精神的宝藏，让古老的圣贤智慧在新时代焕发新的生命力。

希望更多的人能对儒学和中华优秀传统文化有一个清晰的认知，希望更多的社会力量以传统文化为切入点，引导大众找到人生信仰的支撑点。

当代中国著名哲学家、北京大学哲学系教授

北京大学宗教文化研究院名誉院长

楼宇烈

2022 年 11 月

从物质财富到精神信仰

有两样东西让哲学家康德心醉神迷：头顶的星空和内心的秩序。

人可以没有宗教信仰，但不能没有精神信仰。一个社会可以没有宗教信仰，但不能出现信仰危机。

当今世界正经历百年未有之大变局，最突出的特征是充满不确定性，世界处在大变革的时代，动荡几乎涉及各个领域，构成历史发展的大趋势。欲事立，须是心立。欲有定，首为心定。欲勿乱，当有信仰。如何使人从不确定性中摆脱出来，如何重塑当代之信仰精神，从而赋予人生以真切的意义感和终极的价值关怀，是当代人需要解决的重大问题。

人，最宝贵的是生命。人的一生，应怎样度过？人的一命，要如何安立？我曾与南怀瑾先生讨论过这个问题。现代化使人们的物质生活水平普遍提高，可精神世界却缺少了关照。现代的人们拥挤在高节奏、充满诱惑的现代生活中，人心浮动，没有片刻安宁。欲望在吞噬理想，多变在动摇信念，心灵、精神、信仰在被物化、被抛弃。大家好像得了一种"迷心逐物"的现代病。如果失落了对自身存在意义的终极关切，心为物役，人，靠什么安身立命？

安身立命即"生命的安立"，作为中国文化的传统话题，不仅是儒家的追求，也是儒释道的通义。这一话题可演绎为关于生命的三条约定：热爱生命，追求幸福——这是安身立命的基本约定，也是今天现代化的动力；尊重生命，道德约束——这是追求幸福的集体约定；敬畏生命，终极关切——这是追求幸福的未来约定。现代化和市场经济不断放大、满足着安身立命的基本约定，但也难免刺激、放任个体对物质享受的过度追求，不断洗刷甚至消解追求幸福的集体约定和未来约定。于是，"天下熙熙皆为利来，天下攘攘皆为利往"，近利远亲、见利忘义、唯利是图、损人利己，甚至"要钱不要命"的道德失范现象，反而在促进生活提高、人类进步的现代化浪潮中沉渣泛起。

让人民向共同富裕的道路迈进，离不开市场经济。但在市场经济迅速发展，社会物质财富迅速增长的现代社会，无论东方还是西方，都面临一个共同的问题——市场经济条件下的道德调节问题。面对财富这把"双刃剑"，如何坚守伦理底线，把物质财富与精神境界结合起来？一方面，资本追逐利润最大化、个人追求利益最大化，可能导致拜金主义、极端利己主义等非道德现象；另一方面，市场经济的健康发展必然要求人们遵守市场规则、进行道德自律，必然要求社会公平正义和人们道德素质的提高。这体现了市场经济的自发运行存在的一种道德悖论：既排斥道德又需要道德。

埃德加·莫兰（法）的《复杂性理论与教育问题》一书（北京大学出版社2004年版）认为："内在于两种理解中的障碍是巨大的。它们不仅是彼此不感兴趣，而且是自我中心主义、种族中心主义和社会中心主义的，其共同的特点就是把自己放置于世界的中心，而把任何外在的或远离的东西看作次要的、无足轻重的或敌对的。"因为无论是对于客观事物的认识，还是对于不同主体的认识，都存在各种各样的障碍，如干扰信息传输的噪音，同一个概念的多义性，对他人的惯例与习俗的无知，对不同文化的价值规范、道德律令、法律律令的无知等，经常导致以己度人，用"一种思想结构去理解另一种思想结构"，这是一种典型的自我中心主义。种族中心主义和社会中心主义只是自我中心主义的放大而已。它们共同的特点就是把自己置于世界的中心，把任何外在的、远离的东西，把别人的利益放在一边。这与现在某些霸权主义的行径是完全相同的。莫兰提出，自我中心主义者往往把所有的坏事情的原因都推到外部或者非外部的其他人身上，"以贬抑的方式观察别人的话语和行为，选取对他们不利的东西，消除对他们有利的东西，选取使我们满意的记忆，消除或改变丢面子的记忆"。一句话，采取的是自欺欺人的做法。这样的自我中心主义，也是产生排外情绪和种族主义的根源所在，构成了对于改善个人、团体、民族和国家之间的关系的主要障碍。

他讲了这么多中肯的、新鲜的道理，其实儒家学说早已一言以蔽之，"己所不欲，勿施于人"。

在市场经济中，如何把"富起来"的诉求，把"资本"增长的冲动，与"勤劳""诚信""节俭"等传统美德相结合，形成勤勉做事、平实做人，守信光荣、失信可耻的社会氛围，建立适应社会主义市场经济的道德和行为规范，是我们"富起来"过程中需要探索、需要解决的大课题。作为一个有着深厚文化传统的伟大民族，几千年的传统文化中的优秀基因，正是构建当代精神信仰的重要资源。以修身齐家治国平天下为人生信条的儒家，对中国人的为人处世，人生价值，乃至宇宙观、生命观等产生了重要影响。对市场经济的道德调节能否有用？不妨一试。

在商业社会，如何实现修身齐家治国平天下？古代的儒商从"己欲立而立人，己欲达而达人"做起，用《大学》的"明德"，《中庸》的"正心""诚意"，去解决企业的人事管理的问题。真正的儒商不仅能深入领会儒学的核心精神，还能将之运用于实践之中。

在快节奏的现代社会，如何将经典读薄？如何将儒学经典中那些指引人走上人生正道的思想讲清楚？如何将厚重的文字简化为人生的信条？需要有专业的团队和力量去做好传播、普及工作。习近平总书记在不同场合多次提出，要推动中华优秀传统文化创造性转化、创新性发展，中华优秀传统文化只有通过"两创"才能真正"飞入寻常百姓家"，在当代发挥其以文化人的作用。

对于儒学的解读和传播，鲜少有人关注其在财富方面的引领作用。《财富之道儒家说》，财富之道是怎样的道？说什么？谁来说？本书的采编人员足迹遍至华夏大地，与国内知名学者共同探讨儒家思想中的财富之道。

经典是文明的载体，不应被束之高阁，对儒学文化的研究和解读，不能让人无从下手甚至望而生畏，更不应局限在字面意思的解读与知识的传递。在传统文化热潮兴起的当下，有很多企业和社会组织力图以传统文化来塑造人的灵魂，将传统文化中的核心理念运用在机构的管理和发展中，却不知从何处下手，即使将经典熟读成诵，仍不解其意，无法做到知行合一。

《财富之道儒家说》恰恰解决了这个问题。独立的章节，轻松的问答，在《文化大观》与学者们的对话中，儒学的核心价值理念缓缓流出。从面对义与利的诱惑时如何择取到如何从容进退于贫与富的境界，从用什么来调养人的欲望到统治者如何制定财富分配标准，仿佛一位师者在侃侃而谈，又仿佛千年前的圣贤就浮现在眼前。孔子、孟子、曾子、王阳明等圣贤现身说法，告诉你面对利益如何去做选择，怎样才不会被眼前的财富冲昏头脑。

《周易》讲："富有之谓大业，日新之谓盛德"；《中庸》强调："德为圣人，尊为天子，富有四海之内"；《孟子》指出："无恒产而有恒心者，惟士为能。若民，苟无恒心，放辟邪侈，无不为已。"……从字字珠玑的经典原文中，从学者富有思辨性的对话中，我们感悟到了孔子的"见小利，则大事不成"的谆谆教诲，颜回"君子食无求饱，居无求安，敏于事而慎于言，就有道而正焉"的人生境界，王阳明所讲的"虽终日做买卖，不害其为圣为贤"的豁达。

儒家的财富思想不是单纯地谈财富问题，先哲们总能透过表象而看到问题的本质。他们不是直接告诉你如何去获得财富，而是引导你去思考如何才能顺应宇宙大道顺其自然地得到应得的财富。什么样的财富是守不住的？什么样的致富方式是正当的？什么样的财富获取方式是为人所不齿的？国家为什么要制民恒产，薄赋敛轻税收？怎样的政令会让大家朝着"大同社会"的理想更进一步？

从这本书中，不仅可以领悟财富之正道，还可以感知圣贤之心。将视野从个人的修身，齐家，到如何和睦邻里，再放大到了解国家政策，治国之道，明白自身的定位与使命所在。无论你处在何种境遇，是贫还是富，是一介布衣还是为官一任，都能从中找到思想的启迪。无论是求物质财富，还是求精神财富，通俗的语言，简短的问答，可以满足各种文化水平和层次的读者的需要。

从物质财富到精神信仰，这是人类避免"心为物役"而"生命安立"，必须解决的永恒问题。我们且听先哲之言，不妨一读此书。

第十三届全国政协委员、全国政协文化文史和学习委员会副主任
中央社会主义学院原党组书记、第一副院长

叶小文

2022 年 11 月于京

前　言

一、财富之路上有"术"，更要有"道"

　　无论过去、现在和未来，"财富"总是与每个人都息息相关。自古以来，文人似乎都羞于谈钱，仿佛金钱真的会腐蚀掉人的德行。在大众的印象中，作为中华文明核心的儒家文化似乎只重道德，不重财富。然而，义利之辨，是中国传统思想论争的一个核心议题。财富之路上有"术"，更要有"道"。没有文化支撑，财富之路注定走不长远。

　　任何时代都有论富的必要。在物质条件极大丰富的当今时代，如何走上致富之路？以五千年文明作支撑，我们有底气直面财富话题。

　　党的二十大报告提出，增强中华文明传播力影响力，坚守中华文化立场，讲好中国故事、传播好中国声音，展现可信、可爱、可敬的中国形象，推动中华文化更好走向世界。[①]在人民的精神文化需求日益增长的现代社会，如何紧紧抓住人民最关心最直接最现实的利益问题，在扎实推进共同富裕的同时，更好地传承中华优秀传统文化，推出增强人民精神力量的优秀作品？需要专业力量深度把握中华优秀传统文化的核心，对中华优秀传统文化进行创造性转化、创新性发展。

　　2014 年 9 月 24 日，习近平总书记在纪念孔子诞辰 2565 周年国际学术研讨会暨国际儒学联合会第五届会员大会开幕会中指出："研究孔子、研究儒学，是认识中国人的民族特性、认识当今中国人精神世界历史来由的一个重要途径。"[②]

---

①习近平：《高举中国特色社会主义伟大旗帜 为全面建设社会主义现代化国家而团结奋斗——在中国共产党第二十次全国代表大会上的报告》，人民出版社 2022 年版，第 45—46 页。
②《习近平在纪念孔子诞辰 2565 周年国际学术研讨会暨国际儒学联合会第五届会员大 会开幕会上的讲话》，《人民日报》，2014 年 9 月 25 日 02 版。

儒家思想是中华民族的精神内核，其中不仅蕴含着修身、治国、理政的思想，还是一门关于生命和生活的学问。儒学不仅在中国社会的发展历程中产生了不可估量的作用，还走出国界，传播到东亚、东南亚和欧美各国，在世界范围内产生了重要的影响。儒学不仅蕴藏着秩序建构、德性修养、内在超越等方面的思想，还是联结世界人民命运的文化纽带。儒家思想的精华——"己所不欲，勿施于人"，在1993年签署的《全球伦理宣言》中被定义为伦理的黄金法则。

从作为古代知识分子必读书目的儒家经典中，我们不仅可以找到修齐治平之道，还可以探寻到财富增长的智慧。

二、从儒家经典中，感知穿越千年的财富智慧与圣贤气象

只有认清了财富来源的本质，才能把握获得财富的根本途径。

我们应该以怎样的态度看待财富？

财富从何而来，又终将去向何处？

中国最好的财富哲学是什么？

古代富豪是如何生财、守财的？

儒商鼻祖为何从孔门弟子中诞生？

致富之道有高低之分吗？

财富真正的价值如何体现？

道德、良知与财富有什么关系？

如何应对"贫"与"富"两种人生境界？

先"富民"还是先"富国"？

当今社会如何实现"先富"带动"后富"？

……

这些问题都能从儒学经典中找到答案。

通过专家的引领，我们走进《周易》《论语》《大学》《中庸》……走近孔子、子贡、董仲舒、王阳明……

最高的财富源自何处？王者之书《周易》告诉我们：最高的财富来自天

地，天地的富有不是占有而是创造。财富不以道得之，会如何？"最为老师"荀子告诉我们，不符于"德"的"财"终将失去。如何面对财富诱惑？"宗圣"曾子告诉我们，要把富贵视为权势者的垂钓之饵。为什么要修德？"亚圣"孟子告诉我们：无恒产则无恒心。

《论语》告诉我们："见小利，则大事不成"；《大学》告诉我们："货悖而入者，亦悖而出"；《春秋繁露》告诉我们："义之养生人，大于利而厚于财也"……儒家经典中蕴含的哲理需要我们用一生去思索。

认识财富、了解财富的来源、探索致富之道、感悟财富的真正价值是我们的首要目标，我们最终的目标是达到超越财富的境界。

三、以正确的打开方式走进儒家经典

"富"不能盲求，没有"道"指引方向，必将会为财富这把双刃剑所伤。财富不仅是指物质财富，还包含精神财富。共同富裕不仅是合理分配财富，还涉及致富环境与致富渠道的构建问题。

正是基于对以上问题的思考，促成了本书的诞生。

为了让读者认识到财富背后隐藏的一系列的深层问题，为了让先贤智慧更好地指导我们的生活实践，本书采取了一问一答的形式。从山东到北京，从浙江到贵州，我们对话了十几位国内知名学者，书名"财富之道儒家说"亦得名于此。在一次次的交流、对话之中，学者对财富问题的层层解读，对儒家思想的深入剖析，使圣贤伟大的哲思、高远的境界立体呈现，让我们对财富、对人生有了更深层次的领悟。

本书分为儒家财富观纵横谈、儒家经典及代表人物的财富思想、儒家财富观的现代应用三大部分。传统文化领域的专家，对儒家典籍中的财富观、古人的生财之道、如何构建民富国强的治国之方等进行解读与讲述，金融及企业家则结合儒家思想与企业发展及企业文化构建，传达正确地获取财富的理念及在共同富裕中的责任和担当。从儒家义利之辨的核心话题，到生财、守财之道；从儒商精神特质的来源，到治国理政层面财富分配方案的诞生，本书在对儒家财富思想进行梳理的同时，辅之以儒家经典和人物经历的解读，

对儒学的本质、核心内容及其对生活的重要意义进行了剖析。可以说，跟着圣贤探索财富之道的过程，也是了解儒家思想传承发展的过程。除了沿着儒学的发展历程对相关的经典和代表人物进行剖析，学者们还从横向、纵向，东方与西方，儒家与道家、法家、墨家等多角度对儒家的财富观进行了解读，让读者对儒家的财富思想进行更直观、全面地了解。

从个人层面来看，唯德能润身，走上致富之路，需要发掘自身真正的财富。了解经典中的财富思想不是最终目标，运用经典指导生活实践，才能真正让其发挥应有的价值。以正确的打开方式走进儒家经典，方能开启财富人生。

从社会层面来看，找到修齐治平背后的"黄金屋"是人人都关注的。解读古人的财富密码，可以助力创业者和企业家发现财富哲学背后财富来源的本质。如何从根源上防治腐败与拜金？君子爱财，取之有道。从五千年文明中探求财富密码，为精神找到支点，方能走上"不想腐"的财富正道。

从国家层面来看，经典中蕴含着资政育人的重要思想资源以及助力经济起飞的文化资本，为我们走好民富国强的路子指明"义利双行"的方向。从古人描绘的"大同世界"的理想中，我们能探求到共同富裕之道。共同富裕背后的含"文"量不容忽视。

在探索财富智慧的过程中，一句箴言，一个故事，字里行间流露出的哲学思想，让我们的精神空间渐渐扩大，格局、眼界不断开阔。希望有一天你能真正领悟，人生在世，除了物质的"生生"以外，还要有精神的"生生"。

致富之路在何方？沿着道的方向。

名家推介

郭齐勇

中国人天生就是儒家，儒家是我们的生活方式。儒家不是不要财富，只是要求取之有道，得之以礼，见利思义，以义制利。

我们对儒家文化要有一个全面的了解，要有评论，有认同感，然后才能做一些创造性转化的工作。《财富之道儒家说》从横向、纵向多个角度对儒家的财富思想进行了深入浅出的剖析，在触及儒学核心话题的同时将儒学的核心理念以通俗的语言表达出来。通过《财富之道儒家说》，我们可以深入挖掘儒学这座富矿，对儒家文化进行创造性转化和创新性发展，将"百姓日用而不知"提升为自觉自识。财富的积聚，要从"义利双行"的这个路子上走。

吴光

儒家核心价值观念并没有过时，它正在全球化与现代化进程中发挥实际作用。

我认为，当代儒学的发展方向，是超越心性儒学和精英儒学的局限而面向大众、面向生活、面向现代。《财富之道儒家说》，从"体"和"用"两方面，从儒家道德伦理思想中发掘致富之道，是值得一读的国学读物。要真正发挥儒学经世致用的效能，需要我们在"明体"之外，落实"达用"之实。

杨朝明

儒家文明是中华文化的主干，引导儒学研究与时代发展相结合，要做好传统文化研究"登峰"和"落地"两篇文章。

习近平总书记2013年在孔子研究院视察时提出"古为今用，去伪存真"。《财富之道儒家说》带领读者走进儒学世界，领悟儒学不仅是"修己安人"之学，也是"治世"之学。孔子讲"道不远人"，优秀传统文化的"两创"落地工作，就是要真正地让它走向大众，走向人心，发挥润物细无声的作用。打开《财富之道儒家说》，体会"安贫乐道"与"富而好礼"的人生境界，找到财富的方向。

于建福　　　　　　　王杰

以《论语》为代表的儒家经典蕴涵着丰富而深刻的财富观，这一财富观集中体现在义利关系上，贯穿于儒家教化之中。孔子怀仁爱之心，恪守道德礼义，在对弟子的教育中，有激励，有引导，有启发，有劝诫，言传身教，其义利观不仅直接影响了颜回、冉雍、子路、冉求、宰予、子贡、原宪、樊迟、曾子等弟子和诸多时人，还持续影响了再传弟子、孟子以及后世儒家。儒家"讲仁爱、重民本、守诚信、崇正义、尚和合、求大同"，基于道义而尊重人的生存发展，将精神与物质有效统一起来，为中华民族生生不息、发展壮大提供了财富观上有益的价值引领，对当今社会乃至人类未来都具有深远意义。让我们共同捧读《财富之道儒家说》，从中感知财富观上的圣贤之道，体悟儒家经典蕴舍的育人价值，共谋人类福祉。

权为民所用，为官一任，造福一方，领导干部是社会主义建设事业的中坚力量，其德行不仅事关个人荣辱，还关系着社会公平正义，关乎国家的兴衰存亡。领导干部的道德建设与培养，不能脱离中华民族传统文化的沃土。

《周易》讲"德不配位，必有灾殃"，如果没有德行支撑，没有正确的人生观与价值观，财产再多、权力再大，最终都会付诸东流。《财富之道儒家说》，对于领导干部补足精神之钙，筑牢修身做人的基础，增强"不想腐"的自觉，能够起到润物无声的作用。

张新民

　　一个国家的核心价值、道德力量或超越精神，不能成为飘在空中的虚无物，必须有其物质载体，有具体的文化象征物可以挂搭，与民族集体的生命合为一体，从而转化为社会日常生活的实际行为，才是真实、可靠和切身有用的。孔子虽然远离我们已经两千多年，但以其精神为符号的各种文本读物，历来都是中国文化最有生命活力的载体，得到世世代代中国人的主动认同。

　　深入研究和分析儒家财富思想，并将相关学术成果整理结集成书，乃是激发中华民族文化发展活力的重要创新举措。儒家的理财思想既系统又丰富，认真继承并予以创造性地转化和发展，是利国利民甚至有裨于人类社会未来前途的大事。《财富之道儒家说》对于大众了解儒学核心思想，尤其重建科学合理及明智有效的理财之道，树立人人都需要的正确的财富观，无疑提供了一个很好的文本阅读平台。

目 录 CONTENTS

第二章 儒家经典及代表人物的财富思想

第三章 儒家财富观的现代应用

第一章

儒家财富观纵横谈

郭齐勇：

湖北武汉人，1947年生。武汉大学哲学学院与国学院教授、博士生导师，中国传统文化研究中心荣誉主任。

曾任武汉大学人文学院院长和哲学学院院长、国务院学位委员会哲学学科评议组成员、教育部高等学校哲学教学指导委员会副主任、国际中国哲学会（ISCP）会长、中国哲学史学会副会长、中华孔子学会副会长等。

兼任湖北省文史研究馆馆员、贵阳孔学堂学术委员会主席等。2006年被评为国家级教学名师，2017年被评为世界儒学研究杰出人物。

主要从事中国哲学的教学与研究工作，专长为中国哲学史、儒家哲学。著有《中国哲学史》《中国哲学通史·先秦卷》《中国儒学之精神》《儒学与现代化的新探讨》《中国文化精神的特质》《中国哲学的特色》《传统文化的精华》《中国人的智慧》《中国思想的创造性转化》《现当代新儒学思潮研究》《熊十力哲学研究》等。

儒学财富纵横观

——走进"日用而不知"的财富世界

在中华文明的历史长河中，有一段百家争鸣的灿烂时期。儒家思想如何从诸子百家中脱颖而出，成为中华民族的文化精华？其中蕴含的思想何以经国济世？儒学又何以融于人伦纲常之中？1993年在美国芝加哥举行的世界宗教议会大会上通过的《全球伦理宣言》中，儒家的八个字"己所不欲，勿施于人"被定义为伦理的黄金法则，也是道德的最高标准。

儒家的学问不在纸上，如何让它从"日用而不知"的文化变成指导人生方向的信念？感知儒家的财富思想，除了学习儒家代表人物与儒家经典，更应从宏观上总览儒学的发展历程，多重视野下层层深入，方能把握儒家财富观的核心。郭齐勇教授带领我们透过经典，纵观古今中外，与先贤对话，走进"日用而不知"的财富世界。

一、儒家财富观的核心是什么？
走进"日用而不知"的财富世界

"百姓日用而不知"
儒家肯定财富的求取、积累与分配的合理性

《文化大观》：您多次谈到"儒学是我的生活方式"，儒家是怎么看待财富的？

郭齐勇：儒家财富观的话题很有意思。儒学是"百姓日用而不知"的。儒家的传统中，孔孟之道的安民思想很重视财富。

儒家学派的创始人孔子治国安民的主张是"庶、富、教"，庶而后富，富而后教，肯定民生，强调藏富于民，把维护老百姓的生存权与受教育权看作是为政之本。孔子非常重视老百姓的生活，提出了民富论、均富论等思想。孔子并不反对私利，反对的是以权谋私。

"亚圣"孟子主张保障老百姓的财产权。孟子曾对齐宣王说："若民，则无恒产，因无恒心。"对于我们现在讲的家庭生产资料，孟子称之为"制民恒产"，认为人民只有在丰衣足食的情况下才能安分守己。《孟子·梁惠王上》讲："是故明君制民之产，必使仰足以事父母，俯足以畜妻子，乐岁终身饱，凶年免于死亡"，意思是说：英明的君主规定人们的产业，一定要使他们上足以赡养父母，下足以抚养妻儿；年成好时丰衣足食，年成不好时也不至于饿死或逃亡。

《文化大观》：您刚刚讲到了儒家的两位代表人物的财富思想，儒家还有哪些经典谈到了财富？

郭齐勇：比如儒家经典《礼记》讲"百亩之田"，涉及财富分配的问题，把百亩之田按土质肥瘠分成三等，对老百姓的田产做了规定。制度规定一个农夫可以授田百亩，上等土地一个农夫可供养九人，次一等的可供养八人，依次递减为七人、六人、五人。

《孟子》一书中也多处谈到了老百姓"八口之家""五亩之宅""百亩之田"的农家生活理想。

《周易》给国人留下了丰富的道德资源，其中也有很多关于财富的内容。如"富有之谓大业，日新之谓盛德""何以守位？曰仁。何以聚人？曰财"等。

我认为儒家的财富观肯定财富的求取与积累，以及分配的合法性、合理性和正当性。

"见利思义""以义制利"方能"取之以道""得之以礼"

《文化大观》：儒家的财富思想涉及很多方面，那么儒家财富观的核心是什么呢？

郭齐勇：谈到财富的求取，义利观的建立非常重要。

说到儒家财富观的核心，"见利思义""以义制利"这八个字是可以精准概括的。在肯定财富求取的同时，儒家讲求"取之以道""得之以礼"。在肯定财富求取的前提之下，还要看取得财富的手段及目的。也就是要考察：为谁取得财富？怎样取得财富？在获取财富的过程中，是不是做到了"以义制利"。

二、儒学财富观是一成不变的吗？
纵览儒学发展史

纵览儒学发展史
观其"常道"与"变道"

《文化大观》：中国的儒学从诞生以后一直到现在并不是一成不变的，经历了很多不同的阶段。儒学的发展分为几个阶段呢？

郭齐勇：有关儒学发展史的分期，见仁见智。我认为，儒学经历了四个时期，即四个大的历史阶段。这与我对整个中国哲学史的分期有关。儒学发展的每一个阶段，形成的有特色的儒家思想系统或社会人生观念，都是因中国社会内部的需要而产生的。

儒学有其一以贯之的常道，但也有因时而异、与时偕行的变道，这种变化发展主要源于中国社会内部的需要，源于中国社会文化内部的调适，同时它也是回应外部社会文化挑战的结果。①

《文化大观》：这四个历史阶段分别是怎样的？

郭齐勇：第一时期为先秦时期，是中华人文价值理性的奠基期，是黄河、长江流域的文化与周边不同族群的文化大融合的时期，初步形成了中华多民族及其文化的融合体。

第二时期是汉魏两晋南北朝隋唐，这个时期中华制度文明的建构已相当成熟，是中华多民族及其文化融合体的确立期，与周边各民族及外域文化扩大交流的时期，也是印度佛教文化传入中国，与中国下层民俗文化及上层精

---

① 郭齐勇：《中国儒学之精神》，复旦大学出版社 2009 年版，第 26 页。

英文化（包括思想、哲学、艺术、宗教）等不断融合的时期。

第三时期为宋元明清，是士庶二元社会结构解体，文明在全社会下移、推开的时期，是世俗化的时期，也是进一步消化印度佛学并重振中国文化及儒学的主体性的时期。此一时期的道学（或理学）是整个东亚文明的体现，它在朝鲜半岛、日本列岛和越南等地区和国家都得到深化与发展。

第四时期是从清末至今，是西欧与美国文化作为强势文化冲击中国文化的时期，也是东西方的文化、思想、哲学、宗教碰撞、交融的时期，中国文化及儒学在总体上处于劣势并蛰伏的时期，是消化西方文化及学术，再建中国文化及儒学之主体性的准备或过渡的时期。

儒学即将迎来第五时期，即现代之大发展期。[①]

《文化大观》：各阶段都有哪些代表人物呢？

郭齐勇：第一阶段有孔子、孔门弟子、子思、孟子、荀子。

第二阶段的代表人物除汉至唐代的经师贾逵、许慎、马融、郑玄等，还有陆贾、贾谊、董仲舒、司马迁、刘向、扬雄、刘歆、桓谭、班彪、王充、班固、张衡、王符、荀悦、仲长统、何晏、郭象、皇侃、徐干、刘劭、王肃、阮籍、傅玄、王弼、欧阳建、杨泉、刘徽、郭璞、何承天、刘勰、钟嵘、贾思勰、颜之推、孔颖达、崔憬、贾公彦、陆德明、颜师古、王通、刘知几、杜佑、韩愈、李翱、刘禹锡、柳宗元等。

第三阶段的代表人物有：范仲淹、孙复、胡瑗、石介、欧阳修、李觏、邵雍、周敦颐、刘敞、司马光、张载、王安石、沈括、程颢、程颐、苏轼、吕大临、谢良佐、杨时、邵伯温、朱震、郑樵、胡宏、杨万里、朱熹、张栻、薛季宣、蔡元定、吕祖谦、陈傅良、陆九渊、杨简、陈亮、叶适、黄干、陈淳、秦九韶、许衡、黄震、金履祥、文天祥、刘因、吴澄、马端临、薛瑄、陈献章、罗钦顺、湛若水、王守仁、王廷相、王艮、杨慎、王畿、罗洪先、颜钧、罗汝芳、何心隐、李时珍、李贽、吕坤、顾宪成、周汝登、高攀龙、徐光启、

① 郭齐勇：《中国儒学之精神》，复旦大学出版社 2009 年版，第 26 页。

刘宗周、孙奇逢、宋应星、朱之瑜、傅山、黄宗羲、方以智、顾炎武、王夫之、毛奇龄、朱彝尊、陆陇其、唐甄、万斯大、颜元、熊赐履、阎若璩、李光地、李塨、方苞、江永、惠栋、全祖望、袁枚、卢文弨、庄存与、戴震、纪昀、赵翼、钱大昕、段玉裁、章学诚、汪中、洪亮吉、江藩、焦循、阮元、刘逢禄、龚自珍、魏源等。

第四阶段中外诸思潮相互激荡，出现的代表人物有：曾国藩、俞樾、张之洞、王先谦、王韬、郑观应、黄遵宪、孙诒让、皮锡瑞、廖平、康有为、谭嗣同、孙中山、章炳麟、严复、梁启超、王国维、陈独秀、李大钊、毛泽东、蔡和森、恽代英、李达、胡适、梁漱溟、马一浮、刘师培、吴承仕、熊十力、黄侃、张君劢、钱穆、冯友兰、方东美、金岳霖、贺麟、朱谦之、艾思奇、洪谦、张岱年、徐复观、唐君毅、牟宗三、殷海光等。[1]

经世致用的功能逐渐凸显
财富观随历史发展而变化

《文化大观》：儒学的不同阶段在财富方面的主要观点是什么？

郭齐勇：先秦时期，"至圣先师"孔子讲"富与贵，是人之所欲也；不以其道得之，不处也"。到了汉代，经学家刘向讲："财不如义高，势不如德尊"，其财富思想就是从儒家经典中来的。

唐宋时期，在社会商品经济迅速发展的情况下，财富观也随之变化。

宋代到明末清初，越来越强调"义"指导下的"利"的重要性的问题。

《文化大观》：发展到后期，儒家的财富思想呈现出了怎样的特点？

郭齐勇：到了宋代的时候，出现了功利学派，为学注重实际功用与效果，

---

[1] 郭齐勇：《中国儒学之精神》，复旦大学出版社 2009 年版，第 27—28 页。

反对理学家讳言功利和空谈心、性、命、理。

到功利学派的代表人物陈亮、叶适，才真正有了"义利双行"的思想。陈亮主张"正其谊而谋其利，明其道而计其功"。在陈亮看来，义和利并不是截然对立的，关键要看这个"利"是毫无节制的一己私欲，还是赐福众生的"生民之利"。陈亮所言的事功是以大义大利为宗旨的，是要有一颗"真心"的。叶适主张"崇义以养利，隆礼以致力"，既要谋利用力，以使道义可行，又要用礼义来范导、推动事功，这样不至于像小人一样聚敛钱财。他所主张的功利主义是以扩大再生产为目的，就是要使社会财富有所增长。过去太强调"义"对"利"的指导，而没有强调"利"的正当性、合法性。陈亮、叶适就特别强调了这一点，我觉得他们的贡献很大。

然后就是明末清初的顾炎武、黄宗羲，他们讲"工商皆本"，肯定手工业和商业利益求取的正当性，也是比较典型的。过去是"以农为本"，现在是把工商都作为本，这也是不得了的一个变化。[①]

《文化大观》：明清时期的儒学家主张经世致用，是对儒学思想的发展吗？

郭齐勇：是的。经世致用也是传统思想，不过明清时期讲经世致用，就与时代的精神相应和了。这一时期经世实学兴起，批判理学的流弊，有助于总结中国自己的传统科技，又迎接了西方自然科学与科技知识的传入。特别是，经世致用思潮在此时促进了商人与商业的发展，"商"的精神、商人的地位进一步提升了，儒家的财富观在此时才真正有了长足的发展。

---

① 郭齐勇：《中国哲学通史·先秦卷》，江苏人民出版社 2021 年版，第 287—290 页。

三、儒学是一门怎样的学问？
先学会做人与做事才能走上财富之道

儒学是中国人生活方式、行为方式、思维方式、
情感方式和价值取向的结晶

《文化大观》：既然我们要以儒家思想来为财富之道指引方向，那么就需要先了解儒家思想的内涵。儒学是一门怎样的学问？

郭齐勇：儒家的理想人格是成君子、贤人、圣人。从钱穆、冯友兰、贺麟、张岱年等先生的著作中，我们可以了解到，中国文化精神与中华民族性格主要是由儒家奠定与陶养的。

儒学为什么能成为中国传统文化的主流意识形态？这是由儒学的基本精神、广博范围、历史发展客观确定的，而不是什么人的一厢情愿。传统中国社会是儒家型的社会，而儒学则是中国人的生活方式、行为方式、思维方式、情感方式和价值取向的结晶。

儒学学什么？
做人与做事要统一

《文化大观》：儒学主要包含哪些内容呢？

郭齐勇：儒学的主要内容可以分为两大部分。

一部分是内圣修己之学。是关于个人的心性修养，诚意正心，陶冶性情，培育君子人格的学问。

另一部分是外王事功之学。是在齐家、治国、平天下的过程中，特别是在社会政治实践过程中，为老百姓，为国家、民族服务，建功立业。

前者是做人，后者是做事，这两者是统一的。

四、横向对比：各家财富思想的同与异
"德"何以为"先"

儒家与诸子百家的财富争鸣

《文化大观》：从宏观上来看，儒家的财富观与法家、道家等学派有何不同？

郭齐勇：当然有不一样的地方。儒家的财富观肯定财富，承认差等，又主张分配正义。它肯定我们不同的人、不同的阶层、不同的阶级占有的财富的不同，但是它又强调流动性，肯定基本的分配正义，所谓"不患寡而患不均"，不是绝对的平均主义。

法家不太重视这个问题。法家极力推崇法治，"不贵义而贵法"。法家认为人之本性在"自利"，"利之所在，民归之；名之所彰，士死之"（《韩非子·外储说左上》）。法家甚至规定军人以杀敌多而赐爵位。自利的本性普遍地体现在君臣、父子、夫妇等人际关系中，要使处处有自利之心的人最后统一在君国公利的旗帜下，就必须以法、术、势三者作保证，方可使其"不得为非也"。① 法家在财富方面的观念基本上是由权力垄断到财富垄断。

道家也不太重视这个问题。道家比较洒脱，比较超越，未深入讨论财富之求取、积累、分配过程中的正义的问题。在道家思想中，名誉、财货都是身体的附属物，而非生命的本真，得到更多只会更加迷惘。从财富分配的角度来看，老子认为统治者应当尊重老百姓的主体性，认可他们的自主能力，

---

① 郭齐勇：《中国哲学通史·先秦卷》，江苏人民出版社 2021 年版，第 701—711 页。

尊重他们的选择，从而达到自化、自正、自富、自朴等存在状态。老子认为理想的治理状态应当是统治者与百姓均能实现真正的自然。老子主张统治者应规范自己的行为，不应放纵自己的欲望，将自己的意志强加于老百姓。只有这样，老百姓才能真正按照他们自己的愿望来谋求生存与发展。

因而，只有儒家强调财富的求取、积累和分配过程中的合法性、合理性、正当性的问题。儒家的政治理想是"大道之行，天下为公"的大同社会，道家所设想的是"小国寡民"的理想社会，墨家标榜的是人与人"兼相爱，交相利"的理想生活状态。①

《文化大观》：儒家与墨家有些思想有相同之处，在"义利观"方面，儒家和墨家有什么异同？

郭齐勇：儒墨两家同样尊崇尧舜，都以《诗经》《尚书》为经典，但取舍不同。儒家和墨家的弟子在当年遍布天下，都以仁义之术教导百姓。

墨子作为平民阶级的代表，批判周代礼乐制度奢侈靡财的负面，发掘原始夏文化中的博爱、互利、民主、平等、节俭为公的精神，创造了与当时农民、手工业者等劳动民众生活相协调的"兼相爱，交相利""贵义""兴利"等重要思想。②

儒墨两家都讲"爱人"，分歧在于墨家更注重物质生活方面的功利性，即由"兼相爱"所产生的互利互惠的社会功效；而儒家则讲义利之辨，虽不排斥社会公利，但却认为人的道德心性具有超越外在事功的内在价值。

儒家讲义利之辨，墨家讲义利之合，两家之相同点是都排斥个人的自私自利，而分歧在于儒家认为道德有其内在价值，而道德正是人之异于禽兽者，道德生活的价值高于"饱食暖衣"的物质生活。墨子的义利统一观，则指向老百姓的衣食温饱。他的最大忧患就是："饥者不得食，寒者不得衣，劳者不得息。三者，民之巨患也。"（《墨子·非乐上》）义的首旨就是要解除

① 郭齐勇：《中国哲学通史·先秦卷》，江苏人民出版社 2021 年版，第 225 页。
② 郭齐勇：《中国哲学通史·先秦卷》，江苏人民出版社 2021 年版，第 250 页。

这三患。

墨子强调对公众有效用、有益处才是有价值。虽然并不是一切有公利、有公益的行为都是道德的，但墨子"兼爱交利"的指向是社群整合和全体人民的生存发展，因此，这种功利主义是值得称道的，在一定意义上，可以作为儒家道德哲学的补充。①

中西财富观的共通性
道德不可或缺

《文化大观》：儒家财富观与西方的财富观相比有何异同？

郭齐勇：西方的财富观我不是很了解，但是我所见到的西方的一些思想家，他们也重视道德。比如亚当·斯密的《道德情操论》，写的就是道德情操的问题，揭示出了人类社会赖以维系、和谐发展的基础以及人的行为应遵循的一般道德准则。所以西方市场经济的发展也是要重视道德的，也批评粗鄙的个人主义、利己主义、金钱至上等观念。

美国著名经济学家、诺贝尔经济学奖得主詹姆斯·布坎南也重视政治制度的改革，法律秩序的改革，伦理道德在市场经济中的作用。布坎南认为市场是道德秩序的一个体现，他讲契约精神，他说不受制约的人是野兽，个人的经济利益的行为必须限制在相互有利的践行之间。

所以我们看西方的思想家、经济学家，也不否认社会道德和个体道德在经济发展中的滋润作用，与儒家的财富思想有共通性。

---

① 郭齐勇：《中国哲学通史·先秦卷》，江苏人民出版社 2021 年版，第 278—279 页。

《文化大观》：德国哲学家雅斯贝尔斯曾提出了"轴心时代"的命题，公元前 800 至公元前 200 年之间，尤其是公元前 600 至公元前 300 年间，是人类文明的重大突破时期，这一时期在世界不同区域形成了三大轴心文明，即中国先秦文明、古希腊文明、古印度文明，您如何看待这几种文明对我们生活的影响？

郭齐勇：在雅斯贝尔斯所谓轴心时代，各个大的族群对宇宙、社会、人生的思考或追问的方式不同，基本观念不同，这就决定了世界上有不同类型的哲学。

轴心文明时代几个大的典范文明各有不同的表现方式，其哲学各有不同的形态。不仅今天所谓中国、印度、西方的哲学类型各不相同，而且中国、印度、西方的不同时空中又有不同的千姿百态的哲学。

中国哲学与西方哲学有可以通约、比较之处。比如印度佛学传入中国，中国哲人与佛学家不仅创造了佛学的新义理、宗派、方法，促进了佛学的中国化，而且创造了以儒家思想为主干的宋明理学。中国化的佛学、宋明儒学又传到东亚，影响了东亚与全世界。西方哲学的汉语化、中国化过程正在进行之中。与过去印度佛教的各宗派一样，古今西方哲学的各流派、各大家的思想慧识都为我们提供了新的视域与方法，并正在与中国哲学的诸流派相互摩荡。

狭义的"中国哲学"学科形成的过程，正是马克思主义哲学、中国哲学、西方哲学相互比较、对话、交融互渗的过程。中华文明中的哲学智慧绝不亚于西方，需要我们在与西方哲学的比照、对话中，超越西方哲学的体系、框架、范畴的束缚，确立起我们这个族群的哲学智慧与哲学思维的自主性或主体性。

中国哲人认为，在宇宙精神的感召之下，人类可以创造富有日新之盛德大业，能够日新其德，日新其业，开物成务，创造美好的世界。

以上这几种文明，都是真正具有原创性的智慧，是世界级的智慧，是今天的世界亟须的精神瑰宝，仍需要我们大力弘扬，并适时加以变革，"推故而别致其新"。今天，人类的生存处境与文明间的冲突与融合的背景，为中国哲学的创造性转化提供了新的契机。中国哲学在中西哲学互动整合的持续发展中，新的趋势将是进一步世界化与现代化，把特殊的地方性的知识、地域性的文明内蕴的普世性的价值发挥出来，贡献给全人类、全世界。

精神与财富的安顿须用好儒学富矿

——儒家财富观的现代应用与转化

人立于天地之间，一举一动都与日月、山川、草木、鸟兽息息相关。没有宇宙赋予的财富，就没有人的现在和未来。

从自然中来，向自然中去，财富的求取与保存亦是如此。不以其道得之，则不能安然处之。

面对百年甚至千年未有的世界变局，面对一个又一个世界性的难题，面对被物欲侵袭得渐趋扭曲与苍白的心灵，如何从精神的追求、伦理的法则、道德的标准中找到答案？

很多人未曾发现，融于我们生活中"日用而不知"的儒家思想竟是被企业家贯彻终生，可以助力东亚经济起飞的富矿。这座富矿如何安顿我们的精神与财富？儒家财富观如何在现代社会实现更好地应用与转化？郭齐勇教授从分配正义与制度建设，儒家精神引领儒商发展，在助力民富国强、经济起飞方面以及儒学财富观的创新转化等方面对此话题作了解读。

一、财富分配正义如何从理念转化为现实？
制度是保障

如何在制度建构上保证民富？
分配正义 vs 儒家的公平、公正

《文化大观》：儒家财富观经历了漫长的传承与发展，对古今社会能产生怎样的作用和影响？

郭齐勇：无论是在历史上还是在现代社会，儒家的财富观也好，义利观也好，它所起的作用都是比较小的，不能过于夸大，只是在理念上起一些作用。

《文化大观》：理念上的作用，如何把它现实化？

郭齐勇：需要有制度，需要有从个体到家庭的，从生活资料到生产资料的占有取得，以及积累的手段和目的的一个全过程的正义的问题。

这些问题就涉及权力和权力的制衡以及分配的正义。所以现代的伦理学家多强调分配正义的问题。

当然它不只是分配正义的问题，无论是传统还是现代，其中都有一个管理的问题。我们现代社会的管理一定要强调分配正义如何落实到制度上。

《文化大观》：制度对财富有怎样的作用呢？

郭齐勇：落实在制度上很重要。我们讲勤劳致富，财富求取的手段是勤劳，这是我们老百姓普遍支持的一个传统观念。通过制度，可以肯定财富的重要性，也肯定财富求取过程中的手段的正当性。

《文化大观》：什么是分配正义呢？

郭齐勇：分配正义是古希腊哲学家亚里士多德提出来的，他将正义分为校正正义、回报正义和分配正义。

校正正义涉及对被侵害的财富、荣誉和权利的恢复和补偿，回报正义主要涉及处理公平交易的问题。

分配正义涉及财富、荣誉、权利等有价值的东西的分配，就是给每个人以其应得。在这个领域，对相同的人给予相同对待，对不同的人则给予不同对待，即为正义。我国实行社会主义市场经济，必须兼顾公平与效率，在公平与社会公正方面，正是儒家思想的强项。

《文化大观》：说到财富的分配，我们还应该考虑哪些问题？

郭齐勇：说到财富的分配问题，我们就要考量得到财富的目的是什么。是民吗？还是官？或者是君？这里面就有很多的问题需要讨论。

如何在制度上使得勤劳致富有所保障？如何在财富的分配方面考虑到弱者的关爱问题，做到儒家讲的"老吾老，以及人之老，幼吾幼，以及人之幼"？如何使今天的分配正义更加落实在老弱病残等社会弱者的生存与发展上？这又是一个现代社会财富的分配正义的问题。这些问题都很复杂，在民主社会的基础之上，我们如何在制度建构上保证民富，是很不容易的。

儒家经典如何设计财富分配制度？
分配正义即"以义制利"

《文化大观》：儒家经典中如何谈财富的分配呢？

郭齐勇：现代讲分配正义的问题，在古代就是"以义制利"的问题，"制民恒产"的问题。儒家主张："不患寡而患不均，不患贫而患不安"，分配是不是正义，这就是财富的求取、占有和分配过程中一个需要讨论的问题。

比如《礼记》这部经典中谈论到合于礼的分配的问题，老百姓对生产资料的占有，对财富的求取是被肯定的。我觉得礼的问题其实也就是财产与权利的分配与再分配的问题。

《文化大观》：《礼记》中有一篇《礼运大同篇》，为后世人描绘了一个理想中的大同世界，其中讲的是否也是与财富的分配有关的问题？

郭齐勇：《礼记·礼运》的作者假托孔子之口，抒发了大同社会的向往：

> 人不独亲其亲，不独子其子，使老有所终，壮有所用，幼有所长，
> 矜寡孤独废疾者，皆有所养。男有分，女有归。货，恶其弃于地也，
> 不必藏于己；力，恶其不出于身也，不必为己。是故谋闭而不兴，
> 盗窃乱贼而不作，故户外而不闭。是谓大同。

大同的理想体现了中国财富观的分配正义。个体家庭对生产资料的占有，是合情合理合法的。

《文化大观》：《礼记》设计了怎样的财富分配制度，是否兼顾到了社会中的弱者？

郭齐勇：宗法制度下老百姓的经济、政治权益，是我们所特别关心的问题。《礼记》中提到了对后世的土地制度极有影响力的"一夫授田百亩"的制度设计，还有对社会弱者予以关爱与扶助的制度设计。

关于养老制度，《礼记·王制》中讲道："凡养老，有虞氏以燕礼，夏后氏以飨礼，殷人以食礼，周人修而兼用之。五十养于乡，六十养于国，七十养于学，达于诸侯。"上古虞夏殷周都有养老之礼，《王制》作者肯定综合前代的周制，强调实行养老礼的礼仪制度。此外，其中还提到了对待鳏寡孤独与残疾人等社会弱者的政策，以及关于土地、赋税与商业政策。

在其他的儒家经典，如《孟子》《荀子》中都有类似的材料。[①]

《文化大观》：中国古代的制度是否有值得我们现在借鉴的地方？

郭齐勇：中华优秀传统文化中有着丰富的典章制度，涉及社会规范、文化制度、刑罚政令、行为方式等方面，蕴含着许多具有重要借鉴意义的优秀传统制度文化，今天仍然具有调治人心、惩恶扬善、保护生态等价值。

儒家强调对人尤其是人民的尊重，其天下为公的社会理想，与仁爱、民本、民富、平正、养老、恤孤、济赈、民贵君轻、兼善天下等思想理念，都渗透到古代社会治理各种制度中，对于今天社会治理而言仍有一定启发意义。

在儒家看来，人们正当的物质欲求应当得到满足，但在一定历史时期内，社会物质财富是有限的，这就需要礼制来调节社会秩序，维系社会正常运转。荀子认为，人们的物质欲求需要社会规范加以调节、疏导、约束，才不至于造成纷争混乱，而礼制就有安定人心，实现社会的秩序化的作用。在我国传统社会治理中，礼治重在防患于未然，法治则重在事后惩戒，即"礼者禁于将然之前，而法者禁于已然之后"（贾谊《治安策》）。荀子认为，制度建设同其他许多事务一样，需要根据时代和实际的发展变化而改革创新。

共同富裕的实现离不开制度化

《文化大观》：您前面提到的儒家的财富分配制度是不是与我们现在提的共同富裕也有共同之处？

郭齐勇：对，共同富裕是非常重要的，但是共同富裕不能只停留在口号上。共同富裕怎样实现制度化呢？比如说我刚才提到了老人的赡养问题，在老龄化社会，如何分配财富对老人进行赡养？在疫灾的状况之下，财富分配

① 郭齐勇：《中国哲学通史·先秦卷》，江苏人民出版社 2021 年版，第 554—556 页。

怎么来做？疫区的老百姓的生活物资怎么协调？在救治方面怎么进行分配？这都存在着分配正义的问题。

《文化大观》：汉朝时期董仲舒提出来的"调均"是否就是消除贫富差距思想的体现？

郭齐勇：应该有这个思想，董仲舒讲"正其谊不谋其利，明其道不计其功"（《汉书·董仲舒传》），意思是做任何事情都是为了匡扶正义而不是为了个人的利益。这个思想有片面性，但也有均贫富的思想。

中国古代的思想家大多都有均贫富的思想，而儒家还是强调差等的。一定要注意，是差等，是不可能做到均富的。"差等"就是说各个阶层的人所享权利、所获财货、所得利益是不同的，各人做好自己职分内的事，得到与职称相应的报酬。另外，我们的心态也要平衡，我们要肯定这个社会各阶层不同的人对财富占有的不同，这是合理的。

财富差等很平常
财富的积累是差序格局的发展过程

《文化大观》：就是说不倡导平均主义，而是讲求一种宏观层面上的公平，是这样吗？

郭齐勇：对，过去的等级社会，差等是很平常的事情。财富是数代积累的，不可能一代就暴富了。李家，王家，张家，他们的传统不一样，财富积累也不一样。所以我们就要肯定这些差别，而不要去眼红。财富的积累是一个渐进的过程，它是一个不平衡、不均等的发展过程。费孝通先生讲"差序格局"对我们很有启发，千万不要把儒家讲成是均富的，平均主义的思想。

《文化大观》：您能解释一下"差序格局"吗？

郭齐勇："差序格局"是我国著名的社会学家费孝通先生提出的。费先生主要从事社会学、人类学研究，但他十分关注中国的传统文化，他的思想和理论与儒家谈论的一些问题有共通之处。

费先生为更准确地区分中国传统社会和现代社会，提出了"差序格局"和"团体格局"概念。"差序格局"就是发生在亲属关系、地缘关系等社会关系中，以自己为中心像水波纹一样推及开，愈推愈远，愈推愈薄且能放能收，能伸能缩的社会格局，且它随自己所处时空的变化而产生不同的圈子。波纹的远近可以标示社会关系的亲疏。

二、儒家精神何以引领儒商发展？
真正的儒商不只是制造与流通商品，还要传承儒家精神

儒家思想与商业发展，有阻碍也有促进

《文化大观》：儒家思想对古代社会的方方面面都产生了一定的影响，财富的获取离不开商业的发展，儒家思想对商业发展有何影响呢？

郭齐勇：中国古代传统把社会阶层按照"士农工商"进行了划分，即所谓的"四民社会"。重农抑商的思想导致了古代商业发展受阻。这也是时代造成的，因为古代是农业社会，无农不稳，所以需要以农为本。

直到今天，我们依然是无农不稳，无粮则乱。讲求"士农工商"的古代社会，工商总是摆在尾巴上。工商的地位凸显出来，还是在明代以后。明朝中叶商业发达了以后，一些思想家才提出来"工商皆本"。

《文化大观》：那么儒家的思想到底是会阻碍商业的发展，还是会促进商业的发展呢？

郭齐勇：我们不能简单化地理解儒家，它对商业有阻碍的成分，也有促进的方面。

从阻碍的方面来看，儒家是农业社会的一个基本的意识形态，或者是伦理规范，它在一定程度上束缚了经济的发展。人们受儒家思想的影响，没有像西方基督教的转型过程中那样的个体对财富占有的激情与冲动。儒家文化在发展过程中有着非常严重的重农轻商的思想，这对中国历史发展过程中经济和商业的发展无疑有一定的消极作用。

从促进的方面来看，儒家还是希望调剂商业发展，反思财富求取中如何做到正义的问题。儒家思想主要从思想观念上引导人走上追求财富的正道，

后面我们会详细论述儒家思想对经济发展的促进作用。

在经商理念中贯彻儒家思想精髓的儒商
"利"与"义"的平衡

《文化大观》：谈到儒学与商业的发展，就不能不提到一个群体——儒商，请您讲讲儒商的特点。

郭齐勇：古往今来的许多儒商，都是依照儒家的原则，来处置自己的生命价值与事业之间的关系。儒商把孔孟之道的精髓贯彻到自己的经商理念中去了，应该说从先秦到汉代，从范蠡到刘向，还是以孔孟之道的核心价值观为主。

古代商人所尊崇的儒家道德可以归结为三点：第一，强调诚实守信、买卖公平、童叟无欺；第二，肯定勤俭、开源节流；第三，强调和气生财、礼貌相待、疏财济世。从古至今，在中国社会发展中，"利"与"义"的平衡被商家一以贯之地继承了下来。

《文化大观》：儒家精神会对商人产生哪些影响？

郭齐勇：中国古代商人的商业道德，并没有太多的理论，但从一些老字号，像同仁堂，像茂新、福新、申新纱厂等中国早期的纺织工业，以及天津、无锡、上海的一些实业家的工作中，我们可以看到他们的理念与实践。

比方说民族实业家荣宗敬先生、荣德生先生，他们的企业理念中有仁爱，自律，务实。他们强调"己欲立而立人，己欲达而达人"，强调用《大学》的"明德"，《中庸》的"正心""诚意"去解决企业的人事管理的问题。他们聘用工人能做到"以德服人"。天津实业救国的代表人物宋棐卿先生，坚持在公司内部悬挂"己所不欲，勿施于人"的标牌，将它作为厂训。

儒家"工商皆本"的思想贯彻到企业家办企业的过程中，我觉得是做得比较好的。这就是所谓儒商。

中国儒商有它的传统，从徽商、晋商开始一直到近现代实业派，这一点我觉得是要肯定的。真正的儒商不只是制造产品，还传承儒家精神；"中国制造"不只是制造产品，还要制造人；而人的再生产，不只是繁衍人口，还要将泱泱华夏文化精神传递下去。

三、财富求取与如何安顿人的精神
儒学可以扩大我们的精神空间

如何从根源上防治腐败与拜金？
财富观的树立与制度建设缺一不可

《文化大观》：刚才我们谈到了儒家财富观在社会层面起到的影响和作用，是否也应从个人层面来看儒家的价值观、义利观？

郭齐勇：我们应全面认识儒学在今天中国的重大意义。儒学对现代中国的生态环保、社会治理、中国人教养的提升与人心的安立，可以提供丰富的智慧与营养。

儒学有助于解决人的精神安顿与终极关怀的问题。虽然科技在迅猛发展，但现代科技文明并不能代替人思考生命与死亡的意义与价值的问题。儒学的形上本体论与境界论、宇宙论、心性论、理想人格论、身心修养论、人生价值论等，可以扩大我们的精神空间，提升我们的人格，使人真正成其为人，并过着人的生活。

《文化大观》：是不是树立正确的财富观，也有助于防止腐败的发生？

郭齐勇：对，这也跟我们对于财富的积累、占有的观念有关系。过去有"君子"和"小人"的差别，有"官"和"民"的差别。在古代，对于"君子"或者官员的要求更高，他们的站位要高，他们在财富的占有方面要更加注意合理合法。

儒家的人禽之辨、公私义利之辨、君子小人之辨，天理与人欲之辨对今天重建官德、整饬吏治腐败有积极意义。

《文化大观》：是不是树立正确的财富观就能够克服一些拜金主义观念，以及社会上一些坑蒙拐骗等不良的行为？

郭齐勇：是，但是这不仅是一个观念问题，还是制度的问题，首先是健全的法制秩序的问题。

如果只是观念的问题，只是道德教育的问题，这个好办，但是现在的问题是制度不完善。如果我们不从律法制度上严加管理的话，官员腐败或者是民间的腐败就会越来越严重。所以现在大家都强调制度先行。过去儒家在这方面的缺失就在于大多在理念层面，还没有转入制度。现代化的管理一定要进入制度化。

当然制度不是包治百病的，但是制度对于官德的贯彻落实，对于官员本身行为的整治具有有效性。

我们今天是以民为本，老百姓当家做主的时代，那么怎样在制度上对官员的财富分配问题加以严格管理？比方说官员财产公开的制度。我们的财富观、义利观、价值观，怎么在制度上体现出来？我觉得这是我们当今社会应该重视的问题。

求富是权利
财富的占有不是目的

《文化大观》：从个人层面，应该怎么去学习和吸收儒家财富思想的一些智慧呢？

郭齐勇：在当代，求富是我们每个人的权利，只要在法律的基础之上和范围之内，合理合法地积累财富，都有正当性。但是财富的占有不是目的。我们取得了财富以后如何去对待财富，这就是一个非常重要的问题，这和我们的价值观有关系。

我们的心态要平衡，我们要肯定这个社会各阶层不同的人对财富的占有是不同的，这是合理的。

对于青年人来说，一定要有健康的心态。古今中外的富豪，他们的财富和道德情操，并不是完全不相合的。所以资本的发展过程中，道德所占有的分量也要注意，道德不是绝对的，但是道德是必须的、必要的。

四、儒家思想如何助力经济起飞？
儒学财富观的创造性转化

儒家思想是东亚经济起飞的文化资本

《文化大观》：按照您对儒学历史阶段的划分，儒学即将迎来第五时期，即现代之大发展期。在我们当下这个阶段，儒学财富观应该怎么去创造性转化呢？

郭齐勇：儒学创造性转化的前提是社会上层与下层对儒学的认同。从整个东亚儒学来看，无论是中国的儒学，还是日本的儒学、韩国的儒学、东南亚的儒学，都很重视儒学的财富观。

在我们的价值系统中如何调动儒家的因素，除了前面我们讲到精英文化承载这些因素之外，东亚儒学比较重视现代化过程中在民间的小传统中的一些积极作用。比方说文化小传统中的勤劳、忠孝、敬业、乐群、和谐、互信、日新、进取……这都跟儒家有关，也都是我们东亚经济起飞的文化资本。

这些文化小传统，和儒家精英文化大传统是密不可分的。

《文化大观》："文化小传统"和"文化大传统"应该怎么理解呢？

郭齐勇：儒家思想在汉以后成为文化大传统的代表，文化的小传统主要指民间文化、民间艺术、民间礼俗和民间信仰。大传统是上层精英文化，小传统是下层民俗文化，但在中国，这两者是打通的。

《文化大观》：儒家思想如何助力东亚经济起飞呢？

郭齐勇：从长远的、健康的、高品质的社会目标来看，儒家的仁爱思想，儒家关于整合社群的恕道，以及关于调整人际关系的理论，有助于克服以自我为中心的利己主义，可以支持全球的可持续性的发展。

此外，还应该注意到儒家财富观、伦理观的影响，还有在民间对百姓实际生活的影响，及其在东亚经济起飞中的作用。

儒家的诚信、忠信思想也有助于整顿商业伦理、商业秩序、协调商业内部和外部的环境。我们看到在中、日、韩的儒商的发展过程中，仁爱、诚信、忠恕、孝悌、信义等转化为企业伦理、商业伦理、职业伦理，我觉得这是很有意义的。

儒学不专属于中国
对解决今天的世界性难题可以提供更多的启示

《文化大观》：也就是说，儒家的观点与我们现在的市场经济的发展是不冲突的，是能够起到一些助力作用的。

郭齐勇：对，能够起到辅助性的作用。

我们可以注意一下东亚的儒商，如日本、韩国的一些财富的获得者，他们的企业管理中，企业文化中，企业哲学中，关于财富的方面是不是和东亚的传统有关系。比如说"日本企业之父"涩泽荣一，将《论语》作为第一经营哲学的人。他的著作《论语和算盘》总结自己的成功经验就是既讲精打细算赚钱之术，也讲儒家的忠恕之道。

丰田公司的创办人丰田佐吉曾根据孟子讲的"天时不如地利，地利不如人和"为企业锻造出三字经营理念——天、地、人；第二代掌门人丰田喜一郎，为公司经营理念添加了"智、仁"二字，使其进一步丰富；第三代掌门人更是将这一信条完善为"天、地、人、智、仁、勇"。这六个字的经营哲学，全部来自我国的儒家经典。

《文化大观》：可不可以这样说：儒学不仅影响着中国，也对世界产生了深远的影响？

郭齐勇：我们应全面认识儒学在现代世界的重要作用。儒学是学习的文明，是包容性很强的文明，不具有排他性。在历史上，儒学与诸子百家，与佛教、基督教、伊斯兰教有很成功的相互交往、学习、融合的经验。儒学不专属于中国，它在明代流播东亚，后来儒学变成整个东亚的精神文明。

儒学是富矿，其中有大量珍宝还不为国内外民众所认识，需要我们认真理解与发掘。儒学经创造性转化与创新性发展，有助于促进自然、社会、人类的协调与和谐发展，克服人类与族类素质的贫弱化。儒学智慧对解决今天的世界性难题可以提供更多的启示。

防止贫富差距过于悬殊
弹性的中庸之道的执行

《文化大观》：现代社会政治经济文化的发展当中，应如何汲取儒家的财富思想呢？

郭齐勇：除了前面讲到的几点，还要注意肯定当下社会的差等，不均平，但是要防止贫富差距过于悬殊，在这个发展过程中，它也是弹性的中庸之道的一个执行的过程。

一定要注意差序格局的发展过程中维持一个度，不要过度，走极端，要平衡，要守中。

从羞于谈财富到理直气壮地谈财富
民富国强应走好"义利双行"的路子

《文化大观》：儒学的财富思想对今天我们国家的富强发展方面有何启发？

郭齐勇：过去我们是忌讳谈财富的，现在我们可以理直气壮地来谈。无论是个体还是群体，都意识到了家与国财富积累的重要性。我觉得这是改革开放四十多年的一个很重要的变化。过去羞于谈财富，现在是理直气壮地谈财富，富国富民有什么不好呢？我觉得这是一个进步。

我们在肯定财富的基础之上，要知道财富不是目的。财富在个人、社会、国家发展过程中的作用是有限的，一定要注意财富的积累和分配过程中的目的性问题。如何去分配财富更重要，在社会的平衡、对社会弱者的辅助等方面应该多做一些工作。我们现在可以看到一些企业家注意到了这个问题，通过做慈善去帮助社会弱者。所以财富的积聚，财富的分配，要从"义利双行"的这个路子上走。

《文化大观》：如何走好"义利双行"的路子呢？

郭齐勇：儒家比较强调财富的均衡，或者是差等中的均富问题，就是分配正义的问题。所以在"制民恒产"，在民生的考量上，以及在财富的分配上，儒家走的是比较中庸、平实的一条道路。这一点，在今天的国家、社会的发展中可以有一些启示，就是防止贫富差距过于悬殊，还是要走中庸、平衡的道路。

此外，应该承认儒家对财富的讨论是不够的，不充分的。在今天这个商业化的社会，我们应该注意财富的取得、积累到分配的全过程，还要注意其手段、目的的正当性等问题。今后我也会注意这个方面。

谢谢您的采访。

吴光：

浙江淳安人，1944年生。现任浙江省社会科学院研究员，浙江省文史研究馆馆员。

曾任浙江省社会科学院哲学所所长、中国人民大学国学院特聘教授、博士生导师、中国孔子基金会副会长、国际儒学联合会理事暨学术委员等职。

兼任浙江省儒学学会会长、全国儒学社团联席会议创会秘书长、国际儒学联合会与中国孔子基金会荣誉顾问等职。曾多次应邀应聘到日本、新加坡、韩国、美国、德国、澳大利亚等国家和地区访问、讲学、研究。

著有《黄老之学通论》《儒家哲学片论》《国学新讲》《吴光学术论集》《天下为主——黄宗羲传》等专著和文集。

致富路上不仅要有含"金"量，更要有含"文"量

"朝闻道，夕死可矣。"至圣先师孔子用一句言简意赅的话传递了"道"对于人的重要性。

为什么"道"如此重要？《庄子》通过盗跖的故事给我们留下一个成语——盗亦有道。盗贼尚有为盗的准则，求财致富如何能不谈"道"？

儒家文化对于中国人来说并不陌生，儒学中有修身齐家之道，也有治国平天下之策，然而如何从中发现"黄金屋"，如何从浸润在我们血脉中的道德伦理思想中发掘致富之道，如何发挥其经世致用的作用，需要我们在"明体"之外，发挥其"达用"之效。吴光教授立足当今中国社会的发展，结合儒家经典及典型人物，从政治、经济、文化建设等方面，对儒家财富思想在当今时代的应用进行了解读。

一、道义是"体"，财富为"用"
"体"和"用"都要讲

人应该克制追求财富的欲望吗？

《文化大观》：财富是让人有尊严地活在世间的基本保障，我们应该如何去看待财富呢？

吴光：说到财富，就离不开财富观的树立。

首先是如何看待财富，其次是怎么获得财富，第三是如何正确地使用财富。

我们不要做守财奴，财富积累起来，要正确地使用它。财富要发挥作用，要取之于社会，用之于社会。有些企业家的财富积累多了，不知道怎么用，就向我请教："我现在钱那么多，该怎么办？"

《文化大观》：一般认为，儒家讲究"重义轻利"，我们是否应该克制自己追求财富的欲望呢？

吴光：在现代研究中，对于义利观和财富观，许多人还没端正过来，认为儒家"重义轻利"的认识是有些片面的。这是程朱理学造成的印象。

朱熹讲吃饭穿衣是天理，吃好饭，穿美衣，吃美食，就是人欲。但这个人欲灭得了吗？人总是要吃得好一点，穿得好一点，这是根本的需求，本来就是天理。先秦儒家，没有人讲灭人欲。朱熹过分把人欲和天理对立，形成了比较片面的重义轻利的义利观。

浙东学派历来讲功利。如黄宗羲讲"有生之初，人各自私也，人各自利也"，首先承认自私自利是人生而就有的需要，然后讲"有人者出，不以一己之利为利，而使天下受其利；不以一己之害为害，而使天下释其害"（《明夷待访录·原君》）。这是对功利的比较正确的理解。

人欲是客观存在的，灭不了的。人欲在一定意义上是发展的动力。人如果没有欲望，社会就不能发展。但人欲不能过分膨胀，应该用礼义节制。人欲过分膨胀，不是要灭掉，而是用道义和法律限制，用礼法限制。先秦儒家是这样讲的。

儒家的思想家并不都"重义轻利"，应采取中庸的财富观

《文化大观》：儒家这样的财富观是从何而来的？

吴光：儒家对财富的基本共识是义字当头，以义导利。

儒家的财富观主要来源于孔子，还从管仲那里汲取了一些思想。

《管子》讲："仓廪实则知礼节，衣食足则知荣辱。"吃饱穿暖才能讲道义，没饭吃就无法讲道义。孔子认为："富与贵，是人之所欲也；不以其道得之，不处也。贫与贱，是人之所恶也；不以其道得之，不去也。"（《论语·里仁》）追求富贵，厌恶贫贱，乃人之常情，在承认人的合理欲望的基础上，孔子将不符合"道义"的富贵视为浮云。孟子所处的时期，处于各国争霸的时代，所以孟子特别强调讲仁义。

《文化大观》：儒家的思想家都是这样看待"利"和"义"的吗？

吴光：不完全一样。孔子和孟子有一点区别。孟子"何必曰利"只讲仁义，实际上，只讲"利"不讲"仁"是不行的。"利"和"义"是两个方面，孟子只讲"义"，有点偏离孔子了，孔子是两个方面都讲的。

到了汉代，董仲舒更加重义轻利，"正其谊不谋其利，明其道不计其功"。宋明理学家沿着这条道路讲，也重义轻利。

再到宋代，朱熹直截了当地提出"必以仁义为先，而不以功利为急"，"存天理，灭人欲"，他把人欲和天理对立起来，认为如果人的欲望过分膨胀，那就应该灭掉它。但欲望是客观存在的，如何能灭得了？荀子说："人生而有欲，欲而不得，则不能无求。"

宋儒叶适、陈亮，清儒黄宗羲、颜元则讲"正义谋利""崇义谋利"和"义利双行"。

浙东学派的叶适讲求义利并行，他认为没有功利的话，讲道义就是"无用之虚语"。所以叶适的观点就是"崇义养利"，尊崇道义，同时增殖利益。朱熹把浙东学派说成是专讲"利"不讲"义"，是片面之言。实际浙东学派是讲"义"的。但后来的永嘉学派也确实形成一种过分重功利、轻道义的偏向，走向另一个极端。

所以我们要采取中庸的财富观，二者都要讲。市场经济本来就是讲功利的，但功利至上容易唯利是图，因此，我们尤其要排斥现代功利主义的财富观，要讲求义利兼顾。

所以财富观的问题很重要。其实心学大师王阳明的"知行合一"论也是承认功利的。

承认功利
王阳明的义利观比朱熹的"存天理，灭人欲"要接地气

《文化大观》：王阳明是怎么看待财富的呢？

吴光：王阳明一生文武双全，可以说是立德、立言、立功"真三不朽者"。王阳明的财富观，可以从"致良知""知行合一""明德亲民"思想中去体会。

王阳明的学说，最重要的关键是"致良知"。他不是一般意义上讲"心"为本体，而是要追寻心的本体是什么，心的本体是良知，良知就是天理。所以不是"心即理"，而是"良知即天理"。

《文化大观》："良知"是什么呢？应该怎么理解？

吴光："良知"就是孔子讲的"仁"。所以王阳明的良知，就回到了孔子的"仁"，回到了孟子的"亲亲而仁民，仁民而爱物"。

王阳明讲"在亲民"。亲民，是从仁道发展出来的，明明德是体，亲民是用，止于至善是要，是"体""用""要"的关系。王阳明顾及"体""用"两方面。过去讲王阳明"心即理""知行合一""致良知"，都是只讲"体"的一面，不讲"用"的一面，只讲内圣的一面，不讲其"亲民"的外王思想。所以，"明明德"和"亲民"合起来才是体用兼备、内圣外王的王道政治论。

我在2012年就开始讲王阳明的亲民思想。王阳明的"亲民"思想，立足于儒家"以民为本"的根本精神，以儒家"仁"道（即"良知"）为核心价值，提倡爱民、保民、富民、顺民的价值观，充分体现了儒家的道德人文精神，不仅具有永恒的价值，而且在当代仍具有重要的启示意义与重大现实意义。

这样的话，老百姓就能理解王阳明的义利观，即"百姓日用"，百姓的生活是实实在在的，所以百姓的疾苦才是真正应该关心的。

《文化大观》：王阳明的义利观是如何与财富之道联系起来的呢？

吴光：回到财富观，就是对财富的一种认可和谋取。王阳明也讲过百姓日用就是道。什么叫道？百姓日用就是道。能够为日常所用，才是真正的道。

王阳明讲"知行合一"，朱熹讲"知先行后"。王阳明批评朱熹，"不行不足谓之知"，"知"了要能够"行"，不"行"就不是真知。所以王阳明的学说，比朱熹的"存天理，灭人欲"要接地气得多。

我们可以从王阳明的"知行合一"来体会王阳明对财富观的辩证思维。从"明德""亲民"，体会王阳明对老百姓的利益的一种承认和财富管理。只有老百姓的普遍利益产生，社会才能够发展。

《文化大观》：这么说，阳明学对我们现代社会的发展具有很深远的指导意义。

吴光：阳明学并不是僵死的学问，而是具有强大生命力和实践意义的鲜活文化。我们应当深入挖掘并加以发扬光大。

阳明学讲道德良知，对于当今社会存在的道德沦丧、唯利是图、物欲横流的现象可以说是一剂对症良药，有助于树立正确的发展观、利益观与政绩观。

有些地方为了追求政绩，一味地追求高速发展，以 GDP 作为衡量发展的唯一标准，这是重商主义的表现。我们要多提倡一点含"文"量，而不是含"金"量，要有节制地、可持续性发展。

在经济高速发展的现代社会，我们更要提倡"致吾心良知之天理于事事物物"，使当政者树立正确的义利发展观。新一代党和国家领导人非常重视传承与弘扬中华优秀传统文化和王阳明以"致良知""亲民""知行合一"为主要内容的良知心学。

《文化大观》：所以在现代社会的发展过程中，"体"和"用"都要讲。

吴光：儒学的根本精神决定了儒学的基本特性，即其道德理性、人文性、整体性、实用性和开放性。

儒学的道德理性并不是脱离社会实践的道德空想，而是对人的价值的根本性肯定，是一种"以德为体，以人为本"的道德人文主义哲学。

"人文性"就是强调以人为本，以解决社会人生问题为根本任务，关怀人的生老病死。

"实用性"，就是儒家"内圣外王，经世致用"的传统。道义是"体"，财富是"用"，两者不能够割裂或者对立起来。

如果将儒学的根本精神定位于"伦理本位主义"，就可能误导人们只重视外在的伦理秩序和人际关系，而忽略儒学的根本价值所在。我们将儒学定位为"道德人文主义"，就能引导人们去发掘儒学的内在价值，指导人们树立道德理想、关怀人生意义，从而有助于建立一个以人为本、多元和谐的文明社会。

二、致富之路在何方?
儒商的成功秘诀

道义致富，而不是暴力致富

《文化大观》：谈到儒学之"用"，我们应该如何去获得财富呢？

吴光：如何获得财富，通过什么手段，如何积累财富，这是一个重要问题。

获得财富的途径和方法，在儒家来讲，是符合道义的方法。《周易》讲："利者，义之和也。"道义致富，就必须讲勤劳致富，而不是暴力致富。儒家讲勤俭节约，开源节流，就是勤劳致富。

财富积累而不用，就是守财奴

《文化大观》：在积累了一定的财富之后，如何去使用财富呢？

吴光：财富积累了之后不去用，就是守财奴。商圣范蠡是如何对待财富的？三聚三散。范蠡辅助越王勾践灭吴以后，他就急流勇退，泛舟五湖，到了山东定陶，号称陶朱公。那个时候家财万贯，"三致千金"就不得了了，他在积累了大量的财富之后，又把财富回馈社会。李白诗《将进酒》中的"千金散尽还复来"，我认为就是范蠡的故事启发了他的灵感。

再如范仲淹家族首创义庄，用俸禄置办田产，募集范氏有能力的子孙设置义庄，用来接济贫困的族人，为他们提供各种生活上的帮助。后来，义庄发展到义田、义学，大大推动了传统社会经济文化的发展。

古代儒商的成功秘诀

《文化大观》：您能否讲讲古代比较典型的儒商的财富之道？

吴光：范蠡和子贡是儒商的代表。范蠡的核心价值观是亦儒亦道的，子贡是儒家的，但是他的财富的观念、政治的观念也不完全按照儒家的教条来。

《史记·货殖列传》中记载的周人白圭的生意经值得我们深入思考和借鉴。他说："吾治生产，犹伊尹、吕尚之谋，孙吴用兵，商鞅行法是也。是故其智不足与权变，勇不足以决断，仁不能以取予，强不能有所守，虽欲学吾术，终不告之矣。"作为一个古代商人，白圭认为他要具备战略家的谋略、军事家的果断、政治家的智巧。现代企业家就更加需要兼备这些人文素质了。

《史记·货殖列传》记载了范蠡和他的老师计然治国理财、经商致富的战略、策略。

《文化大观》：范蠡、计然成功的秘诀是什么呢？

吴光：概括起来有六条。

第一，准确及时地把握好天时、地利、人和三要素，候时，选地，择人，积蓄力量，伺机而动。

第二，会做市场预测，善于观察和预测市场的变化，果断地采取对策。

第三，善于处理和平衡各种利益关系，争取双赢和多赢。

第四，确保货物的质量和时效，把握时机，确定商品市场价格。范蠡的老师计然说"贵极则反贱，贱极则反贵"，这也是一个千古不变的价格规律。

第五，经常保持货币的流动不息。这种思想在黄宗羲的书里也有，他吸取了古人的智慧。

第六，树立正确的财富观，富而好德，老而交班，修业增殖。

范蠡、计然在越国创业的精神，其战略、策略成为浙商的精神财富，也成为"儒家商道的源头活水"。

儒商需要具备的核心价值观

《文化大观》：儒商需要具备哪些标准和核心道德呢？

吴光：我认为信奉儒学核心价值观的企业家和商人，以儒家思想指导经营管理的商人、为社会作出贡献的商人都够格称为"儒商"。

儒商的核心价值观，最主要的是九个字，"智仁勇强信，富而好德"。司马迁在《史记·货殖列传》里将儒商的特点总结为八个字：智仁勇强、富而好德。

"智""仁""勇"早在《论语》里面就有了。智，就是能够随机应变，注重应变；仁，注重有取有予；勇，就是有决断。《中庸》里有"子路问强"，但这里的"强"跟司马迁所解释的儒商的"强"不一样。这里的强，就是有所守，能够守得住，才算是真正的强。强者还要能施舍，做善事。在"强"后面，我又加上了"信"。对商人来讲，以"信"为本非常重要。如果离开"强"和"信"，不讲功利，那么儒商所谓"货殖"就是空话。所以，从浙东学派开始，到清初的儒者颜元，进一步指出董仲舒"只讲道义不讲功利"的片面性。

富而好德是儒商的道德境界。富裕了之后，去欺诈人民，就是为富不仁。富而好德就是用好财富，是帮扶贫困非常重要的一种手段，走全体人民共同富裕的路。

现在的儒商要讲"智仁勇强信，富而好德"，儒商之德如果能有效落实到经济活动中，就能推动经济社会的稳步发展。

《文化大观》：好的儒商能推动经济发展吗？

吴光：能。儒商推动经济发展，就需要承认功利。如果不承认功利，只讲道义，就是虚的。所以，只讲道义不讲功利，落实到商业还是无法赚到钱。因为商业就是要增值，不增值财富从哪里来？所以这是儒家财富观很重要的一点。

推动中国工商业进程的强大商帮
浙商如何传承儒商精神

《文化大观》：作为浙江人，您认为浙商有没有继承儒商的精神？浙商与儒商有怎样的关系？

吴光：儒商是学术的概念，其实这个概念起得比较晚。清代以前没有儒商不儒商的区分。徽商有儒商，晋商也有儒商，但他们不一定都是儒商，浙商也是如此。浙商的概念也是比较晚起的，过去没有浙商的概念，只有浙江的商人的概念。过去的商帮是按照地区来分的。

浙江历来有重商传统，可谓源远流长。浙商比较重视灵活的策略，重视开拓精神与功利的追求。晋商的特色是票号，主要是在金融领域，金融领域特别讲"诚信"，有市场眼光。

现在对儒商定的标准还要高，定义可能更严格：以儒学核心道德作为成功准则的商人，有益于社会的商人。

《文化大观》：浙商的核心精神是什么？

吴光：浙商的核心精神，我把它总结为"崇义谋利"，崇尚道义，谋取功利，最早是由浙东学派的叶适而来。

浙商又是现代市场经济中比较成功的商人、企业家。浙江精神由多种地域的文化组成，而民营企业是浙江经济推动力的主要来源。例如，浙江的大企业家多数为宁波人，和温州商人相比，共同点都是敢为天下先、自强不息、艰苦奋斗。宁波和绍兴商帮更讲究诚信、讲究建立大业、看重发展战略，喜欢建立实业。

一名有进取心的企业家，应当是英才，贤才，君子

《文化大观》：现代的企业家发展企业应如何从儒商的精神与品质中汲取智慧？

吴光：从某种意义上说，企业家素质的高低决定着企业的兴衰，也关系着国力的盛衰。在研究儒学过程中，我把对儒学的理解和企业管理、企业家的心智成长放到一起，推崇儒学的应用性。我认为现代企业家的基本素质有以下几点：德行、才学、识见、能力的有机统一。现代企业家应有的道德境界为：智、仁、勇、强、诚、信、俭。

如今越来越多的企业家发现，企业的生机与活力在于员工的精神塑造。在浙江，越来越多的品牌企业把目光投入到儒学的研究和学习方面。不少企业自己成立了国学讲堂，省图书馆和许多市、区、县图书馆都开设了人文大讲堂或国学讲座，聘请知名学者传播、讲授儒学最精粹的理念和精神。很多企业家为了听讲座，头天晚上就从外地赶到杭州，一大早到图书馆占座位等。

在市场经济全球化的当今时代，作为一名有进取心的企业家，应当是具有战略眼光、善于捕捉商机的英才，应当是仁义兼备、智勇双全的贤才，应当是富而好德、诚信为本的君子，还应当是勤俭节约、以身作则的典范。

然而，放眼当今的中国商界与企业界，能具备上述品格的企业家仍然为数不多，市场上充斥着为富不仁、欺诈横行、见利忘义的势利小人，这不仅有违中华文化的传统美德，也与社会主义和谐社会"以人为本"的精神格格不入。因此，我们必须深入发掘中华文化的人文精神，大力培育现代企业家的人文素质，不断提高企业家的道德境界。

三、"共同富裕"背后的含"文"量

正确地使用财富

就是要取之于社会，用之于社会

《文化大观》：前面我们谈到了商人、企业家这个群体，如果再扩大一下范围，从国家和社会层面来讲，如何对待和使用财富呢？

吴光：我们不仅要积累财富，而且要树立正确的财富观。正确地使用财富，就是要取之于社会，用之于社会。如何提升社会的富裕度？这就涉及"共同富裕"的话题。

共同富裕就是要承认民众拥有不同的私有财产，而不是平均主义。各尽所能，各取所需，是一种平均主义。现在我们的财富观是应该避免平均主义的，共同富裕是大家都要奔向富裕的目标，并不是要赋予大家同等的富裕度。共同富裕是有差别的富裕。

共同富裕与"大同理想"的差别

"大同理想"是大公有私

《文化大观》：共同富裕与儒家的"大同理想"是有差别的吗？

吴光：《礼记·礼运》首次提出了"大同"之说，"大道之行也，天下为公"。

"天下为公"这个问题也需要做个解释，过去我们在解释这句话的时候，都是把它解释成"大公无私"了。大同社会，人人都没有个人的财富，没有个人的利益。但实际上，孔子讲的大同理想不是讲大公无私的，而是大公有私的。

《文化大观》：为什么讲大公有私呢？

吴光：1979年，我在《北京日报》发表过一篇文章，讨论铁饭碗制度的事，我就有一个观点：铁饭碗制度需要改。要让人家能够有泥饭碗、瓷饭碗去端，才不会造成社会的动乱。

为什么讲大公有私呢？首先承认在大同社会的那个所有制是公有制。但是在公有制之下有没有个人的财产、财富呢？是应该允许个人财富的，《礼记·礼运》中有一句话："男有分，女有归。"男子有职务分工，女子有归宿，要成立家庭。但在社会上每个家庭之间人口不一样，他占有的生活资料就是不一样的。

康有为讲的那个大同社会甚至连家庭都不要了，夫妻关系也变化了。但是孔子的大同理想，他是有家庭的，然后夜不闭户。有"户"存在就是家庭有私产，因此家庭对于通过门户隔离开来的家产是互不侵犯的。大家觉悟高了，没有偷盗的现象，因此可以不用锁门，但门禁还是要有的。所以我讲的不是大公无私，而是大公有私。

《文化大观》：在当下这个时代，提倡"大同"的理念有些什么现实意义呢？

吴光：一是有助于培养君子人格。我们这个时代，唯利是图的小人和工于权谋的奸徒太多，许多大好的发展机会都因内耗而丧失殆尽。所以亟须培养君子人格，提倡和而不同的精神，反对结党营私、阴谋争斗。

二是有利于促进企业、社会、国家间的良性竞争。竞争是企业的活力与动力所在，但过度竞争会导致企业之间和企业内部各种关系的高度紧张乃至崩溃，所以需要提倡良性竞争。通过建立和谐机制能够平衡和引导竞争。对于国家、社会而言也是如此。这就需要执政者有把握全局、"和而不同"的大智慧来处理各种矛盾与利益的冲突，摆正竞争与和谐的关系。

三是有助于扩大国际合作、维护世界和平。在当今时代，我们需要以"大同"的理想精神去处理中国与各国的关系，坚持"远交近和"的和平外交理念。因此，我们现在应该提倡的"大同"，实质上是一种以承认多元化为前提的、和而不同的"多元和谐"精神。

总之，"大同"并非完全的同一，而是有差异、有私产、和而不同的和谐和平社会，儒家"大同"社会理想是可望而可即的"大公有私"，而非可望而不可即的"大公无私"。

来自共同富裕示范区的致富经验

《文化大观》：2021 年，浙江获批共同富裕示范区，您认为浙江在共同富裕这方面有哪些值得全国借鉴学习的经验？

吴光：这方面我也没有专门去系统总结过，但是基本的经验有以下几点：

首先是道义致富。大家强调共同富裕，就是不否认功利，要崇义养利，对功利持不排斥的态度，这样的话它才有一个目标。这一目标就是为了更高的生活水平，更富裕的生活。社会主义核心价值观讲富强，富强就包括人民的富裕和国家的强大两个方面。所以对老百姓来讲，应该是要提倡共同富裕。

第二点，就是要科学致富。浙江现在不仅强调道义的致富，也强调科学致富，就是要发展高科技，比如说电商最早是从浙江发展的。

第三点，我们不光讲人文浙江、文化浙江，也讲法治浙江。要依法致富，非法致富是必须受到批判、惩罚的。

《文化大观》：浙江经济富庶与浙江的文化有关系吗？

吴光：有一定的关系。这就涉及"浙学"的话题。

浙江文化最早可以追溯到七千年前的河姆渡文化和五千年前的良渚文化。浙江的思想先驱逐渐积累和提炼出能代表整个浙江学术文化的精神，也就是浙学精神。"浙学"概念最早是由南宋大儒朱熹提出的，比始见于清初大儒黄宗羲的著作中的"浙东学派"的概念要早出现400多年。

我认为,"浙学"的内涵应该分为狭义、中义与广义。

狭义的"浙学"(或称"小浙学")概念是指发端于北宋、形成于南宋永嘉、永康地区的以叶适、陈亮为代表的浙东事功之学。

中义的"浙学"概念是指渊源于东汉、形成于两宋、转型于明代、发扬光大于清代的浙东经史之学,包括东汉会稽王充的"实事疾妄"之学、两宋金华之学、永嘉之学、永康之学、四明之学以及明代王阳明心学、刘蕺山慎独之学和清代以黄宗羲、万斯同、全祖望为代表的浙东经史之学。

广义的"浙学"概念即"大浙学"概念,指的是渊源于古越、兴盛于宋元明清而绵延于当代的浙江学术思想传统与人文精神传统。这个"大浙学",是狭义"浙学"与中义"浙学"概念的外延,既包括浙东之学,也包括浙西之学;既包括浙江的儒学与经学传统,也包括浙江的佛学、道学、文学、史学、方志学等学术传统。

在"浙学"的发展过程中,浙江的思想先驱逐渐积累和提炼出能代表浙江文化特色的学术精神——浙学精神。它反映了浙江文化底蕴的深厚,不仅在浙江历史上发挥了巨大作用,而且正在成为推动现代浙江物质文明、精神文明建设的精神。

文化如何推动经济的发展?

《文化大观》:您曾多次给浙江省重要领导讲过"浙学"与传统文化,当时主要给领导干部讲了哪些方面的内容?

吴光:我着重讲的就是中国哲学、儒学与"浙学"三大方面。

我讲的范围很广,包括中国有没有科学、有没有哲学,中国哲学的特色与精神,普世价值观问题,当代新儒学、新道家、新佛教问题,"浙学"的来龙去脉与基本精神,"大浙学"的内涵与方向,等等。

《文化大观》：浙学精神应该怎么理解呢？

吴光："浙学"的基本精神，我从王充、叶适、黄宗羲、蔡元培等人的著作中提取并概括为十个字：民本、求实、批判、兼容、创新。浙江经济的发展，"民本"是非常重要的，以民为本，是老百姓的经济，不是官方推动的经济。不管谁当省委书记，浙江的经济照样发展，因为它的动力是在民间。但政府的引导推动之功也是很重要的。

浙江精神和浙学精神不一样，前者是人民创新创业精神，后者是学术传承创新精神。浙学中的"批判"精神以谁为代表？以王充、叶适、黄宗羲、鲁迅为代表。浙江精神就不必强调批判了，属于政治文明范畴。不能将历史上的"浙学精神"等同于现代浙江人民的奋斗创业精神。

《文化大观》：当代的浙江精神有哪些是需要我们学习的？

吴光：我认为浙江精神有以下几方面的特点：

第一，以人为本的人文精神。前些年参与浙江精神讨论的时候我特别强调以人为本的精神。我认为这是浙江人文精神的优良传统。以人为本的精神在建设人文浙江、和谐浙江过程中已经并将继续发挥极其重要的作用。

第二，自强自立的创业精神。我在1994年做温州创业调查的过程中写过一篇文章，叫《从传统走向未来——温州文化面面观》。"温州精神"怎么概括？我认为自强自立是很重要的方面，其实很多人对温州也有这样概括，甚至比我更早就有了这样的概括。

第三，开放创新的进取精神。我到山西去讲课，他们提出一个疑惑：晋商有几百年的历史，现在没有了，浙商现在成了风靡世界的一个商帮，到底问题出在哪里？银行发展起来，晋商的"票号"就被取代了，但晋商的精神还是被传承下来了，比如说诚信的精神。但开放、创新一直是浙商的优良传统，也值得晋商学习。

第四，务实守信的企业精神。诚信是立业之本，也是立身之本，这是成为企业家必须具备的一个优良品质。杭州有个胡庆余堂中药铺，是个百年老店，之所以长盛不衰，是因为以"戒欺"为店规，也就是以"诚信"立业。在近现代浙商中，宁波商人的"诚信务实"精神堪称楷模。

第五，多元和谐的兼容精神。浙江有一个多元和谐的思想资源。浙商继承与发扬了这种"多元和谐，兼容并包"的精神，这也是"浙学"现代价值的体现。

富裕不是终极目标
为富不仁对社会的危害不可忽视

《文化大观》：您认为富裕之后应该怎么做呢？

吴光：富裕了之后，就应该提高我们的道德水平，要为人民去谋利益，要去服务社会，提升社会的文明程度。

如果富裕了，就吸毒贩毒，那不是正道。所以说，要有符合道义的功利观。如果没有道义，就可能会坚持功利至上，坚持功利至上就可能害人，比如说生产并销售假冒伪劣产品，这是害人的。所以，我认为，这种为富不仁的人应该依法严惩。所以正确的义利观就是要服务社会，提升社会，不是危害社会。

《文化大观》：就是说富人更应该讲道德，否则会对社会产生巨大的危害。

吴光：《管子·牧民》篇中有句名言，"仓廪实则知礼节，衣食足则知荣辱"，《管子》把"礼、义、廉、耻"作为国之四维，"四维不张，国乃灭亡"。也就是说，"礼、义、廉、耻"是支撑国家的四大道德支柱，如果支柱毁了，国家就要崩溃灭亡。

王充在《论衡》中多次引用了《管子》的名言，并提出了他独具特色的治国主张。他说："治国之道，所养有二：一曰养德，二曰养力。……此所谓文武张设，德力具足者也。"（《论衡·非韩》）德就是指道德的力量，是我们现在所说的"软实力"；力，就是指国家的经济实力。王充的这一理论，实际是综合了儒家、法家的政治主张，是很有见地的。

《文化大观》：结合当下来看，我国全面建成小康社会之后，大部分人富起来了，我们应该着力于哪些方面？

吴光：目前中国最迫切的还是要提高人们的道德水准。经过40多年的改革开放之后，中国进入了"和平崛起"新阶段，仓廪实了，衣食足了，温饱问题也解决了，然而还存在一些见利忘义、道德沉沦的现象。我们现在应该"富而教之"，引导广大群众知荣辱、知礼节。

儒家学说经过几千年的传播、发展与完善，已经形成了一整套道德伦理准则和系统的人生观、价值观、社会历史观。儒学作为多元文化中的一元，可以和市场经济实现良性发展，并适合在发展中引进道德元素，促使社会更和谐。前些年，我为浙江大学做过一个关于"文化自信"的智库报告，我特别强调的一个观点是："文化"的核心要义就是"人文化成""文德教化"。"文化自信"的本质是"道德自信"。这是我的体悟，也是我的坚持！

《文化大观》：请您讲讲儒家财富观、义利观对当代人的启示。

吴光：儒学在应用上体现出了符合时代的新内涵。

面对当下存在的享乐主义、拜金主义、道德堕落等现象，首先要树立正确的财富观和义利观，以道义求财富，坚持崇义养利，富而好德的儒家财富观。

其次是大道之行，大公有私；多元和谐，共同富裕。特别要摒弃市场经济中功利至上、唯利是图的义利观弊端。尤其是在疫情、灾情来临时，那些不择手段发国难财，恶性竞争的现象要坚决抵制，依法严惩。

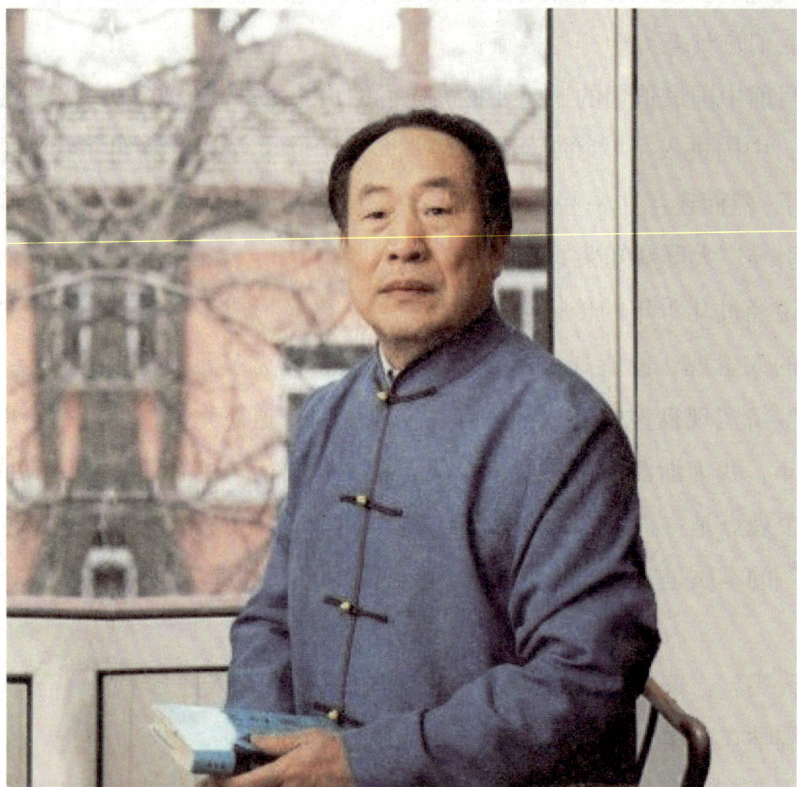

周桂钿：

福建福州人，1943 年生。

曾任北京师范大学哲学系教授，博士生导师，日本京都大学文学部客座教授。

主要研究方向：秦汉哲学、中国传统哲学、中国传统政治哲学和中国传统科学等。

财富从何而来，向何处去

——从典籍中发现财富智慧与生财之道

人从出生的那一刻起，就需要物质的滋养，人一生的成长与前行，离不开财富的支撑。

由于财富的此种属性，有人把财富当作人生道路的垫脚石，有人把财富当作生活的重要组成部分，也有人财富视作人生意义的全部……由于对财富的态度不同，人们所前行的方向与路程的长短自然也千差万别。

我们应该以怎样的态度看待财富？财富从何而来？又终将去向何处？致富之道有高低之分吗？古人的财富分配方式今天是否还适用？流传千百年的经典中蕴藏着古圣先贤的财富智慧。周桂钿教授以孔子、董仲舒、司马迁的财富思想入手，对此话题进行了解读。

一、"富"不能盲求
认识财富的两面性

财富是把双刃剑
"以其道得之"，需要有文化、道德相配合

《文化大观》：财富对于每一个人来说都是其赖以生存的基础，古圣先贤给我们传递了"君子爱财，取之有道"的观念。从儒家的角度来看，我们应如何理解与看待财富呢？

周桂钿：儒家将财富称之为"富"，也称"利"。财富有两面性，也可以说它是一把双刃剑。财富本身是美好的，同时，它也容易被无知无德的人所歪曲、利用。因而，财富需要有文化、道德相配合。对财富处理不当就会变成坏事，处理得当就会成为好事。

荀子曾说："上好富，则民死利矣。"上级喜好富，老百姓就会为了利而拼命，乃至于死亡。后人把儒家的财富思想概括为："君子爱财，取之有道。"这个道就是正道，不是歪门邪道，是通过诚实的劳动，包括体力劳动和脑力劳动，发财致富。

儒家的创始人孔子也认为财富是美好的，他是支持人过富裕的生活的。孔子曾说过，如果可以合理求得财富的话，即使是做个手拿鞭子的差役，他也愿意。如果不以其道得之，他还是做自己所爱好的事。

《文化大观》："以其道得之"应如何理解呢？

周桂钿：孔子认为，作了贡献就应当得到应有的酬劳。有个叫原宪的学生曾在孔子家当总管，帮他打理家事。孔子给他发"粟九百"，原宪不好意思接受，就说我不要这么多，给我六百就够了。孔子就对他说："不要推辞，这是你应该拿的！如果你只拿六百，我就雇不到其他人来做这件事，人家嫌钱少，但是也不好说，他就会推脱。你拿九百，别人也拿九百，这样就很公平。如果你觉得多，就接济下亲戚邻里吧。"

同时，孔子还讲求"无功不受禄"。《吕氏春秋》记载：一次，孔子去拜见齐景公，齐景公想给他一些俸禄作为生活费用，孔子推辞了，不肯接受。出去后孔子对弟子说："君子立功受禄。刚才，我给齐景公提了些建议，但他并不想实行，还想给我俸禄，他太不了解我了！"既然自己的建议没给齐国帮上忙，孔子自然也就不会白要齐景公的钱。所以，他立"不义而富且贵，于我如浮云"之言，也立"无功不受禄"之行。

《文化大观》：为什么"富"需要有文化与道德相配合？

周桂钿：古人把有文化和道德的人称为"君子"，"君子"代表着非常高尚的一种人格。

君子即便身处贫困，也会"固穷""忧道不忧贫"。孔子的弟子颜回可以说是贫穷而坚守道德情操的代表。

君子处贫不忧，处富也不嚣张跋扈，能做到"富而好礼"。孔子的另一个弟子子贡便是"富而好礼"的代表。

需要注意的是，古人讲的道德、文化与现在的文凭并不等同。

道义与财富孰轻孰重？
"义养心，利养身"

《文化大观》：个人在追求财富时，应遵循什么原则？

周桂钿：儒家主张"见利思义""义然后取"。义者，宜也，这里是适当的意思。面对钱财，合理就可以收，不合理就不收。孔子说："不义而富且贵，于我如浮云。"（《论语·述而》）通过不正当的手段获得的富贵，对于孔子来说，就像浮云那样，虚无缥缈，不会增加什么乐趣。

哪些手段是不义的呢？孔子没有明说，但他提出："邦有道，贫且贱焉，耻也；邦无道，富且贵焉，耻也。"（《论语·泰伯》）又说："邦有道，谷；邦无道，谷，耻也。"（《论语·宪问》）政治清明，百姓安乐，做官拿俸禄；国家无道，还做官拿俸禄，是可耻的。政治混乱的时期，百姓穷困，自己却很富，就是可耻的。

《文化大观》："义"与"利"对人来说分别有怎样的作用？

周桂钿：儒家有个观点："义养心，利养身"。"义"对思想有指导作用，重视"义"就不会胡作非为；"利"是滋养身体的，没有"利"也不行。董仲舒认为："天之生人也，使人生义与利。利以养其体，义以养其心。"（《春秋繁露·身之养重于义》）人需要"利"也是与生俱来的本性，利是养身体所必需的，即使圣人也不能去掉民众的欲利之心。为了社会和谐，儒家主张重义轻利。

因此，董仲舒说："义之养生人，大于利而厚于财也。"（《春秋繁露·身之养重于义》）义对于人来说，比财富更重要。

人应以治学谋道为根本
盲目追求富，就是精神贫困

《文化大观》：孔子曾说，君子"谋道不谋食""忧道不忧贫"，相比于道，他似乎并不鼓励人们追求财富。真的是这样吗？

周桂钿：并非如此。孔子认为即使处于贫困之中，也能安贫乐道，能够坚持自己的道德情操，所以说"君子忧道不忧贫"（《论语·卫灵公》）。所谓道，即圣贤之道。儒家讲"君子学而优则仕"，学子如果读书优秀并有余力，就可以入仕做官，进而实现立身行事、安邦治国的抱负。

所以，孔子并不是让弟子不关心衣食，而是劝勉他们应以治学谋道为根本，经由"谋道"水到渠成地来"谋食"，即"学也，禄在其中矣"。这便是《周易》说的"君子藏器于身，待时而动"。"器"就是本领，是人在脚踏实地中一步步修炼得来的。

孔子还认为，盲目追求富，就是"惑"，就是没有信念、没有理想，就是精神贫困。

古人的财富教育观
该不该给子女留下大量财富？

《文化大观》：在教育子女方面，古人的财富观是怎样的？

周桂钿：《汉书·疏广传》中的"贤而多财，则损其志；愚而多财，则益其过"谈的就是这个问题。

如果子孙是贤者，多给他们留财富，就会减损他们的志向；如果子孙是愚蠢的，多给他们财富，就会增加他们的罪过。无论子孙如何，多给其财富，都是没有好处的。这是两千多年前的财富教育智慧。

人在比较艰苦的条件下磨炼意志、增强毅力，才能成就一番事业。连续十几年被评为世界首富的比尔·盖茨将自己的 580 亿美元的财富全部捐给以他命名的慈善基金会，不给自己的子女留一分钱，与西汉时期的疏广有着相同的财富教育思想。

林则徐也讲过类似的话："子孙若如我，留钱有何用？子孙不如我，留钱有何用？"自己用苦力挣来的钱，就会很珍视；如果钱来得不费吹灰之力，就很容易被挥霍掉。

《文化大观》：您怎么看现在的明星和网红等赚快钱的方式？

周桂钿：钱给得多了，就会忘乎所以，就不把别人放在眼里，认为自己最行。歌唱家郭兰英，曾经一个晚上的加班费只有三毛钱。现在这些艺人被宠坏了。

还有句话也很重要，是孟子说的："生于忧患，死于安乐。"人过惯了安乐的日子，就容易没有出息。要有奋斗精神，有压力，人才会争气。

二、典籍中的生财之道与致富秘诀

禄向学中求

无论贫穷还是富贵都需要学习与教育

《文化大观》：从儒家思想来看，应该如何获取财富呢？

周桂钿：在儒家看来，富是可求的，同时富也有不可求的一面。从可求的角度讲，谋事在人；从不可求的角度讲，成事在天。一个人是否能发财，是社会多方面因素的综合结果，其中包括客观条件与主观努力。而这综合因素，古人将其归结为"天"或"天命"。

孔子讲过："耕也，馁在其中矣；学也，禄在其中矣。"（《论语·卫灵公》）孔子认为要想获取财富，首先要学好文化，学习好了就可以当官，当了官就有俸禄。

《文化大观》：请您详细讲讲"学"和"禄"的关系。

周桂钿：古代的寒门士子苦读经年，正因为他们渴求改变命运的机遇，所谓"一朝金榜题名，三年心花怒放"，丝毫不夸张。清代小说家吴敬梓写过范进中举的故事。当范进得知自己考中举人后，喜极而疯，被岳父打了一巴掌后才清醒过来。范进的表现令人嘲笑至今，但我们应当思考，他为什么会发疯？因为一旦考中了举人，就意味着范进不再只是一个读书人，此后余生，他不仅可以领取俸禄，还可以免除徭役和赋税，绝对实现了对阶层的跨越。所以，发一时之疯岂有不合理之处？

虽说读书不再是唯一的出路，但坎坷的求职经历也让不少年轻人深刻地意识到，读好书或者有一技傍身，才是走上财富之道的基础。

《文化大观》：现在有一些人坚持"读书无用论"，他们认为，有人即便大学毕业得到一份稳定、体面的工作，但收入远不如那些早早辍学出去创业的同龄人。您如何评价这种声音？

周桂钿："读书无用"是很短视的一种观点。

西汉时推崇经学，许多大学士皓首穷经，用尽一生钻研经书和古籍，虽然有科研经费和工资收入，但多数经学家在世时并没能因此发家致富。但是，数代之后，这些由平民入仕的经师的后代，许多人到了东汉时期发展为世家豪族，渊博的家学赋予了他们统治思想与社会道德的话语权，最终使其不仅在政治上把持着国家大权，在经济上也成为豪门。可见，读书是否有用，并非看一代就能得出定论，长辈的学问为子孙带来的家风、家学滋养，看似无物、无用，但或许正将财富的种子种于无声，只待时机成熟结出硕果。

如果不读书，没有文化，那么即使发了财，有了丰厚的物质生活，也终究会因为各种原因快速地让财富流失。另外，如果道德败坏的人先富起来，也会败坏社会风气，严重危害社会。

《文化大观》：所以需要"富而后教"是吗？

周桂钿：儒家重视富，要求以正当的方式致富，特别强调富裕以后要进行教育。孔子的弟子冉有曾请教孔子："一个国家人口众多之后，又该再做什么呢？"孔子说："富之。"冉有又问："已经富裕了，还该怎么做？"孔子说："教之。"后人将其归纳为"富而后教"。"富而后教"是儒学的重要思想。百姓一旦富了之后，容易骄横，如果不进行教育，就会堕落、腐败。孟子讲："饱食、暖衣、逸居而无教，则近于禽兽。"（《孟子·滕文公上》）

实际上，等到富以后再教育就来不及了。在温饱解决、小康实现的基础上，教育乃头等大事。

古代富豪的生财之道

《文化大观》：在古代，有人凭入仕享受俸禄，有人靠做工丰衣足食，也有人通过经商得家财万贯，放眼芸芸众生，人们的生财之道无奇不有。您可以讲讲除求学之外的其他财富之道吗？

周桂钿：我推荐大家认真读一读司马迁《史记》中的《货殖列传》，其中描写了很多富豪的生财之道。货是货币，就是钱，殖是增加，货殖就是怎么发财致富，列传就是成功企业家的传。

除了子贡、范蠡等大家耳熟能详的富豪，司马迁还记载了中国历史上第一个女企业家——怀清的故事。秦朝有个叫怀清的寡妇，大家可能更熟悉她的别称"巴寡妇清"，她活着的时候与秦始皇平起平坐，死后秦始皇还专门为她筑台纪念，荣宠备至，世所罕见。关于怀清为什么受宠，原文说"岂非以富邪"，就是因为富贵才受宠。富有的人很多，为什么怀清的待遇就大不相同？原来，怀清出生在穷乡僻壤，又早年丧夫，这种遭遇下，怀清不仅没有靠国家的救济存活，最终还通过自己的勤劳双手"礼抗万乘，名显天下"。

《文化大观》：怀清有多富呢？她的赚钱之道是什么？

周桂钿：有人根据《史记·货殖列传》，把怀清与子贡、范蠡、白圭等人称为"战国七大富豪"。怀清的夫家几代从事丹穴业，堪比现代的家族企业。丹穴业就是开采和炼制丹砂，进而提炼朱砂和水银。丈夫去世后，怀清继承了家族事业，并将生意范围扩大，其财力之雄厚，足以"用财自卫，不见侵犯"。从这个角度看，怀清正因为富甲一方，造福于民亦能保一方平安，因此得到有"万乘之尊"的秦始皇的礼待。

"富者必用奇胜"

《文化大观》：古代的贤人是如何致富的呢？

周桂钿：为了倡导正当地获取财富，司马迁历数当时各地贤人的致富方式，供后人参考。他们有的开矿冶铁，有的做鱼盐生意，有的从事长途运输、贩卖粮食，有的种果树、养牲口，有的在乱世抛金玉、藏粮食，他们"皆非有爵邑奉禄，弄法犯奸而富"（《史记·货殖列传》），而是都有一些绝技招数，因此"富者必用奇胜"。致富的思路与手段不同寻常，是最主要的"奇"。只要有奇术，哪一个行业都能够发财致富。就是俗话说的：三百六十行，行行出状元。

《文化大观》：在全球疫情的大环境中，这一点是值得人们学习的。

周桂钿：对，不少人因失业生活陷入困境，精神和经济状况都面临前所未有的危机。此时，坐以待毙是最行不通的路，出奇制胜或许得遇生机。

致富无捷径
致富秘诀是心智专一

《文化大观》：普通人的致富之道如何呢？

周桂钿：《史记·货殖列传》不仅记载了大富之人的事迹，也列举了许多普通人的致富之道，比如：种田务农原本是最不可能发财的行业，一个叫秦杨的人却靠它成为一州首富；行走叫卖原本为男子汉所不齿，一个叫雍乐的人却也由此赚了不少钱；磨刀本来是小手艺，一个叫郅氏的人却赚得盆满钵满……诸如此类的例子，司马迁列举了很多。

这些小人物的致富故事，往往让人觉得不值一提，甚至难以置信。很少有人相信，起早贪黑地种田能致富，走街串巷地叫卖能致富，反反复复地磨刀也能致富，但这些活生生的人用他们的亲身经历告诉人们，致富并没想象中那样难。

《文化大观》：这些人致富的秘诀在哪里？

周桂钿：司马迁说"此皆诚一之所致"，他们只是做到了心志专一。这些人致富没有捷径，他们只是心无旁骛，在一个行业中勤恳耕耘，踏踏实实地积累，天长日久，终成小富之家。

致富之道有高低之分
"本富为上，末富次之，奸富最下"

《文化大观》：发财致富之道，有高低之分吗？

周桂钿：如何发财致富，还是有高低之分的。在这个问题上，司马迁在《史记》中有精彩的概括。他认为："本富为上，末富次之，奸富最下。"

《文化大观》："本富""末富""奸富"应如何理解？

周桂钿："本"指生产，主要是农业生产和畜牧业生产，比如说去捕鱼，去种粮食，种果树等。

"末"指生产与消费之间的必要环节，包括小手工业、加工业、商业、运输业、服务业。"末富"即通过这些加工、转运、倒卖的活动致富。怀清就属于这一类。

最下等的是"奸富"，即通过不正当的手段牟取暴利。从古代来看，盗墓、抢劫、偷盗、欺骗等属于"奸富"；从现代社会来看，制造伪劣商品、偷税漏税、缺斤短两、违法乱纪乃至贪污受贿、以权谋私、贩卖毒品、倒卖军火等都是"奸富"。在中国传统观念中，采取歪门邪道、损人利己、危害社会等手段而达到发财致富的，都属于"奸富"。①

"三富"论是在汉代提出的，现在，我们仍然需要重视"本富"，即生产致富。销路通畅，可以促进生产，激活经济，因此应该适当强调"末富"，即贸易致富。"奸富"则是古今中外都应该反对的。比如个别腐败的官员与社会上黑恶势力勾结，做一些见不得人的生意，暴发横财，这是最大的"奸富"。

《文化大观》：您认为应当如何制止"奸富"？

周桂钿：普通人对此可以进行道德谴责，但更为关键的，是国家应当对奸富行为加以严格管控，同时引导人民树立正确的财富观，合理、合法地致富。我们可以结合董仲舒、司马迁等人的相关思想进行更为深入地讨论。

《文化大观》：司马迁提出的财富理论与儒家的观点相应，他属于儒家吗？

周桂钿：汉代很多人都是比较重视孔子的，董仲舒倡导独尊儒术，而司马迁生在董仲舒之后，自然受到了儒家思想的影响。但是他还受到一些其他思想的影响，比如说黄老道家思想。

---

① 周桂钿：《孔子、董仲舒、司马迁三人论富评议》，《福建论坛（文史哲版）》，2000年第3期。

三、为官不与民争利
财富观的树立从为官者着手

当官不为致富

财富观的树立从为官者着手

《文化大观》：您认为财富观的树立应该从何处着手呢？

周桂钿：财富观教育，要从为官者开始。当官的不要想发财，而是要用正当的举措引导群众发财。

现代社会与古代社会的经济发展方式不同，发财致富的道路有千万条，唯独当官不应该是致富的道路。当官致富，其财富就是从人民那里受贿或贪污而来，那是一种犯罪，也会对整个社会财富观的树立产生恶劣的影响。

《文化大观》：为官者应为敢于担当者，勇为人先者，您认为这个群体应该如何处理好自身与财富的关系？

周桂钿：首先，为官者不要想发财。当官的靠俸禄发财是不现实的。荀子认为："从士以上皆羞利而不与民争业，乐分施而耻积臧。然故民不困财。"（《荀子·大略》）作为统治者要"羞利"，不与民争业，乐于施舍，耻于积累财富。

其次，不与民争利。为官者的责任是帮助人民发展生产，正当经营，发财致富。当官的与民争利，自己富起来，挤占了百姓的生存空间，这就是贪官污吏。春秋时期鲁国的国相公仪休是不与民争利的典范。有一天公仪休回家吃饭，吃到葵菜就问家里人菜的价钱。葵菜就是古代的白菜。家里人说不要钱，是自己家后花园种的，他听后很生气，就到后花园把那菜都拔掉了。他说："我都当国相了，拿这么多的俸禄，你还去自己种菜，就是跟菜农争利。"

不与民争利
为官应"廉"而"公"

《文化大观》：为什么国相自己种菜就是与民争利呢？

周桂钿：国相如果带头吃自己种的菜，做官的都跟着学，那菜农的菜就卖不出去了。董仲舒说："身宠而载高位，家温而食厚禄，因乘富贵之资力，以与民争利于下，民安能如之哉。"（《汉书·董仲舒传》）有一些人，身居高位，家中富足又享受着厚禄，就借此与民争利，人民怎么能安定呢？所以汉代的时候贫富两极分化很严重。

公仪休还有一个"出妻"的故事。有一天公仪休的妻子在织布，他看见后，认为妻子织布是抢了女红的生计，就把妻子休了。有人说有错可以批评，予以纠正，为什么要休妻呢？我认为，公仪休当国相应该是三四十岁了，他老婆跟着他至少有一二十年了，应该知道他是这样的品格，还去亲自织布，这就是公然跟他对抗。所以公仪休就把她休了。

二十世纪八九十年代，还有人提倡公务员搞创收，教授在放假的时候上街卖烧饼。如果说一个教授的薪水不能维持一家人的生活，说明政府太不重视知识分子了。如果作为一个教授，不认真研究学问，利用放假时间卖烧饼，因为赚了一些钱而沾沾自喜，这是什么教授？刘乃和先生告诉我："那绝不是一个好教授！好教授吃烧饼都感觉没有时间，哪有时间卖烧饼？"[1]

《文化大观》："不与民争利"为什么值得提倡呢？

周桂钿："不与民争利"就是廉洁的表现。

《淮南子》中还记载了公仪休吃鱼的故事。公仪休特别喜欢吃鱼，全国的人都争相买鱼来献给他，公仪先生却不接受。他的弟子问他："您喜欢吃

---

① 周桂钿：《儒家的财富观》，《四川师范大学学报（社会科学版）》，2009 年第 36 卷第 5 期。

鱼而不接受别人的鱼，这是为什么？"他回答说："我因为爱吃鱼，所以不接受。如果我收了别人献来的鱼，一定会有不敢要求他们的表现；这样就会枉法；枉法，就会被罢免相位。虽然爱吃鱼，这些人不一定再送给我鱼，我又不能自己供给自己鱼。反过来讲，如果我不收别人给的鱼，就不会被罢免宰相，尽管爱吃鱼，我能够长期自己供给自己鱼。"

董仲舒论富，反对贫富两极分化，特别反对官家利用权势与民争利，他认为："古之贤人君子在列位者皆如是，是故下高其行而从其教，民化其廉而不贪鄙。"（《汉书·董仲舒传》）如果执政者能够做到洁身自好，行为廉洁，下属心生敬意，自然服从其领导；百姓也会把他作为榜样修正自己的行为，不再贪心和卑鄙，社会风气最终就会变得越来越好。

《文化大观》：为官者在对待财富方面还有哪些需要注意的？

周桂钿：还有一点就是要抑制富者，救助弱者。实施调均政策，防止贫富差距严重扩大，这是决策者的主要责任。

在儒家的著作中，我们可以看到儒家出于仁爱之心提出济贫的思想。如《礼记·礼运》中提到的："故人不独亲其亲，不独子其子，使老有所终，壮有所用，幼有所长，矜寡孤独废疾者，皆有所养。"

四、任何时代都有论富的必要
实现"共同富裕"古人有招

如何解决贫富分化的问题？
以调均实现社会财富分配的相对平衡

《文化大观》：纵观秦汉以来的两千多年历史，贫富分化历来是各朝政府最为关心的民生问题。从国家层面，应该采取怎样的措施来解决这个问题？

周桂钿：这就需要国家出手来进行"调均"。

孔子讲过"不患寡而患不均，不患贫而患不安"，不均，就是指财富分配不均。两极分化严重，就不利于社会的安定，因而需要限制两极分化，缩小贫富差别。因此，董仲舒提出了"调均"，要"使富者足以示贵而不至于骄，贫者足以养生而不至于忧"。

《文化大观》：调均的具体办法有哪些呢？

周桂钿：董仲舒认为官家"食禄而已，不与民争业，然后利可均布，而民可家足"（《汉书·董仲舒传》）。政府进行调均，就是让富人拿出一部分钱来救助贫穷的人，这样社会就安定了。东汉时代，有人就实行过这个政策。在发生了旱灾、水灾、虫灾以后，很多穷人都出去要饭，后来皇帝吸收了董仲舒的调均思想，从政权上实行了调均制度。结果就没人再出去逃荒要饭，穷人都能勉强过日子了。

历代政府为了巩固自己的统治地位，经常要打击一下贪官污吏，有时也要限制一下巨商富贾，在有天灾的年份，对受灾的人民还要给予适当的救济。而有些统治者不知道调均对于巩固政权的重要意义，就任凭一些皇亲国戚、功臣及其后代随意兼并土地，巧取豪夺，盘剥人民，却不予制止，不关心贫困的百姓，任其自生自灭，结果这个封建政权很快就会被贫困得无法生活下去的穷人推翻。取而代之的新政权就会立即采取措施进行调均，缩小贫富差别，以博得贫困人民的支持和拥护。没有执政能力的政府垮台是必然的。

《文化大观》：这背后的原因是什么呢？

周桂钿：势非圣意，理在民心，形势的发展不是由圣人的意识决定的，而在于民心。所谓"得民心者得天下"，民心的向背决定天下大势，决定了历史的发展，这就是民心史观。毛泽东主席就比较重视这一点，他很注重倾听群众的意见，来了解民心，毛泽东不认为形势是他决定的，是民心决定的。这就很厉害。

值得注意的是，现代西方许多国家以高福利的方式救助贫困者，其力度和广度都超过中国，说明如今西方人已经认识到调均的意义。

《文化大观》：调均能改善百姓的生活吗？

周桂钿：董仲舒在《春秋繁露》里说过，调均之后，富有之人的财富即便可观，但不至于多到让他们的行为骄奢淫逸；贫穷之人的财产虽然有限，但他们不会再为基本的温饱发愁。通过调均，社会财富的分配实现相对平衡，财富聚敛的情况不再出现，大众心中的愤懑之火也就随之平息了。

调均是共同富裕吗？

《文化大观》：调均跟我们现在谈的共同富裕是不是有共同之处？

周桂钿：应该说差不多，儒家提倡"大道之行也，天下为公"，天下为公就包括调均的内容。儒家主张推己及人，自己喜欢富，也要让大家都富起来。富民，就是要与全体人民共同富裕。

社会安定，大家共同富裕，才是最美好的社会。大部分人生活都很贫穷，只有少数人特别富裕，那么这些富人的日子也难过，整天提心吊胆。

《文化大观》：有没有这方面的典型事例呢？

周桂钿：齐景公自己很富，"有马千驷"，就是四千匹马与一千辆马车，但他不给人民办事，没有做出有利于人民的好事。所以当他死时，"民无德而称焉"（《论语·季氏》），人民找不出歌颂他道德的词。孔子讲："百姓足，君孰与不足？百姓不足，君孰与足？"（《论语·颜渊》）就是说，统治者要与全体人民共同富裕，不要只顾自己发财。

"均贫富"不是搞平均主义

《文化大观》：调均是"平均主义"吗？

周桂钿：孔子倡导的"均贫富"，董仲舒提倡的"调均"，当前国家倡导的"共同富裕"，都不是平均主义。因为绝对平均不仅不现实，对社会进步也没有好处。

调均，是对富人的限制，对穷人的救助，但不能走极端，搞平均主义。儒家承认差别，反对的只是差别的过分扩大。因此调均要适度，如果产生了错误的理解，处理不当，调均也会产生副作用。

《文化大观》：贫富差别有没有可能从根本上消失？

周桂钿：不可能，也不可以。我们应该认识到，社会矛盾产生的根本原因，在于财富分配不公，而不是贫富差距，因此历代政府要打击的，应当是"不公"导致的不合理差距。

受生产力条件所限，古今社会都尚未具备让人民实现同等富裕的物质条件。适度的贫富差距，可以为社会提供可持续发展的合理动力。试想，如果贫富差距完全消失，竞争归零，社会发展会出现什么情况？答案显然是发展缓慢甚至停滞。

中国曾经有一段时间吃过"大锅饭"，这对生产力的破坏、对财物的浪费都是惊人的。在深刻的教训以后，国家提出让一部分人先富起来。当政者要允许一部分人通过正当劳动发财，要按不同的贡献获取适当的报酬。政府应将财富藏于人民中间，再利用政权进行调均，实现第二次分配。

如何引导人民实现致富有道？
古人的五种致富方针

《文化大观》：人们追求财富的方法无奇不有，为求致富而丧失道德与良知的不乏其人。国家应当如何引导人民实现致富有道？

周桂钿：司马迁提出了五种关于致富的方针：因之、利导之、教诲之、整齐之、与之争。最聪明的掌权者"因之"；次者因事制宜，"利导之""教诲之"或"整齐之"；最差的是"与之争"，即董仲舒说的"与民争利"。[①]

《文化大观》：可以详细解读一下这五种致富方针吗？

周桂钿："因之"，就是因循、顺应客观的形势，这是黄老道家"自然无为"之思想在经济领域的体现。经济发展有其客观规律，无论个人还是国家，致富都应顺应规律。权势者的意志、行政命令都无法改变客观规律，也改变不了社会经济发展的客观进程。比如西汉文帝、景帝时期，统治者顺应汉初百废待兴的局面，实行清净不扰民的政策，让社会经济顺应自然规律实现充分发展，最终开创了中国历史上第一个盛世，史称"文景之治"。

"利导之"就是说统治者只要掌握着利，就可以指挥天下人，引导天下人。正所谓"有钱能使鬼推磨"，说的就是利益的驱使作用。

---

① 周桂钿：《儒家的财富观》，《四川师范大学学报（社会科学版）》，2009年第5期。

《文化大观》：汉代统治者是如何用"利"来引导人民的？

周桂钿：汉代独尊儒术，政府规定精通儒家经典的可以当官拿俸禄，享受荣华富贵。于是，天下士人，争读"五经"。由于利禄的引诱，天下士人读经、注经、讲经，不遗余力。一部经书，注文可以达到几百万字，甚至几个字也要注上数万言。这都是利导的结果。

从现代社会来看，"利导"，就是各国政府规定的各种优惠政策，免税、减税是其中比较重要的内容；与此相反，则用高征税的办法来抑制某些商品进口与生产，这种抑制也是一种利导。

《文化大观》："教诲之"和"整齐之"分别指什么？

周桂钿：这两种方法都属于儒家提倡的方式。

"教诲之"，有教师的教育作用，更重要的是政府的宣传作用。在封建时代，中国的政府宣传主要通过下诏书，有一些御用文人，根据巩固封建统治的需要，提出一些政见，对社会也会产生极大的影响。例如董仲舒在汉武帝策问时提出官员不与民争利的思想对后代产生很大影响。

"整齐之"就是用法规来统一经济活动的规范，不允许少数人暴发横财，特别限制商业活动，各处都立关设卡妨碍交通运输。司马迁认为，政府利用行政手段限制百姓发财致富，是不可取的。

《文化大观》：为什么司马迁不认同这种方式？

周桂钿：孔子说："道之以政，齐之以刑，民免而无耻；道之以德，齐之以礼，有耻且格。"（《论语·为政》）孔子认为，用仁德来指导百姓比用政令去治理百姓高明。在这一点上，司马迁与孔子的主张一致，他认为"教诲之"比"整齐之"更明智。

《文化大观》："与之争"是排在最后的一个致富方针，是否司马迁最不认同这种方式？

周桂钿："与之争"，即与民争业、争利。司马迁把这种办法排在最后，就是表示与民争利是最下策。在西汉时代，与民争利极为严重，最突出的是盐铁官营。当时有些人靠冶铁和做盐生意发了大财。盐铁利润极高，于是，大商人出身的桑弘羊执掌政府财政大权以后，就将盐铁之利收归国家所有，不允许私人经营盐铁。董仲舒认为，这是"与民争利"。[①]

任何时代都有论富的必要

《文化大观》：您曾写过很多与财富观相关的文章，您研究古人的财富观时，侧重于哪个层面？

周桂钿：我倾向于站在社会宏观视角来研究，以古鉴今更有现实意义。我做学问，有一个特点：很关心社会的问题，对社会存在什么问题比较清楚。在这个基础上，我看书的时候觉得哪句话对现实有意义，就把它联系起来，写成文章。

《文化大观》：您为什么关注儒家财富观的话题呢？

周桂钿：中国历代儒家谈论财富的很多，现代社会的人也常有新的见解，可以说这个问题古人没有完全解决，现代社会也需要财富观的指导，所以这个话题有再论的必要。

"富"原本象征人对美好的向往，而人却由它生出种种事端。放眼世界，一些西方富强国家崇尚霸权主义，不懂得和合共生。立足当下，不乏富有之人骄奢淫逸，而不知富而好礼。基于此类现象，我认为任何时代都有论富的必要。今天我们再论富，不仅能为世界危机的化解提供儒学药方，也能为当今中国的经济发展贡献儒家智慧。

---

① 周桂钿：《儒家的财富观》，四川师范大学学报（社会科学版），2009 年第 5 期。

涂可国：

山东社会科学院国际儒学研究院原院长，曲阜师范大学孔子文化研究院特聘教授。二级研究员，资深专家，山东社会科学院博士后实践流动站博士后导师，山东社会科学院儒家哲学重点学科负责人。

兼任中国实学研究会副会长、山东孔子学会副会长、山东省哲学学会副会长、国际儒学联合会理事、中国人学学会常务理事等。山东省智库高端人才入库专家、首批齐鲁文化英才，享受国务院政府特殊津贴。

财富之路上有"道"也要有"术"

——探寻儒家财富观的深层智慧

如果没有一种正确价值观的指引，人们该如何控制自己的欲求？当财富力量、财富梦想、财富欲望、财富崇拜交织成为一个巨大的财富幻象，人是否会被异化为金钱的奴隶？

作为在中国社会流传两千多年的主流思想，儒学在大多数人的印象中是只谈道德不谈钱的。事实上，"崇高莫大乎富贵""邦有道，贫且贱焉，耻也；邦无道，富且贵焉，耻也""富而可求也，虽执鞭之士，吾亦为之"等引导人正确追求财富的语句却多出自儒家经典。

如何建立科学而合理的财富观是每一个人所面临的人生大课题，而儒家的财富之道可以为我们提供一种从思想层面如何理解、看待和运用财富的智慧。如何理性看待"富"和"贵"？"德"与"财"孰为根本？生财之道何处寻？如何实现"道"与"术"的完美统一？先"富民"还是先"富国"？带着这些问题，涂可国教授带领我们进行儒家财富观的深度解读。

一、从思想层面认知儒家财富智慧
理性看待"富"和"贵"

儒家财富之道
一种从思想层面理解、看待和运用财富的智慧

《文化大观》：您认为在当下我们为什么要关注儒家的财富观？

涂可国：在现代社会，特别是改革开放以后，人们追求富贵的欲望越来越强。另外一方面，很多人想要发财致富，但是怎么发财致富是个问题。20世纪90年代以后，有些人为了求财不择手段，出现了假冒伪劣产品，违法乱纪，以及民营企业对员工的剥削等乱象。

儒学的很多经典里都对财富观进行了很详细的阐述，我觉得这些先贤智慧也是我们现代人需要学习的。

《文化大观》：儒家文化中哪些对财富观的论述比较充分，对当下的启发比较大？

涂可国：儒家财富观强调对财富进行权衡，提出了富而有道、财自道生、有财有用、和气生财、富而后教、富而好礼、调均贫富、贾而儒行等思想观点，儒家的财富之道为我们提供了一种从思想层面理解、看待和运用财富的智慧。

追求富贵
是人的基本欲望

《文化大观》：谈到儒家思想，多数人首先想到"修身、齐家、治国、

平天下"，认为儒家多谈君子修为、谈理想志向、谈读书学习等，耻于谈论钱财，这种印象正确吗？

涂可国：显然这是因为不熟悉儒家文化而产生的刻板印象。孔子在《论语·里仁》说得很清楚，"富与贵，是人之所欲也"，说明他肯定人们争取富贵的愿望和权利，认同这是人的基本欲望。孔子并非像有些人理解的那样让人们在道德和富贵之间做出选择，他只是陈述了绝大多数人追求富贵的倾向性，同时，又肯定了追求富贵的正当性。

《文化大观》：这句话之后还有一句"不以其道得之，不处也"，是孔子肯定富贵欲望的条件。

涂可国：后面还有一句："贫与贱，是人之所恶也；不以其道得之，不去也。"（《论语·里仁》）

孔子希望人在追求富贵或摆脱贫穷时，遵守"道"的准绳。我们常说"欲壑难填"，人的欲望常会脱离理性的控制，好逸恶劳、乐生恶死、乐富恶贫、乐贵恶贱、乐康恶病是常人的本性，所以给人的财富追求设一个准绳是正确的。

有财为美
但要理性看待"富"和"贵"

《文化大观》：既然儒家肯定人对财富的基本欲望，是不是也是推崇富裕的？

涂可国：是的，儒家认同"有财为美"。

儒家财富观不仅确认人追求富贵的本源性，还把财富摆在价值系列重要位置加以强调。儒家最早的经典《周易》既注重民生财富的开拓，又极力推崇富贵，大胆提出了"崇高莫大乎富贵"的命题。

《文化大观》：一般认为"崇高"用来形容人的品格高尚，用来形容富贵不太常见。

涂可国：因为《周易》鼓励人们像圣人一样去从事生产发明创造，将争取富贵视为崇高的事业加以彰显，这说明财富与人格是不矛盾的。人格崇高，德性修为深厚，财富才大。这个观点与庄子讲的"天下之所尊者，富贵寿善也"（《庄子·至乐》）表现出了一致的价值观。

《文化大观》：儒家的其他经典是如何谈"富贵"的呢？

涂可国：与《周易》富贵并列有所不同，《尚书·洪范》列出人生五福："一曰寿，二曰富，三曰康宁，四曰攸好德，五曰考终命"。即富有、长寿、康宁、好德、善终，把"富"列于首位，唯独缺乏"贵"。

《文化大观》：富和贵有时候连起来说，有时候却分开论，现在我们习惯将"富贵"当一个词讲，但其实它们的含义不一样吧？

涂可国：对，显然"富"是富有、有钱，我们说商人一般就是有钱人。"富"有多种标志，在中国传统社会，"富"的标志更多的是土地，到了明清以后出现了资本主义工业，也出现了一些资本家。

"贵"则主要指人的地位尊贵、权力很大。

《文化大观》："富"和"贵"是种什么样的关系呢？

涂可国：实际上"富"和"贵"既有统一的方面，也有不统一的方面。《初学记》说过："贵者必富，而富者未必贵也。"古代社会中，位高权重的人一般都很有钱，没听说过一个丞相或王爷连饭都吃不起的吧？但有钱的人未必都是尊贵的，古代讲"士农工商"，商人的地位是最末等的。

当然，也有"贵"的人却不富裕的，两袖清风的高官不是没有。

再者，有钱但"不贵"的人，也有办法提高自己的社会地位。比如古代有一种制度叫"捐官"，当财政困难的时候，国家会把官员品级拿出来售卖，社会上有钱的商人为了提高自己及子孙后代的社会地位，就会选择拿出大笔的财富来买官。有个成语叫"卖官鬻爵"，说的就是这种现象。

《文化大观》：当代的年轻人应当如何认识与追求"富"和"贵"？

涂可国：就现在来说，在市场经济的背景下，我认为年轻人没必要把权力和地位看得太重。年轻人一定要树立一个正确的财富观，追求富贵是人生的一个重要动力，我们要克服那种小富即安的心理，对财富合理的、正当的追求我们应该鼓励。另外，我们也不要把追求富贵看成是一种邪恶的东西。

二、"德"与"财"孰为根本？
"义"与"利"真的不可兼得吗？

"德"为本，"财"为末
有道德的人才玩儿得转财富

《文化大观》：关于"财富之道"，大家最熟悉的一定是"君子爱财，取之有道"这句话。

涂可国：这可不单是一句俗语，它是有明确出处的。明代有一本很有名的蒙学读物叫《增广贤文》，这句话就出自这里。

这里的"道"是继承儒家理念而来的，既指"门道""方法"，也指"道德""德行"，比如说诚信经营；还包括一种经营之道，比如出奇制胜，守正出新。即根据道德原则获取财富，不取不义之财。

《文化大观》：富贵可求，但也应遵循一定的道德准则。"德"和"财"在儒家思想中是怎样的关系？

涂可国：《大学》说："德者，本也；财者，末也。"从价值选择来说，儒家主张把道德放在比财富更重要的位置。在儒家看来，德即是道内得于己的品性，是主体自身的德性修养。

《文化大观》：为什么德才是根本呢？

涂可国：《大学》里有一段话把这个问题讲得很清楚：

道得众则得国，失众则失国。是故君子先慎乎德。有德此有人，有人此有土，有土此有财，有财此有用。德者，本也；财者，末也。
外本内末，争民施夺。是故财聚则民散，财散则民聚。

《大学》从道和德一致的角度提出君子要明德、慎德，而在认识和处理德、人、土、财、用五者之间的关系时主张把"德"放在首位。因为如果表面上奉行道德而实质上聚敛财富，就会财聚而民散。

这就是儒家说的"厚德载物"，一个人如果没有深厚的道德修养，即便给他很多财富，最终可能也会引来灾祸，因为这样的人承载不动。不义之财来得快，去得也快。

"义""利"可以双行
"义"不是"利"的对立面

《文化大观》：说到"德"和"财"的关系，是否其核心就是"义利之辨"？

涂可国：义利观是儒家财富观的一个基本原理，也是儒家价值观的基础。好比"德本财末"，儒家也是"重义轻利"的，像孟子的"舍生而取义"，董仲舒的"正其义不谋其利，明其道不计其功"，朱熹的"必以仁义为先，而不以功利为急"等都表达了这类意思。

《文化大观》：在儒家话语系统中，"义"和"利"容易达到统一吗？

涂可国：《中庸》说："义者，宜也。"韩愈说："行而宜之之谓义。"（《原道》）义既是一种行为规范，也是一种价值目标，它所强调的是行为的正当性、合理性；利的对立面并不是义，而是害，它所突出的是行为的功利性、有效性。

从某种意义上，儒家思想倾向于提倡义利双行、义利兼顾，从而表现出人文主义特质。

《文化大观》：为什么说儒家提倡义利双行？

涂可国：一是因为历代儒家并不否定人性有自利性的一面，儒家并非不讲利、否定利，而是肯定了利的客观存在性和合理性。荀子明确说义与利是人之所两有，董仲舒则指出义利为人之"两养"，二程甚或认为"人无利，直是生不得"（《二程文集》）。

二是因为孔孟虽然主张在规范个人行为上特别是面临道德选择处境时要"喻于义""罕言利"，但在国家为政治民上却力主"因民之利而利之"的理想，强调富民、安民、利民、养民的民本主义原则。

三是儒家倡导的"义"正是天下国家之公利，亦即福利、民利、大利，而反对谋取个人之财利、私利、小利，因此可以说儒家"重义不轻利"。

《文化大观》："重义轻利"与"义利双行"的理念是否有过对立与争辩？

涂可国：宋元明清时期，功利派陈亮提出"义利双行"、叶适提出"以利和义""义利并立"同程朱理学的"惟义主义"相抗衡。

明代异端思想家李贽倡导"谋利方可正义"的私利主义观念，旨在颠覆以董仲舒为代表的"正其义不谋利"的非利主义。

颜（元）李（恭）的实学派以其"正其义而谋利"而同程朱理学家的空谈仁义相论争。只是由于程朱理学依靠封建统治者的支持，而使重义轻利和以义驭利作为占统治地位的主导价值观得以沿传下来。

从容面对"义"与"利"
真正的道德是"达则兼济天下"

《文化大观》：历史上有没有能把"德"和"财"，"义"与"利"处理得很好的人？

涂可国：前面提到的子贡就是。

此外最有名的是范蠡，他"三聚三散"的事迹在史上留下千古美名。

《文化大观》：范蠡是如何"三聚三散"的？

涂可国：范蠡辅佐越王勾践复兴越国，受封高官，但他知道勾践可共患难但不可共富贵，因此放弃厚禄远行，这是"一聚一散"。范蠡是个聪明人，懂得明哲保身。

辞官后，范蠡到了齐国海畔隐居，没几年就累积了数十万财产，齐人仰慕他请他做宰相，但范蠡不愿做官，再次归隐，并把家财都分给了乡邻，这是"二聚二散"。

《文化大观》：这就是达则兼济天下。

涂可国：从齐国离开后，范蠡去了菏泽的定陶，天生有经商头脑的他立马看到这里是贸易要道，可通过商贸致富，所以没过几年他又累积了万贯家财。后因儿子的刑事案件感叹"钱能救人，也能杀人"，悔恨自己教子无方，便再次将全部钱财用于救济周围的百姓，这是"三聚三散"。

这本质还是财富和道德的关系。财富应取之于民而用于民。创造了财富之后应该怎样服务于社会，这里面有价值观的问题。有的人自私自利，贪图个人享受，有的人富起来之后就考虑兼济天下。我觉得真正的道德就是把自己的潜能充分发挥出来，获取正当的财富，然后服务于社会。范蠡在这方面做得很好。

《文化大观》：范蠡本不是儒家，他的这种行为体现了儒家的思想和理念是吗？

涂可国：儒家的思想来源于当时的现实社会，也是从中国传统的宗法社会、乡土社会来的。范蠡生活在当时的环境中，自然受到了这种思想的影响。比如说在农村有些妇女大字不识一个，但她的行为方式也是儒家的行为方式。

儒家特别强调仁爱精神，仁爱本身包含着仁、义、礼、智、信。不管经商也好，务农也好，每个人多多少少都有些仁者之心。如果要对范蠡进行解读的话，这里面契合了儒家的仁爱之心，同情之心。

《文化大观》：人生活在社会中，可能会一夜暴富，也可能长时间身陷贫穷，人应该以怎样的心态来面对不同的状况呢？

涂可国：看《论语·学而》的这段记载：

> 子贡曰："贫而无谄，富而无骄，何如？"子曰："可也。未若贫而乐，富而好礼者也。"

这里孔子向弟子展示了两种人生境界：其一，贫而无谄，富而无骄，是说虽然贫穷但不谄媚，即便富裕也不骄横。其二，贫而乐，富而好礼，是说贫穷的时候不仅能不抱怨，还能安贫乐道，富贵了不仅能不骄横，还能待人以礼。

《文化大观》："未若"说明孔子更赞同后一种吧？

涂可国：贫穷了就谄媚、抱怨，富贵了就趾高气扬，多数人有这个毛病，所以才成为一种普遍现象，能做到不谄媚、不骄傲的，也是有骨气、有修养了。虽然如此，但孔子认为这种表现还不够，后一种能上升为更高的境界。

《文化大观》：为什么"贫而乐，富而好礼"的境界比较高呢？

涂可国：这两种境界没必要放在一起比较。"乐道""好礼"是处于完全不同境遇中的人，各自对应其法门的最高境界。

面对贫穷，有人抱怨，有人哀叹，有人低声下气讨好别人，这些是消极的应对态度。不消极也不积极的态度是不抱怨，不谄媚，选择认命，但这种人的内心是苦涩而无奈的。再前进一步，就是懂得用积极的心态去面对。

怎样算积极？颜回、陶渊明等人就是例子，他们安贫乐道。不要小看安贫乐道，这需要顽强的心志来支撑，人不仅能抵得住各种外在的诱惑，还得能专注于修身养性的仁道，以精神为乐，完全不受现实的贫穷所困。

《文化大观》：可以理解为一种与困难作斗争的乐观精神吗？

涂可国：这两种心态并不完全相同。与苦难斗争的人，心中有股拼劲儿，情绪是饱满的，奋斗欲是蓬勃的。安贫乐道，却有种洗脱了欲望的超脱感。

《文化大观》：安贫乐道不易，为什么"富而好礼"也难？

涂可国：一个富贵的人，不缺吃不缺穿，在其生活中，钱基本能解决大部分问题，所以很容易产生钱大于一切的错觉。人的天性是渴望自由的，如果钱能让人畅行无阻，是不是遵循让人处处受限的规则仿佛就成了可为可不为的事？

司马迁在《史记》中引用管子的话："仓廪实而知礼节，衣食足而知荣辱。"有修为的人会把道德修养当成自觉，不会追究为什么，因为人有基本的善恶观。

《文化大观》：为什么"富而好礼"这么重要呢？

涂可国：站在功利角度举个例子，如果一个富有的商人不因为有钱而骄纵、挥霍，低调做慈善，日常待任何人都彬彬有礼，那他在社会上自然就能树立起正面的形象，老百姓也就心甘情愿为他公司的产品买单，因为每个人都有一颗向善的心嘛。

三、生财之道何处寻?

《文化大观》:在古代,儒者是怎么追求财富的?

涂可国:儒家的人文主义财富观不仅表现在认同了财富价值,还表现在对财富的执着追求态度上。

儒家认为"死生有命,富贵在天"(《论语·颜渊》),富与贵都是由天命决定的,是人无法强求的;另一方面如果能够求到富贵,那么就是从事低贱的工作,孔子也愿意,即"富而可求也,虽执鞭之士,吾亦为之"(《论语·述而》)。

《文化大观》:"执鞭之士"是一种职业吗?

涂可国:"执鞭之士"就是替人执鞭的人,现在学术界有多种解释,比如牵马的人或市场的守门员等,总之它代表地位低下的一种职业。当时孔子觉得,如果这种低贱的工作能给他带来财富,那他也愿意去做。尽管孔子一再强调达到财富目标的工具合理性,就其屈身求富而言,这段话表达了他对财富价值的高度肯定。

《文化大观》:在现实中,通过卑微的工作很难致富吧?

涂可国:所以孔子又补充道:"如不可求,从吾所好。"如果通过这类工作求不到财富,那就按个人的意愿去做自己喜欢的事吧。"生死有命,富贵在天",富与贵都是由天命决定的,是人无法强求的。人在力所能及的时候努力进取,但如果求而不得,就不必再执着了。

《文化大观》：就是说，财富不能强求。

涂可国：在儒家看来，富是可求的，也是不可求的。俗话说"小富由俭，大富由天"。谋事在人，成事在天。从可求的角度讲，谋事在人；从不可求的角度讲，成事在天。能否求到财富，有客观条件与主观努力之分，有偶然性与必然性之别。

孔子本人虽然不富有，但他的徒弟子贡是个巨富。

终日做买卖也不妨碍做圣贤
求财要先提升自己的致富、理财能力

《文化大观》：子贡为什么那么富有呢？

涂可国：子贡不仅是孔子优秀的弟子，而且还是个精明的商人。孔子与弟子的问答中，子贡出现的次数最多。虽然孔子经常批评子贡，但他也肯定了子贡对财富的追求。据司马迁《史记》记载，子贡"好废举，与时转货赀……家累千金"，子贡根据市场行情做买卖，获得了很多财富。

子贡对儒学的贡献也是很大的，孔子周游列国的经费都是子贡资助的。

《文化大观》：孔子提倡子贡的生财之道吗？

涂可国：孔子没有正面倡导过，但显然他也不反对。孔子曾夸过子贡"赐不受命，而货殖焉，亿则屡中"（《论语·先进》），他说子贡不安于命运，亲自做生意，极善猜测行情，而且经常能猜准。

《文化大观》：关于如何理财，孔子有没有相关的论述？

涂可国：通过《论语·子路》的一段记载可以看出孔子从正向角度直接肯定了当家理财的合理性。

子谓卫公子荆，"善居室。始有，曰：'苟合矣。'少有，曰：'苟完矣。'富有，曰：'苟美矣。'"

公子荆是卫国的公子，善于管理家业。刚有一点财产的时候，他觉得就差不多够了；后来财产增加了一些，他觉得比较完备了；再后来，财富达到富裕的程度，他便认为已经很完美了。从"合"到"完"再到"美"，层层递进，说明公子荆是一个善于满足的人。孔子之所以赞扬公子荆，是因为他不仅擅长当家理财，让财富得到持续合理地增长，同时面对财富的诱惑，还懂得节制和满足。

《文化大观》：普通人应该通过什么方式去追求财富呢？

涂可国：孔子讲："学也，禄在其中矣。"（《论语·卫灵公》）在中国古代社会，通过学习知识、技能与道德以出仕、谋取一定的官职是获得俸禄的不二法门。不注重学习，不注重提高自己，怎么有能力致富呢？

"学"包括很多内容，比如说学道、知道、闻道。儒家说"朝闻道，夕死可矣"，习俗、规律、知识……都属于道。学习掌握多方面的技能，也是儒家财富观很重要的一个方面。

还有一个重要方面是把道德文章和功利追求结合起来。

《文化大观》：如何把道德文章和功利追求结合起来呢？

涂可国：王阳明说："虽终日做买卖，不害其为圣为贤。"（《传习录·拾遗》）亚当·斯密谈到的经济人的假说提到，商人、企业家是个经纪人的角色，他曾写了《道德情操论》《国富论》，目的也是把道德文章和功利追求结合起来。

企业家也好，普通人也好，一方面我们要合理地致富，另一方面赚钱也不影响成为圣贤。比如说，发财致富之后可以做一些公益事业，我们可以由经济人转化成一种能力人，这样的社会角色是可以转换的，这不矛盾。另外，通过经商致富了，我们就要承担一些社会责任，要做一些公益事业，这也是我们可以借鉴吸收的。

四、实现"道"与"术"的完美统一的群体——儒商

经商致富不一定"害道"

《文化大观》：在古代中国，百姓获取财富的途径有哪些？

涂可国：古代中国，获取财富的途径主要有俸禄、土地、战争、贪污、受贿等，此外就是经商。

西周和殷商都是崇尚求利的时代，非常重视手工业及商业发展。

《文化大观》：古代不是提倡"重农抑商"吗？

涂可国：先秦时期，重农抑商的倡导者是法家的代表人物商鞅，而不是儒家。孔子和孟子虽然不重视商业，但也不排斥商业，像孔子不反对子贡经商、孟子反对市场垄断以保护工商业，都是典型例子。

与从秦汉到明清两千多年统治者实行重农抑商的经济政策相适应，后世历代儒家认为只有农耕才能创造社会财富，而商人只是分配和消费财货，认定农本商末，从而使重农轻商成为儒家占主导地位的经济价值观。

儒商的理想境界
实现"道"与"术"的完美统一

《文化大观》：儒家文化会对商业发展起到推动作用吗？

涂可国：虽然朱熹等大儒认为经商致富足以害道，但还有一种人叫"儒商"。

儒商身体力行告诉人们，虽然商人重利，但不代表一定以"缺德"为代价。

健康的商业活动需要诚信、公平、合作、利他、自强等儒家精神来加以激励、维护和调节。

再者，每一类人其实都有良莠之分，好比做官有清官和贪官，商人也有"儒商""官商""奸商""俗商"的区别，说到底还是看个人修为。奸商有他们层出不穷的绝招，儒商也有其恪守不渝的准则，就是我们说的"儒商精神"。

《文化大观》："儒商精神"的内涵体现在哪些方面？

涂可国：自强不息、诚实守信、人文关怀、团体至上、见利思义、刚健有为、克己为公、勤俭反奢、和谐合作等儒家所提倡的君子修为都可以包括在内。

如果经商者从积极意义上将儒家思想应用于商业活动，那他们就可以"贾而儒行""以儒术饬商事"，让功利追求与人格完善并进，令真、善、美、利齐行，遵守商德，实现"道"与"术"的完美统一。

《文化大观》：根据您的观察，在当今的商业环境背景下期望"道与术的完美统一"会不会太理想化了？

涂可国：当今社会中，鸡鸣狗盗之徒确实不在少数。每年"3·15"晚会曝光的某些知名品牌，都是我们经常购买的，不法商人用消费者的信任赚取利益，最后只能自食其果。这也说明当今的商业环境还有很大的改善空间，国家的监察与惩罚力度要加强，从商者的道德素养也亟待提高。

《文化大观》：您认为造成这种现象的原因是什么？

涂可国：这与当今商人缺乏传统文化的素养有很大关系，不懂得平衡"利"与"义"的重要性，也不清楚如何将优秀传统文化的智慧应用于商业，所以我们国家一直号召弘扬优秀传统文化，这对当今社会是非常具有现实指导意义的。

儒商精神需要传承与创新转化

《文化大观》：历史上有没有较为典型的一些儒商群体？

涂可国：明代许多商人"士而商""商而士"，清代徽商还给自己制订"经商须知"，命名为《士商十要》。徽商、晋商中很多人因为生计而"弃儒而商""弃儒入贾"，他们以义制利，以正当化营利行为使赚钱合于"道"，赚了钱成为儒商致富之后，又由商而儒，并从事公益活动。儒商既是对"官商"的超越，又是对"奸商"的鞭笞，还是对"俗商"的舍弃。

《文化大观》：儒商的一些精神和思想对我们当下有何启发？

涂可国：第一，儒商是作为商人的一种理想的状态。商人在中国古代地位比较低，也出现了很多奸商，比如生产一些假冒伪劣产品进行招摇撞骗等，他们的地位是比较低下的，所以他们向往成为为人称道的儒商。在当下的环境中，儒商也能算得上是成功商人的一个代名词。

第二，儒商的一些理念，比如说诚信经营需要传承和创造性转化。传统的诚信是建立在一种习惯、一种惯例、一种道德的基础上，而现在社会强调的是一种法律诚信，所以我们现在的诚信观念要进行历史性的转换，要把契约精神融合进来。

第三，儒商必须遵守基本的游戏规则。市场经济有其基本的原则，比如互惠互利，就是现在提到的合作共赢。现在社会的竞争和传统上的是不一样的，传统的竞争是你死我活；现在的竞争是多赢，考虑多方合作把蛋糕做大。

第四，儒商要形成一种团结协作意识，要有共同体意识，不能单打独斗。日本企业特别值得我们学习的是，他们有一种归属感、团队感。这个意识也受益于我们儒家谈到的一个群体观念，如"君子和而不同，小人同而不和"。

最后，现在的儒商还要注重创新意识，求变观念。将中国传统文化中的优秀成果放在现在加以运用，简单来说就是与时俱进。比如说儒家注重的礼制观念就可以运用到现代企业管理上来。

五、先"富民"还是先"富国"？
儒家给统治者的执政智慧

富国先富民
老百姓有钱了，国家也就富足了

《文化大观》：每个人都在追寻自己的生财之道，那么，从国家的角度来看，如何实现富国富民呢？

涂可国："富民"就要做到"藏富于民"，字面意思就是把国家的财富藏在、分布在老百姓的手中。儒家把人民的富足看作是政府获得充足财源的基础，认为老百姓有钱了，国家也就富足了，老百姓如果很贫穷，那国家也不会富强。

《文化大观》：这个理念最早是孔子提出的吗？

涂可国：是的，孔子最早表达出"藏富于民"的理念。孔子的弟子有若说过"百姓足，君孰与不足？百姓不足，君孰与足"（《论语·颜渊》），孔子讲过"'恺悌君子，民之父母。'未有子富而父母贫者也"（《孔子家语·贤君》）。后来孟子和荀子将这一理念继承和发展。

《文化大观》：国家富强为什么要先"藏富于民"呢？

涂可国：管子曰："凡治国之道，必先富民。民富则易治也，民贫则难治也。"

荀子对管子和儒家的富民思想做了总结，阐发了治国必先富民的意义。他认为人民富裕有利于生产发展："裕民则民富，民富则田肥以易"；而生产愈发展，国家也就愈富，从而达到"上下俱富"（《荀子·富国》）。富民是关系到国家兴亡的，荀子讲"王者富民，霸者富士，仅存之国富大夫，亡国富筐箧，实府库"（《荀子·王制》）。

《文化大观》：春秋战国时期齐国的经济比鲁国更强一些，当时儒家文化主要是在鲁国，您觉得齐国和鲁国经济的发展与儒家的思想有什么联系吗？

涂可国：从商业发展的角度来说，鲁国有一段时间商品经济很发达，儒商鼻祖子贡就曾任鲁国的丞相。以前人们的认识就带有一种偏见，觉得鲁国完全没有商人，实际上有段时间鲁国的商业一点儿也不亚于齐国。伯禽到了鲁国以后，鲁国风俗上有了改变。

从儒学的角度讲，鲁国的主导思想较为重农轻商，而齐国是通鱼盐之利，更多的是强调一种功利追求。最早的时候管子招商引资，宾馆、礼乐、接待都是在齐国。两者也没有绝对的关联性。

在这里面特别强调的是，儒学也不完全属于某个国家。因为不仅有鲁国的儒学，也有稷下儒学，在中国古代典籍之中有稷下儒林的概念。儒学是多种思想混合的产物，当然孔子是开创者。孔子周游列国，也问礼于老聃，他的思想是多种思想综合而成。所以不要把儒学与鲁国完全等同。

《文化大观》：实现富国有哪些措施呢？

涂可国：第一就是先富民再富国。孔子的富民措施依据的是"因民之所利而利之"（《论语·尧曰》），他把人民的富足看作是政府获得充足财源的基础。也就是我们现在说的让老百姓钱袋子先鼓起来。

第二是"上下俱富"。这是荀子提出来的。这里的"上"指的是官吏，"下"指的是老百姓。

第三就是要均贫富，也就是我们现在讲的共同富裕。

如何应对贫富分化？
儒家的平均主义财富观

《文化大观》：在古代中国的小农经济时代，贫富分化严重吗？

涂可国："富者田连阡陌，贫者无立锥之地"，《汉书》这样记载先秦时期的社会现实。这就是说，富有的人良田万亩，而贫穷的人却无立足之地，可以用"天差地别"来形容当时的贫富差距。

《文化大观》：我们知道儒家提倡"仁爱"，孔子对这种现象有没有提出自己的看法？

涂可国：孔子定然不会视而不见，他有自己的思想主张，有句话在《论语》中很有名："丘也闻有国有家者，不患贫而患不均，不患寡而患不安。盖均无贫，和无寡，安无倾"。面对富者愈富、穷者愈穷、贫富两极分化的社会现实，在对待如何分配财富问题上，儒家还提出了平均主义财富观。

《文化大观》："平均主义"可以理解为让每个人获得均等的收入吗？

涂可国：过去有学者就站在这个角度解读"均无贫"，认为这是彻底没逻辑的想法。以极端形式举例，如果人人都是"0"收入，那绝对平均了，但同时仍处于绝对的"贫"。"均无贫"是说"均无极贫"，绝对平均会致贫，但相对平均却可以防止极端贫困、防止两极分化。

《文化大观》：也就是说，"均贫富"的目的在于缩小贫富差距？

涂可国：直接目的是缩小贫富差别，最终目的是维护社会稳定。就像多米诺骨牌效应，如果百姓的收入差距过大，社会矛盾就容易被激化，有矛盾必然有争端，最终便导致社会的不安定。在私有制的等级社会中，出现一定程度的贫富差距是必然的，只不过孔子反对过度的贫富差距。

《文化大观》：当时只有儒家有"均贫富"的主张吗？

涂可国：道家和法家也提出过类似的主张。

老子认为"天之道，损有余而补不足；人之道则不然，损不足以奉有余。""天之道"是说天地是无私的，它不会偏袒任何人，有余者理应增补不足者，而"人之道"却不然，人有私心，因此很难实现财富分配公平。用一个学术词，就是"马太效应"。

商鞅也主张缩小贫富差距，认为"治国之举，贵令贫者富，富者贫"。对穷人使用刑法，迫使他们务农或参加农战来增加收入，对富人则通过赏赐，诱使他们捐献财物让钱变少。

《文化大观》："马太效应"应怎么理解？

涂可国："马太效应"指存在的两极分化现象，是社会学家或经济学家经常使用的一个术语，简言之即强者愈强，弱者愈弱。在社会财富方面体现为贫穷的人越来越窘迫，富有的人越来越有钱，因而导致贫富分化。

《文化大观》：看来过于严重的贫富分化不利于社会安定，在先秦时已成为各家的共识。

涂可国：秦汉以后的封建王朝，也纷纷在政治经济方面，推出过很多旨在平衡财富的政策法令，如汉代董仲舒提倡的"调均"，汉初推行的限田制，西晋推行的占田法，北魏、隋、唐推行的均田制等。明代海瑞也说过"不得已而限田，又不得已而均税"，说明贫富差距严重在历朝历代都是造成阶级矛盾尖锐、生产发展滞缓的罪魁祸首之一。

《文化大观》：这些与儒家"均贫富"的思想是一脉相承的。

涂可国：不仅历史上，在当下，"均贫富"也是全社会的普遍心理。可以说，"不患寡而患不均，不患贫而患不安"已经内化为中华民族的深层价值心理。

在任何社会中，存在一定的贫富差别都是正常且必然的现象。在我们国家，"均贫富"的诉求成为社会焦点，大概在20世纪90年代就开始了。改革开放后，尤其近20年来互联网经济的兴起，使得行业之间、个人之间的收入差距朝着令人瞠目结舌的数字狂奔，这种现象无疑影响了社会和谐，容易成为社会不稳定的根源，所以国家大力查贪腐、查偷税漏税、查天价片酬，也是希望缓和贫富差距过大的问题。

《文化大观》：儒家的平均主义财富观对现代社会有怎样的积极意义？

涂可国：从现代社会来看，亚洲四小龙新加坡、韩国、中国台湾、中国香港，作为儒家文明圈，他们倡导的是儒家资本主义模式。亚洲四小龙特别重视基尼系数，基尼系数不能超过一定的数字，如果超过就说明经济特别不均衡。

建立真正意义上的和谐社会，诚然要鼓励财富差别，肯定先富后富，维护竞争效率，同时也要按照儒家"均贫富"价值观把公平放在更加突出的位置，逐步缩小过大的收入差距，改变财富分配不公现象。实质上"不患寡而患不均"也是符合公平正义和共同富裕价值观的。现代社会的稳定实际上也是要靠一定的平均，如果贫富差距过于悬殊，社会便有可能不稳。就此而言，儒家的"不患寡而患不均"极有借鉴意义。

如何解决民生问题？
富而后教

《文化大观》：老百姓富裕了之后，应该如何提升自己呢？

涂可国：我很认同儒家"富而后教"的主张，即让老百姓先富起来，然后再对他们进行教育。

孔子特别强调要让老百姓富起来，然后进行教育。

孟子推崇仁政、善政，可他却认为教育比善政更重要。他说："善政不如善教之得民也。善政，民畏之；善教，民爱之。善政得民财，善教得民心。"（《孟子·尽心上》）善政之所以不如善教，就在于善政使民畏惧，而善教却使民敬爱；善政可以聚集财富，而善教却可以争取民心。正因如此，孟子要求对民众进行道德教化。

《文化大观》：这是从执政者的角度来看的。

涂可国：是的，富而后教上升到哲学层面就是解决民生问题。

孟子对孔子的富民观念做了充分展开，提出了一系列养民主张，强调养生之道，认为"养生丧死无憾，王道之始也"（《孟子·梁惠王上》），把养生丧死无憾这类民生问题视为王道政治的出发点。为此他在经济上主张使民有恒产，也就是制民以产。

孟子还指明了富民之道，这就是"易其田畴，薄其税敛，民可使富也。食之以时，用之以礼，财不可胜用也"（《孟子·尽心上》）。

《文化大观》："富而后教"对当下社会有什么积极意义？

涂可国："富而后教"上升到哲学层面就是解决民生问题。老百姓在基本物质需求方面，要能吃饱穿暖，之后就需要接受教育。教育包括多种含义，包括教化，我们经常讲以文化人、以文育人，就是指提高老百姓的思想道德素质和人文素养。

六、财富观的古与今，中与西

《文化大观》：您认为儒家的财富观总体来看，可以分为几个方面？

涂可国：我认为儒家财富观可以概括为人文主义财富观、道德主义财富观、平均主义财富观和轻商主义财富观四个方面。[①]这几个方面，我们在前面的论述中都提到过。

《文化大观》：您谈的人文主义财富观和道德主义财富观对当下学校教育中学生财富观的树立有什么指导意义？

涂可国：对青年学生来说，要弘扬人文主义财富观里面的人文精神。

人文主义基本的内容是对人的价值的一种肯定，对人的个性解放的一种认可。现在新儒家强调的是一种道德的、精神的人文主义，和西方的人文主义不一样。

在对青年学生进行教育的时候，一方面，应该弘扬儒家对财富的一种基本的追求，这是无可厚非的；另一方面是进行校正，不能对财富进行无止境的渴求，要坚持"君子爱财，取之有道"。

我在这里强调两点：第一，要培养学生一种正当的财富欲望；第二，要提高学生追求财富的能力。学校教育中，我们一方面要求强调知识教育，另一方面要强调素质教育。这个素质就要包括追求财富的素质。此外，在追求财富的时代，我们还要为青年学生提供合理的创业环境，为他们追求合理、正当的财富提供助力。

---

①涂可国：《儒家财富观新释》，《烟台大学学报（哲学社会科学版）》，2014年第5期。

财富为谁求，如何求？
东西方财富观的差异

《文化大观》：您认为中国传统的财富观和西方财富观有何异同？

涂可国：西方的财富观有一种宗教的背景，西方人大多信奉宗教，他们的财富观都带有一种宗教色彩。像犹太人为了赎罪，为了得到上帝的肯定，他们就要履行天职，从而发财致富，他们的观念里也包括劳动、包括勤劳。马克斯·韦伯在《新教伦理与资本主义精神》中就论证了财富理念与理想成为引发社会经济变迁独立而自发的动力。后来，经过马克斯·韦伯的发掘和修正，西方形成了上帝赋予你的天职和使命是你必须为上帝而辛劳致富的观念，这一观念为近代西方的财富活动提供了道德依据和正当理由，并且成了主流财富观。

中国传统虽然有儒释道三种观念，但儒家严格意义上不是宗教。在追求财富的过程中，东方文化特别讲究道德的极致。

另一方面，西方人对财富的追求主要建立在对个人财富的追求之上。而东方文化更多的是团结协作，包括家族企业，集体部门的共同体，通过组织来追求个人的财富。这一点和西方完全建立在极致的个人主义不完全一样。

当然市场经济也强调追求个性化，追求解放，也需要对个人利益的追求。很多人认为，市场经济的功利主义应与个人主义相配合，所以传统的集体主义和市场经济可以有很冲突的地方。现在很多人认为市场经济和道德是相互冲突的，因为市场经济在某种意义上有一些很残酷的东西，比如说大鱼吃小鱼，小鱼吃虾米。但市场经济也有失效的时候，一方面要发挥市场的基础性作用，另一方面要发挥政府的调控作用以及道德的监督作用。

第二章

儒家经典及
代表人物的财富思想

于建福：

国际儒学联合会副会长，孔子研究院特聘教授，尼山学者，国家教育行政学院教授。

兼任国学经典教育联盟秘书长，尼山圣源书院副院长，中国教育学会传统文化教育中心副主任。

专业研究方向：中国传统教育哲学。著有《孔子的中庸教育哲学》《中庸之道与文化自觉》《大学中庸初级读本》《素质教育》。主编《四书解读》《中华传统文化经典教师读本》《中华传统文化经典诵读本》《教育：民族复兴的基业》。

半部《论语》何以"治"天下

——源自至圣先师的生财之道

古有"半部《论语》治天下"之说,"治天下",要在富民、教民、安民,必有坚实的物质基础,此所谓"仓廪实而知礼节,衣食足而知荣辱"(《史记·管晏列传》)。直至近代,多有中外思想家聚焦《论语》中的财富观,挖掘其中的治国安邦之道。康有为的弟子陈焕章凭借《孔门理财学》一书获得了"中国学者在西方刊行的第一部中国经济思想名著"的荣誉;《论语》早已走向世界,成为来自东方的畅销书,在各大洲留下了思想的印记。日本近代经济的领路人涩泽荣一将自己的成功经验总结在《论语与算盘》一书中……

为何人们能够从《论语》中挖掘出如此多的财富思想?两千多年前的智慧,一万多字的谆谆教诲,这部古代学校官定教科书和科举考试必读书,能带给当今的我们怎样的启发?今天,我们也来做一回孔门弟子,体验来自孔子的言传身教,感知穿越千年的圣贤气象。于建福教授从孔子的现身说法、孔门弟子财富观的树立、儒家的理想境界以及如何用儒家思想治国理政等方面对此话题进行了解读。

一、孔子教你"观"财富

> 君子"固穷"，"富而可求"
> 生活品质离不开富足生活

《文化大观》：众所周知，《论语》是一部影响中国两千多年的儒家经典，我们能否从中找到获取财富的启发？

于建福：《礼记·礼运》讲："饮食男女，人之大欲存焉"，满足欲望是人的天性，财富是人类生存所需要的物质基础。衣食住行，是人人都需要的。毛泽东在抗日战争的艰难时期曾指出："我们不能饿着肚子去'正谊明道'。"在承认人有基本利益需求的基础上，更重要的是如何求富，如何合理地应对求富过程中的种种问题。

《论语》作为儒家经典，其内容博大精深，其中蕴含着如何获取财富的相关论述。仅从个人愿望层面来讲，无论是欲求富贵，还是厌恶贫贱，都必以其道而得以实现："富与贵，是人之所欲也；不以其道得之，不处也。贫与贱，是人之所恶也；不以其道得之，不去也。"（《论语·里仁》）

《文化大观》：作为著名的思想家、教育家，孔子是如何看待财富的？

于建福：孔子对富足生活是表示肯定的。孔子讲："富而可求也，虽执鞭之士，吾亦为之。如不可求，从吾所好。"（《论语·述而》）有些人一提到儒家，就会想到夫子所说的"君子固穷"，误以为做君子就不能讲求自身利益，只能讲仁义道德。其实不然，关键是应基于仁义道德而"当其可"，适可而止。

孔子不仅不反对创造和拥有财富，反而给予赞赏。《论语·子路》记载，孔子曾赞叹公子荆（卫献公之子）"善居室"，即善于理财治家，知足而不奢侈：稍有财富时，就说"苟合矣"，意即差不多够了；财富增加时，则言"苟完矣"，意即较为完备了；当达到富有水平时，就说"苟美矣"，即算是完美了。显然，孔子允许并提倡合理地、符合道义地获取财富。

《文化大观》：孔子的财富状况如何？

于建福：孔子自称"吾少也贱，故多能鄙事"（《论语·子罕》）。为了生计，孔子辛勤劳作，但都能尽职尽责，以其敬业精神证明了自身的价值。孔子确信"学也，禄在其中矣"（《论语·卫灵公》），凭其"好学""志于学"，其人生境界不断提升，其生活品质随之逐步改观。

仅就《论语·乡党》而言，孔子本人特别在意生活品质，有车有马，衣食考究，"食不厌精，脍不厌细"。菜肴若不新鲜，味道不美，或者无适当的佐料，或不值时令，祭肉过期，或切割不正，孔子都不会吃，就是所谓"八不食"。孔子甚至不从市集买酒和腌肉吃。如此考究，即使是现代社会的富豪也难以望其项背。

孔子由于注重祭祀之礼仪，对祭品特别讲究，可谓当"奢"则奢。《论语·八佾》记载，子贡曾提出去掉每月农历初一告祭祖庙所用活羊，孔子强烈反对："赐也，尔爱其羊，我爱其礼。"在祭祀礼仪方面，孔子从远古时期找到了志同道合者——禹。孔子曾对禹的行为进行了高度评价："他自己的饮食很差，却用丰盛的祭品孝敬鬼神；他自己平时穿得很差，却把祭祀的服饰和冠冕做得华美；他自己居住的房屋很差，却把力量完全用于沟渠水利上。"（《论语·泰伯》）由此可知，禹的"奢"以"俭"为底色。孔子也是这样，明确主张："礼，与其奢也，宁俭"（《论语·八佾》），"饭疏食饮水，曲肱而枕之，乐亦在其中矣"（《论语·述而》），"发愤忘食，乐以忘忧"（《论语·述而》）。

孔门弟子的财富观是如何树立的？

《文化大观》：孔子与学生日常交流谈论较多的话题有哪些呢？孔子和弟子会直接谈论财富吗？

于建福：《论语》中记录了孔子与其弟子的大量言行。孔子视生如子，与弟子几乎无话不谈，谈论的主题主要是如何修己安人，如何养成健全的君子人格。《论语》中也涉及不少孔子与弟子谈论义利和贫富的话题。

孔子不满足于子贡"贫而无谄"，而极力推崇颜回为"贫而乐"的楷模。颜回"一箪食，一瓢饮，在陋巷"，别人都忍受不了这种穷困清苦，颜回却没有改变他好学乐学的品质。孔子将富与贵视作浮云，这也就是孔子喜欢颜回的重要原因。从这个角度来说，师徒二人志同道合，所以后人把"孔颜乐处"奉为最高的人格理想与道德境界。

《论语·子罕》记载了子路从容面对贫与富的故事。

> "衣敝缊袍，与衣狐貉者立，而不耻者，其由也与？'不忮不求，何用不臧？'"子路终身诵之。子曰："是道也，何足以臧？"

子路穿着破旧的衣袍，也敢于与穿着华丽衣服的富人站在一起，而且不以为耻；孔子还引用了《诗经·邶风·雄雉》中的话来赞扬子路不嫉妒别人、不贪求财物的美德；但孔子不满足于此，他期望子路在此基础上有更高追求，努力改变自己的命运。

除了对颜回、子路这样不求名利的弟子表示赞许，《论语》中还记录了孔子对弟子的劝导及批评。《论语·先进》中记载："季氏富于周公，而求也为之聚敛而附益之。子曰：'非吾徒也，小子鸣鼓而攻之，可也。'"周公是周王室至亲，有很大的功绩，曾担任冢宰，代替君主处理国政，其富有是理所当然的；季康子是诸侯之卿，却比周公还富有，靠的是攘夺其君、刻剥其民；冉有是季氏的家臣，还为季氏搜刮聚敛财富，孔子因而不愿承认冉求是自己的弟子，还让弟子们鸣鼓声讨他。通过孔子评价弟子的行为，能够反衬出《论语》以民为本的财富观。

《文化大观》：孔子在教育弟子时，是如何重视对弟子财富观的引导的？

于建福：孔子的弟子中，身世和家境各不相同。尽管有的贫穷，有的富裕，但是都不影响他们对道德、道义的追求。贫富只是他们所处的一个外在的环境而已，他们在一起学习，最终的目标就是为了追求道。

《史记·孔子世家》中有这样一句话："使尔多财，吾为尔宰。"孔子赞赏自己的得意弟子颜回"安贫乐道"的同时，也期望其摆脱贫困。假如颜回能像子路那样"家累千金"，自己宁愿为颜回管家理财。

孔子的另一位弟子子贡被称为儒商的鼻祖，在做生意方面判断市场行情常常很准确，就是《史记》所说的"亿则屡中"。当然孔子也注意引导他。据《吕氏春秋》记载，子贡有一次前往齐国，途中遇见一些贫困的鲁国人，为了生计，他们沦落为别人的奴隶。子贡花钱将他们赎回鲁国，使他们重获自由。按照鲁国的法规，此类举动可从国库领到一笔赏金，但是这些钱对"家累千金"者而言不值一提，子贡便没有领取赏金。孔子得知此事后，对子贡进行了批评，认为他的做法虽然看上去是善举，但对社会的导向不好，子贡的做法提高了道德门槛，别人在做好事的时候，就会权衡利弊得失，这样可能会导致赎奴的善举减少。

另一个故事的主角是子路。子路出门时遇见一个农夫落水，就冒着生命危险把农夫救了上来。农夫十分感谢子路，就把自家的牛送给了子路，子路没有拒绝。此事被人知道后，竟然宣扬子路是"小人"，救人就是为了别人的财产。孔子则表扬了子路，认为这件事传递了一个消息，做好事能获得实际的奖励，有益于乐于助人的社会风气的培养。

限制为政者聚敛财富，是孔门的当然之事

《文化大观》：对贵族阶层和当政者来说，正确财富观的树立是否更为重要？

于建福：不同身份的人对于财富的看法和要求是不一样的，尤其是对于贵族和当政者来说。

《论语·颜渊》中记载，鲁哀公问孔子的弟子有若：

> "年饥，用不足，如之何？"有若对曰："盍彻乎？"曰："二，吾犹不足，如之何其彻也？"对曰："百姓足，君孰与不足？百姓不足，君孰与足？"

面对饥荒，国家用度困难，有若主张实行彻法，只抽十分之一的田税。哀公感叹道："现在抽十分之二还不够用，怎么能实行彻法呢？"有若说："如果百姓的用度够，您怎么会不够呢？如果百姓的用度不够，您怎么又会够呢？"有若这种富民思想难能可贵，与孔子"节用而爱人"的思想如出一辙。所以我们前面讲到冉求为季氏搜刮聚敛财富，孔子对他进行了严厉批评，要把他逐出师门。孔子是特别反对统治者横征暴敛的，历代的统治者其实都应该从这里受到启发。官逼民反，百姓活不下去的时候就不好办了，所以儒家对于为政者的要求应该是很高的。

二、从《论语》中发现生财之道

《文化大观》：《论语》中有没有讲我们应该如何去获得财富呢？

于建福：生财有大道。想要获取财富，在合乎道义的基础上还要靠智慧，靠自身的努力，自强不息的精神。

首先是看符不符合"道"，要求谋财不得害道。"子曰：富与贵，是人之所欲也；不以其道得之，不处也。贫与贱，是人之所恶也；不以其道得之，不去也。"（《论语·里仁》）朱熹《四书章句集注》这样解释："不以其道得之"，就是"不当得而得之"。当追求财富与坚守道义相矛盾之时，孔子绝不会放弃道义。君子在匆忙紧迫的情况下也一定要遵守仁的准则，即使吃一顿饭的时间也不会离开仁德。

其次是"见得思义"。取财不能伤"义"，有违"义"的"富且贵"，孔子毫不动心。《论语·季氏》中，孔子还告诫学生做"见得思义"的君子，临财取财必思考是否合乎道义；还指出了君子到了老年血气已经衰弱之时，应"戒之在得"，不应贪得无厌。《论语》中提到了卫国人公明贾所说的："义然后取，人不厌其取"（《论语·宪问》），就是说正当的、该取的时候才取，人们不反感他所应得的。

孔子如何从容进退于贫与富的境界

《文化大观》：如何靠自身的努力和智慧去获取财富呢？

于建福：其实这是一个大话题，我们可以以孔子自身的经历来阐释。

孔子三岁的时候，他的父亲叔梁纥就去世了，在这之后，他的生活保障就成了问题。孔子的父亲在娶孔子的母亲颜徵在之前还有一妻一妾，育有九个女儿和一个儿子。可见，孔子的母亲在那个大家庭里生活和相处并不是易事。颜徵在很明智地把小孔丘带到了曲阜阙里，即使生活很艰难，也很用心地抚育他。

年少的孔子受到了良好的早期教育，自幼对祭祀等古老的文化礼仪有浓厚的兴趣。年长一些后，孔子在贵族季氏的家中做过管账目的委吏。《孟子·万章下》记载：

孔子尝为委吏矣，曰："会计当而已矣。"尝为乘田矣，曰："牛羊茁壮长而已矣。"

可见，孔子在做管理仓库的小吏时，将出入账目弄得准确而清晰；做管理牲畜的小吏时，牛羊都茁壮成长。孔子自身有一种非常勤劳、敬业、要做就把它做到最好的品质。所以，要安身立命或获取财富，没有个人的优良品质和主观努力，是绝对行不通的。

《文化大观》：孔子可以从容进退于贫与富的境界之中，可以说是勤劳、敬业的榜样。

于建福：是的。孔子鼓励勤劳致富，反对好吃懒做和奢侈浪费及吝啬。

对于白天睡觉的弟子宰予，孔子严厉批评道："朽木不可雕也，粪土之墙不可圬也。"（《论语·公冶长》）意思是说，懒惰之人就难以担当重任，就像腐烂的木头不堪雕刻，用垃圾筑成的墙无法粉刷。

子路向孔子请教为政之道时，孔子说："自己先要身体力行带好头，然后让老百姓辛勤劳作。"子路请求多讲一些，孔子说："不要倦怠。"（《论语·子路》）

孔子不赞同奢侈、吝啬之风，更崇尚节俭。《论语·泰伯》记载孔子所言："假如一个人有周公那样美好的才能，如果骄傲而吝啬的话，那其他方面也就不值得一看了。"

生财之道离不开五常之道

《文化大观》：作为一个教育家，孔子是如何向弟子传授生财之道的？

于建福：孔子主要教给弟子四个方面的内容。《论语·述而》篇记载："子以四教：文、行、忠、信。"孔子的教学内容既有诗书礼乐等文化知识，又强调践行，还注重忠信修养。与财富观的教育联系起来，可以从以下几个方面去理解。

首先，财富的生成来源于仁而惠。《论语·宪问》中，孔子讲"爱之，能勿劳乎？忠焉，能勿诲乎？"就是说"爱他，能不以勤劳相劝勉吗？忠于他，能不以善言来教诲他吗？"孔子在回答弟子樊迟关于"仁"的问题时这样说："有仁德的人先付出艰苦的努力，然后得到收获，这样可以说是有仁德了。"在回答弟子子张关于"仁"的问题时孔子说道："能行五者于天下，为仁矣。"这五者分别是：庄重就不致遭受侮辱，宽厚就可得到众人拥护，诚信就可得到别人任用，勤敏就可提高工作效率，慈惠就可使唤人。对于《论语》中唯一提到的符合君子之道的人——子产，孔子称"其养民也惠，其使民也义"（《论语·公冶长》），认为他治理国家政治的时候能施以仁政，给予人民以恩惠，役使百姓合情合理，称其为"惠人也"（《论语·宪问》）。

其次是守诚信。《论语·为政》讲"人而无信，不知其可也。大车无輗，小车无軏，其何以行之哉？"做生意不讲诚信是走不远的。《论语·阳货》讲"宽则得众，信则人任焉"，就是说宽厚就会得到众人的拥护，诚信就能得到别人的任用。做生意讲诚信就要做到童叟无欺，不能因为小朋友看不懂秤就随便糊弄。

子贡向孔子请教如何处理政事时，孔子说："足食，足兵，民信之矣"。孔子还特别强调："自古皆有死，民无信不立。"（《论语·颜渊》）孔子的弟子子夏也说过："君子信而后劳其民。"（《论语·子张》）

获取财富还要有智慧。当然，这个"智"不是耍小聪明，要符合道义。

生财之道离不开儒家讲的五常之道——"仁义礼智信"。

《文化大观》：什么条件下可以求取富贵？什么条件下不可以求取富贵呢？

于建福：我们前面提到，孔子认为如果富贵可求，当个车夫也在所不惜；但若不可求，就从事自己所喜欢之事。当国家政治清明而为社会成员提供了追求富贵良机和环境之时，应该求取富贵，如果个人还是不能摆脱贫贱，那说明自身努力不够，应引以为耻。在国家政治昏暗的时期，靠巧取豪夺而得到富贵那也是可耻的，所谓"天下有道则见，无道则隐。邦有道，贫且贱焉，耻也；邦无道，富且贵焉，耻也"（《论语·泰伯》）。

《文化大观》：孔子是如何帮弟子树立正确的财富观的？

于建福：我们还是要先认识到孔子本人是怎么对待财富的，其中能够体现出圣贤的人格特点。

《论语·雍也》记载，孔子派公西华出使齐国，身为同窗的冉求想给公西华的母亲送些粮食，就请示孔子。孔子说：给他六斗四升。冉求觉得少，请求再增加一些。孔子说给十六斗吧。孔子因为了解到公西华到齐国去，"乘肥马，衣轻裘"，衣食丰足，根本不需要额外的帮助。冉求还是觉得少，就自作主张，给了公西华的母亲八百斗粮食。孔子对此不以为然，强调"君子周急不继富"，冉求之举，实属"继富"，而非"周急"。何况，孔子为政主张"节用"，公西华出使齐国是公务，自有俸禄，对其母亲有所关照即可，切不可加重国家财政负担，这并不是孔子吝啬，而是公义所在。

从另外一个故事中，我们也能看到孔子对于财富的态度。孔子在做鲁国司寇时，学生原宪曾做过孔子的家宰。孔子给这位家境贫寒的弟子以"粟九百"的待遇，原宪觉得太多而推辞不受。孔子建议他将多余的俸米拿去周济邻里乡亲，以此帮助弟子培养"仁爱"美德。

"子华使于齐"是国之公事，孔子反对慷公家之慨；而"原思为之宰"

是自家之事，孔子给原思俸米是用自己的财产，所以宽宏大度。从这两个故事中，我们不难看到孔子的圣贤境界，其处事准则能在潜移默化中教导后生树立起正确的财富观。

三、跟着君子领略人生的至高境界

"见小利，则大事不成"

跟着君子领略人生的至高境界

《文化大观》：《论语》中树立了一种理想的人格——君子人格，君子的财富观是怎样的？

于建福：君子是《论语》中出现频率比较高的词。孔子曾说君子"食无求饱，居无求安""谋道不谋食""忧道不忧贫"；与君子相关，"士志于道，而耻恶衣恶食者，未足于议也"。真正的君子致力于求"道"，是不会把富与贵放在首位的。

《文化大观》：君子是怎么平衡利益与道义的？

于建福：《论语·里仁》讲："放于利而行，多怨。"就是说，如果依据个人的利益去做事，会招致很多怨恨。对于那些斤斤计较于蝇头小利之人，孔子劝其不要因小失大，即所谓"见小利，则大事不成"（《论语·子路》）。

作为君子，道总是先于利的，利益的获取总是要依于道义的；如果唯利是图，做任何事都容易招致来自各方的怨恨，既得不偿失，又偏离了人生正途。

孔子的言行就是君子的现身说法

《文化大观》：您能举例说明一下君子在这方面是怎么做的吗？

于建福：其实，在《论语》中，孔子的言行可以说就是君子的现身说法。

《论语》中，孔子讲述了自己年轻时候的经历，如《论语·子罕》中的"吾少也贱，故多能鄙事。""吾不试，故艺"，就是说因为孔子年轻时生活艰难，不曾被国家任用，所以学得了一些技艺。《论语·述而》中孔子说："我非生而知之者，好古，敏以求之者也。"孔子对自己的评价是："发愤忘食，乐以忘忧，不知老之将至云尔。"

从言行上来看，孔子"罕言利""饭疏食饮水，曲肱而枕之，乐亦在其中矣。不义而富且贵，于我如浮云"。对于那些不择手段而得到的富贵，孔子不屑一顾。

安贫乐道的弟子颜回去世之后，孔子反对"厚葬"颜回，不认可颜回的父亲颜路"请子之车以为之椁"（《论语·先进》）的做法。其理由有三：其一，孔子视颜回如子，孔鲤去世时，孔子并没有把自己的车卖掉，为自己的儿子去买椁；其二，颜回没有做过官，不能以士大夫之礼来给他治丧；第三，孔子作为国老，国家有大事仍然要上朝，还是需要有车的。

对于朋友，孔子慷慨解囊。朋友死了，没有人负责收殓，孔子说："于我殡。"（《论语·乡党》）他亲自为朋友料理丧事。

或穷或富
君子无不乐道

《文化大观》：君子在富有的基础上，应达到怎样的境界？

于建福："家累千金""最为饶益"的子贡，曾给自己的老师出难题，问孔子："贫而无谄，富而无骄，何如？"孔子当然要提更高的要求，就回答说："可也。未若贫而乐，富而好礼者也"（《论语·学而》），就是说贫穷的时候能乐观地面对生活，不要怨天尤人；富裕的时候要知礼行善，不得狂妄傲慢。

颜回与子贡，一个安于贫穷，一个用心求富，但均为乐道之人。颜回"贫而乐"固然难得，子贡"富而好礼"亦十分可贵。或穷或富，君子无不乐道，均活在道中。

《文化大观》："富而好礼"还有怎样的表现？

于建福：人们对美好生活的向往，其实是无止境的。

《论语·乡党》中有一个非常经典的"不问马"的事例。孔子家的马厩失火了。孔子退朝回来即问："伤到人了吗"，没问马怎么样了。马在当时的价值可是不一般的，一匹良马能换多个奴仆。这二者哪一个价值大，孔子不会不知。这体现了孔子骨子里的以人为本、以人为贵的仁爱精神。

人应该有怜悯敬畏之心。《论语·子罕》记载："子见齐衰者、冕衣裳者与瞽者，见之，虽少，必作；过之，必趋。"孔子处处以礼待人，对于穿丧服的人、穿礼服戴礼帽的人和盲人，相见的时候，哪怕他们很年轻，也一定会站起身来；经过这些人身边时，他一定快步走过。

君子 VS 小人

《文化大观》：君子和小人在对待财富时有怎样的区别？

于建福：《论语》中多处对君子和小人进行了对比，或多或少与财富或利益有关。我们可以做如下列举：

君子喻于义，小人喻于利。（《论语·里仁》）

君子求诸己，小人求诸人。（《论语·卫灵公》）

君子怀德，小人怀土；君子怀刑，小人怀惠。（《论语·里仁》）

君子固穷，小人穷斯滥矣。（《论语·卫灵公》）

君子坦荡荡，小人长戚戚。（《论语·述而》）

君子成人之美，不成人之恶；小人反是。（《论语·颜渊》）

君子泰而不骄，小人骄而不泰。（《论语·颜渊》）

君子上达，小人下达。（《论语·宪问》）

君子而不仁者有矣夫，未有小人而仁者也。（《论语·宪问》）

通过君子和小人的对比，我们能总结出君子面对财富或利益所具有的某些特质。人人应学做君子，发挥君子的示范效应。

《文化大观》：您能否详细讲解一下"君子固穷，小人穷斯滥矣"？

于建福：这句话的背景是孔子周游列国时，在陈国断了粮，跟随的人都饿病了，不能起身。子路愤愤不平地跟孔子说："难道君子也有穷困的时候吗？"孔子说："君子即使穷途末路，依然固守节操和本分；小人身处逆境，就容易想入非非，胡作非为。"这里的"穷"不限于我们现在讲的贫穷，主要是不得志的意思。君子即便陷入绝境，也会安贫乐道，死守善道，与小人的做法形成鲜明对比。

"奢则不孙，俭则固"
人的财富与他的德行不成正比

《文化大观》：人在生活富足时，难免会骄横，就是孔子所说的"奢则不逊，俭则固"。是不是在人的道德修养不够时，生活富足反而会使人堕落？

于建福：是的。人富裕了之后，心态是会发生变化的。生活奢侈，就容易让人变得贪婪和骄纵。孔子因而警示人们："奢则不孙，俭则固。与其不孙也，宁固。"（《论语·述而》）奢侈失之太过，容易令人滋生出骄横之气，甚至招致祸患；过于节俭则会使人显得寒酸，甚至遭人讥讽。二者均不合乎中庸之道。如果要在二者之间做出选择，宁俭勿奢，只因俭能养德，奢则败德。

我曾经反复研读过亚里士多德《尼各马可伦理学》里的中道观，并与孔子的中道观做过比较研究。二者的中道观多不谋而合，都认为中庸是一种美德，幸福绝不是停留在物质层面，还要注重精神层面的满足；亚里士多德将"乐施"视为挥霍金钱与吝啬之间的中道，将"节制"视为放纵与麻木之间的中道，此与孔子奢俭之论有异曲同工之妙。

《文化大观》：人的财富与其德行未必相符，是这样的吗？

于建福：是的。富足的国君未必有德行，穷困的臣子也未必无所称道。

比如齐景公与伯夷叔齐的对比。《论语·季氏》中记载："齐景公有马千驷，死之日，民无德而称焉。伯夷、叔齐饿于首阳之下，民到于今称之。其斯之谓与！"齐景公坐拥千乘之国，但执政后期不体恤民情，厚赋重刑，生活奢靡，致使民不聊生、怨声载道、内忧外患，死的时候，百姓们觉得他没有什么德行可以称颂；伯夷、叔齐宁愿饿死在首阳山下，也不肯食周粟，更没有消耗百姓资源，而且没有制造夺嫡内乱，是以义行事，因而直到如今，老百姓还在称颂他们。

孔子还认为人与人之间摆正各自的位置，对维护社会秩序来说是很重要的。《论语·颜渊》载：

> 齐景公问政于孔子。孔子对曰："君君，臣臣，父父，子子。"公曰："善哉！信如君不君，臣不臣，父不父，子不子，虽有粟，吾得而食诸？"

齐景公向孔子询问政治。孔子回答说："国君要像国君，臣子要像臣子，父亲要像父亲，儿子要像儿子。"景公说："好啊！如果真的国君不像国君，臣子不像臣子，父亲不像父亲，儿子不像儿子，即使有粮食，我能够吃得着吗？"遗憾的是，齐景公尽管赞同孔子之言，但不知反求其所以然，最终自食其果。

四、半部《论语》如何治天下？
儒家思想何以助力经济发展？

半部《论语》如何治天下？

《文化大观》：北宋宰相赵普有半部《论语》治天下之说，从治国的层面来看，执政者应该怎样对待财富？

于建福：孔子绝不空谈仁义道德，而是主张为政者当富民利民，并取信于民，夯实社会的物质基础，通过教化，合乎道义，以礼节之，带来社会文明程度的提升。

孔子与弟子冉有在去卫国的路上，有关于"庶富教"的精彩对话：

> 子适卫，冉有仆。子曰："庶矣哉！"冉有曰："既庶矣，又何加焉？"
> 曰："富之。"（《论语·子路》）

孔子看到卫国人口众多而深感欣慰。弟子冉有问其接下来应怎么办，孔子说"富之"。庶而不富，民生问题难以得到改善。应该将人力资本作用发挥出来，通过创造财富使百姓不饥不寒；在生活富裕之后，应通过教育使百姓有更高的精神追求。从国家治理层面来看，这就将财富视为推行政治教化、社会教化的物质基础。

《文化大观》：就是说要富而后教。

于建福：是的。先富而后教，把满足基本生存与生活的需要放在首位。

《文化大观》：就国家经济发展环境而言，为政者还应该注意哪些方面？

于建福：《论语·述而》讲："子之所慎：齐，战，疾。"孔子所谨慎对待的事有三件：斋戒，战争，疾病。战争是会对国家的经济产生重大影响的。孔子反对战争，一场战争会大大地消耗国力，导致民不聊生。

因为战争，孔子曾对弟子冉有、子路进行过严厉批评。《论语·季氏》开篇提到，季氏准备攻打颛臾。冉有、子路去拜见孔子，并将此事告诉了老师。孔子深深责备了冉求，认为颛臾是先王封国，令其主持蒙山的祭祀，万万不可征伐；而且它就在鲁国的疆域之内，附属于鲁国，没有必要攻伐它。冉有作了辩解，将攻打颛臾完全归咎于季孙大夫。孔子却认为：冉求和子路不欲攻打则当劝谏，谏而不听，就应该辞职。在此基础上，孔子揭示了季氏"贪其利"的本质，提出了"均和而安"的思想，也因此避免了一场不该发生的战争。

孔子认为，即使发生战争也要尽量避免伤害。《论语·子路》讲："以不教民战，是谓弃之。"就是说，用未经训练的人民去作战，就等于让他们白白地送死。百姓的生命是宝贵的，他们是财富的创造者，无谓的牺牲，会带来国家劳动力的损失。

天下百姓富足太平的法宝——恪守中道

《文化大观》：一个国家的经济的稳步发展应注意哪些方面？

于建福：孔子反对贫富过于分化，强调要有合理的财富分配制度。

孔子主张："有国有家者，不患寡而患不均，不患贫而患不安。盖均无贫，和无寡，安无倾。"（《论语·季氏》）对于诸侯和大夫，不怕贫穷而怕财富不均；不怕人口少而怕不安定。因为财富均衡就没有贫穷，和睦团结就不觉得人口少，境内安定就不会有倾覆的危险。孔子强调要有合理的财富分配制度。如果财富分配不公，民众不能各得其所，不仅社会秩序不能稳定，统治者也会有倾覆之患。

统治者过多的贪欲，往往是导致社会不安定的关键因素。鲁国的季康子曾为盗窃而烦恼，而求教于孔子。孔子说："苟子之不欲，虽赏之不窃。"（《论语·颜渊》）即是说，假如你作为当政者不贪求财货，老百姓又怎么会去偷盗呢？统治者贪得无厌横征暴敛，民不聊生才会铤而走险。孔子所谓"苟正其身矣，于从政乎何有？不能正其身，如正人何"说的是同样的道理。

《文化大观》：作为执政者，应该采取怎样的治国方略呢？

于建福：《论语》的最后一篇《尧曰》，总结了古代执政者的政治思想。

尧曰："咨！尔舜！天之历数在尔躬，允执其中。四海困穷，天禄永终。"舜亦以命禹。

尧说："舜啊！按照天命，帝位要落到你身上了，你要真诚地执守中正之道啊！如果天下的百姓贫困穷苦，上天给你的禄位也就永远终止了。"舜也这样告诫禹。尧舜禹递相传授的执政心法，就是恪守中道，这是天下百姓富足太平的法宝。

民众富足与国家富裕乃一体两面

《文化大观》：如何让国中的百姓富起来呢？

于建福：民众富足与国家富裕乃一体两面。

孔子主张"政在使民富"（《说苑·政理》），民富在于薄税敛，"诗云：'恺悌君子，民之父母'，未见其子富而父母贫者也"（《说苑·政理》）。民富才能国富，百姓贫穷，一个国家怎么能富强呢？针对有子所说的："百姓足，君孰与不足？百姓不足，君孰与足？"（《论语·颜渊》），朱熹在《论语集注》中是这样做注的："民富，则君不至独贫；民贫，则君不能独富"，并认为"有若深言君民一体之意，以止公之厚敛"。

《文化大观》：为政者应该如何对待百姓？

于建福：《论语·尧曰》提到，为政者所重视的是"民、食、丧、祭"。其中，民众及其生计是处在主要位置的。国君应做到"因民之所利而利之""择可劳而劳之"。

《论语·雍也》中，弟子冉雍请孔子对桑伯子做些点评，孔子说桑伯子的成功主要依靠的是"简"，意在赞美其政令简明而不扰民。

《论语·为政》载，季康子曾请教孔子："要使百姓恭敬、忠诚并互相勉励，该怎么做？"孔子说："临之以庄，则敬；孝慈，则忠；举善而教不能，则劝。"也就是说，如果你用庄重的态度对待他们，他们就会恭敬；如果你能孝顺父母、爱护幼小，他们就会忠诚；如果你能任用贤能之士，教育能力低下的人，他们就会互相勉励。

《论语·学而》提到如何治理拥有一千辆兵车的国家，孔子讲："应该恭敬谨慎地对待政事，并且讲究信用；节省费用，并且爱护人民；征用民力要尊重农时，不要耽误耕种、收获的时间。"其中，"使民以时"容易受到忽视。国家需要百姓服劳役，应不违农时，须等到农闲之时。

在《论语·尧曰》中，孔子还提到了一种"惠而不费"的治国方法。

《文化大观》：何谓"惠而不费"？

于建福：孔子的很多弟子都从政了，他们经常向孔子请教为政之道。《论语·尧曰》记载了子张问政的故事。在对子张的答复中，孔子提出了著名的"尊五美，屏四恶"，认为遵此而行，才能达成天下大治。

五美分别为：惠而不费，劳而不怨，欲而不贪，泰而不骄，威而不猛。"惠而不费"就是顺着百姓想要得到的利益，让他们能得到，使百姓得到好处却不破费。

子张又问："什么是四种恶政？"孔子说："不教而杀谓之虐；不戒视成谓之暴；慢令致期谓之贼；犹之与人也，出纳之吝，谓之有司。"就是说，不进行教化就杀戮，叫作"虐"；不加申诫便强求别人做出成绩，叫作"暴"；起先懈怠而又突然限期完成，叫作"贼"；好比给人财物，出手吝啬，显得小家子气。这些做法，对善政毫无益处，更难以使百姓得到应得的恩惠。

《文化大观》：孔子眼中的理想社会是怎样的？

于建福：《论语》中较为经典的四子侍坐的故事通过师生的对话，引出了弟子们各自的才能与志向。

子路认为，对于一个饱受外忧内患的千乘之国，自己去治理，只要三年，就可以使那里人人"有勇"且"知方"。冉求说，方圆六七十里或五六十里的小国家，自己去治理三年，就可以使人民丰衣足食。公西华谦逊地表示自己愿意做一个执掌礼仪的傧相。孔子最为赞赏的却是曾晳的志向，希望在暮春时节，与"冠者"和"童子们"一起在沂水岸边洗洗澡，在舞雩台上吹吹风，唱着歌儿走在回家的路上。这一段师生之间的对话非常有名，表现了儒家对美好生活的向往。

《论语·公冶长》记载了孔子与颜回和子路谈论各自志向的片段。孔子表示自己的志向是："老者安之，朋友信之，少者怀之。"孔子希望老年人安度晚年，朋友之间相互信任，年幼的人得到照顾。孔子的志向可以说是"仁者之志"。

《文化大观》：孔子的志向最为朴素，体现出了仁者对天下百姓的关怀。

于建福：孔子提倡救济穷人，多做雪中送炭之事，少做锦上添花之事，即"君子周急不继富"（《论语·雍也》）；反对"居上不宽"（《论语·八佾》），主张执政者能宽厚待人。

孔子还主张博施济众。子贡曾向老师请教："如有博施于民而能济众，可以说他有仁德了吗？"孔子回答说："哪里仅仅是仁德呢，那一定是圣德了；尧和舜大概都难以做到。"在这段对话中，孔子还讲了仁者的标准："己欲立而立人，己欲达而达人"（《论语·雍也》）。凡事能够推己及人，可以说是实行仁道的方法了。

儒家思想是经世致用的学问

《文化大观》：春秋战国时期，鲁国受儒家思想影响较深，经济却不如齐国发达，您认为儒家思想会对经济产生制约作用吗？

于建福：一个地方经济发展并非完全取决于伦理道德，天时、地利、人和都很重要。春秋战国时期，齐、鲁两国地缘相近，思想渊源相似，其民本思想亦多有相似之处。因所处地理环境各异，地缘政治不同，统治者执政方略不同，其经济发展形态存在差异。

齐国地处沿海，思想相对开放，齐文化呈现出包容性、多元性，尊贤能，尚功利。统治者坐拥鱼盐之利，因地制宜发展工商业，统治者还实行了灵活的人才政策，从而有利于提升国力，富国强兵。

鲁国地处黄淮平原，农耕发达，民风淳朴，作为儒家学派发源地，继承并恪守周朝礼乐制度，更加注重德治、仁政，追求修己安人、内圣外王之道，理应有利于社会长期稳定发展。然而，由于礼坏乐崩，三桓长期专权，甚至出现了"陪臣执国命"的现象，国家治理失策，再加上鲁国人固有的思想保守谨慎，缺乏革新动力，鲁国经济与齐国相比往往处于弱势。

《文化大观》：那么儒家思想是一种怎样的学问呢？

于建福：我们可以通过"樊迟问稼"的故事来理解这一点。

孔子的弟子樊迟曾向孔子请教学种庄稼的事。孔子回答说："这方面，我不如老农。"这个问题明显是问错了人。樊迟退下之后，孔子给了樊迟这样的评价："小人哉，樊须也！上好礼，则民莫敢不敬；上好义，则民莫敢不服；

上好信，则民莫敢不用情。夫如是，则四方之民襁负其子而至矣，焉用稼？"（《论语·子路》）在孔子看来，居于上位的人爱好礼仪，老百姓就没有敢不恭敬的；居于上位的人爱好道义，老百姓就没有敢不服从的；居于上位的人爱好诚信，老百姓就没有敢不诚实的。如果能够做到这一点，那么，四方的老百姓就会背负幼子前来归服，何必要自己亲自种庄稼呢？最重要的是改变上位之人。

《文化大观》：孔子应该不是看不起种庄稼，而是对这个学生的思想境界感到有点恨铁不成钢吧。

于建福：其实孔子说樊迟是"小人"，不是骂他，孔子也不是不重视劳动。与小人相对的是君子，这涉及身份定位的问题。君子是有位的，有道德、有修养的人，"小人"相对来说就是普通劳动者。其实谈论的是定位与格局。

在这个意义上说，孔子所感叹的是樊迟把自己的定位、眼界、格局、思维都局限在"小人"上，放低了自己的身价。潜台词就是说你得好好去思考一下这个问题你该不该问，为什么要问。这个社会上大家各有定位，各有分工。

其实孔子办教育是有主旨、有重心、有定位的，不是让学生去学种庄稼或学技术的，他是要培养君子的，培养能够影响政治、促进社会稳定而持续发展的人才的。与樊迟形成对比的是，子张"学干禄"（《论语·为政》），子张"问政"（《论语·颜渊》），子张问"何如思可以从政"（《论语·尧曰》），孔子都给予了耐心回应。

樊迟绝非一无是处，在《论语》中他是提了很多问题的，比如问仁，问知，问崇德、修慝、辨惑，很多问题提得挺好，孔子也曾表示过："善哉问！"

子夏所说的"百工居肆以成其事，君子学以致其道"（《论语·子张》）也能从侧面表明君子的核心任务就是要通过学习来掌握道，并达到推行大道的目标。

《论语》财富观助力儒家文化圈之经济社会发展

《文化大观》：儒家思想流传两千多年，对世界产生了哪些深远的影响？

于建福：儒家文化作为"辐射文化"不断传播，对"儒家文化圈"内各国的政治、经济和文化教育产生了广泛而深刻的影响。儒家思想近代在中国以外地区的足迹所至，对各地社会政治、经济等的发展起到了促进作用。在西欧，它协助催生了西方近代以来以理性反对神权的启蒙思想，乃至康德的理性主义。在东亚，它帮助造就了"四小龙"经济发展的奇迹般兴盛。

《文化大观》：为什么儒家思想能对其他国家的文化和经济产生如此巨大的作用？

于建福：各国普遍意识到，儒家"群体利益高于个人利益"的价值观，有利于防止在现代化进程中产生的私欲和利己倾向，这是促成经济起飞的重要因素。

仁义忠信及刚健有为的教育培养起来的企业精神，有利于提高劳动生产率和整体效益。在现代化总体进程中，儒学的影响更多的是以不自觉的历史认同的形式存在着的。在走上现代化经济快速发展之路以后，儒学在各国民族精神中依然有强劲的生命力。

适当运用儒家伦理精神，是日本现代化走向成功的重要因素。涩泽荣一将"《论语》加算盘说"视为"致富经国之大本"，将孔子的义利观转化为有利于资本主义发展的伦理观。日本企业家只要稍有水准的，无不熟读《论语》，并从孔子的教诲中获得激励和启迪。从孔子"仁者爱人"思想引申出来的"人即资本"观念，自孔门"和为贵"思想引发出来的"和能生财"观念，加上儒学传入后日本民众逐步形成的忠诚观念，成为日本企业内在发展的精神动力。

在新加坡经济起飞中，儒家伦理的作用同样不可忽视。从个人角度来看，儒家强调修己以安人，注重自省而慎独，以此引导新加坡青年把上代坚强不屈、谦和通达、自力更生的精神继承下来，避免了极端个人主义、物质主义以及颓废消沉思想的产生；从经济方面来看，儒家强调的恭顺宽厚、敬业乐群的精神，与现代企业管理原则相符，有助于养成良好的工作态度；从政治方面来看，儒家倡导"天下为公""选贤与能""政者正也"，以此勉励为政者廉政公平、尽心尽力地为人民利益与社会安定作出贡献。[1]

中国经济社会的发展，尤其是全面建成小康社会的进程中，汲取儒家思想精髓的治国理政方略，无疑发挥了重要作用。儒家思想也必将在中华民族伟大复兴的进程中为中国人民谋得福祉。

---

[1] 于建福：《儒家文化教育传统对"儒家文化圈"的影响》，《教育研究》，2005 年第 4 期。

王杰：

中共中央党校哲学部教授，博士生导师。

兼任中国实学研究会会长、全国儒学社团联席会议秘书长、领导干部学国学组委会主任、中华母亲节促进会副会长等多项学术兼职。

"最为老师"教你化解"性"之"恶"

——透过荀子的财富分配方案看财富之道

人为何要求财？是天性使然还是生活所迫？这就不得不涉及人之性是"善"还是"恶"的问题。

在中国思想史上，荀子是一位饱受争议的人物。他身为儒者，却在儒家的道统谱系上被贬为异类。他批驳百家，却成为轴心时代最后一位思想的集大成者。

在后人心中，荀子是一个颇具反叛意识的人。他逆常人之心理，直指人之性恶；他反对神秘主义，提倡人应当发挥主观能动性；他打破"儒者不入秦"的规矩，亲入秦地，观秦政视秦风，并栽培了两个法家学生——韩非、李斯。

从"民富"到"国富"，荀子建构了一个精致的思想体系。透过荀子的财富分配方案，我们能领悟到怎样的财富之道？王杰教授从"人之性恶"的来源、如何处理好德与财的关系，在治国理政的视野下如何进行财富分配，实现财富的增值，财富如何用之于社会等方面对此话题进行了解读。

一、走向财富之道需化解“性”之“恶”

追求财富是天性之“恶”吗？

《文化大观》：俗话说“人为财死，鸟为食亡”，追求财富可以说是人的本性吗？

王杰：这句话出自《增广贤文》，《增广贤文》对人性的认识是以儒家荀子“性恶论”思想为前提的。

《文化大观》：“性恶论”是荀子最著名的思想之一，冷酷地揭开了“人性本善”的遮羞布，为后世制造了千年谈论不休的话题。

王杰：一般认为荀子的“性恶论”与孟子的“性善论”相对，但是如果要细化的话，还是有区别的。孟子讲的是“性善”，和荀子讲的“人之性恶”，不完全一样。

《文化大观》：如果从“性恶论”视角来看，追求财富是天性之“恶”吗？

王杰：荀子用了四十多次“人之性恶，其善者伪也”，这个理论是荀子整个思想大厦的基础，很多的思想都是从这一点生发起来的。人之“性”，是一种趋利避害的本性，是人天然有的抽象的自然生物本能和心理本能，即“生之所以然者谓之性”（《荀子·正名》），其自然表现为“饥而欲饱，寒而欲暖，劳而欲休”（《荀子·性恶》）。

荀子认为，人的这种天然对物质生活的欲求是与道德礼仪规范相冲突的。他认为，人性“生而有好利焉”“生而有疾恶焉”“生而有耳目之欲，有好色焉”，如果“从人之性，顺人之情，必出于争夺，合于犯分乱理而归于暴”（《荀子·性恶》）。所以说人性是“恶”，而不是“善”。

恶的本性，是对物质利益的无止境的追求

《文化大观》：如何理解人"恶"的本性呢？

王杰：这种恶的本性，如果从经济和财富方面来看，就是对物质利益的无止境的追求。

荀子认为"好利恶害，是君子小人之所同也"，无论是君子还是小人，都是爱好利益，厌恶灾害的。荀子在《荀子·性恶》中讲：

> 贫愿富，贱愿贵，苟无之中者，必求于外；故富而不愿财，贵而不愿势，苟有之中者，必不及于外。用此观之，人之欲为善者，为性恶也。

贫穷的希望富裕，卑贱的希望高贵，如果本身没有它，就一定要向外去追求；所以富裕了就不羡慕钱财，显贵了就不羡慕权势，如果本身有了它，就一定不会向外去追求了。由此看来，人们想行善，就是因为其本性恶的缘故。

《文化大观》：我们应该如何看待自己的欲望？

王杰：荀子承认"人生而有欲"，人的欲望在其展示过程中表现为人的各种不同层次的需要，可概括为四种需要：本能需要、享乐需要、政治需要、权力需要。我们把前两种需要归为一类，称为"物质需要"；后两种需要也归为一类，称为"精神需要"。这两种需要类型实际就是义利之辨的问题。

《荀子·正名》中有句话："欲虽不可尽，可以近尽也；欲虽不可去，求可节也。"荀子认为欲望虽然不可能全部满足，却可以接近于全部满足；欲望虽然不可能去掉，但对满足欲望的追求却是可以节制的。

"仇富"现象的根源："财富不以道得之"

《文化大观》：现代社会，有的人面对一些高收入群体有仇富心理，这是不是"性恶"的一种体现呢？

王杰：从儒家角度来讲，这些被"仇"的群体是"不义而富且贵"的。收入合理合规合法，正常纳税，这些人得到的财富，有没有人去"仇"呢？大家现在"仇"的大多是那种通过偷税漏税等不正当的手段获得财富的人，不是厌恶财富本身。这类群体把正常的社会秩序打乱了，钻国家法律的空子，在道德上没有底线，大众能不恨吗？这就是过街老鼠，人人喊打。"仇富"现象发生的很重要的原因是"财富不以道得之"的群体自己造成的，而不在于社会和老百姓。

《文化大观》：就是说，通过正当途径去获取财富，就不必担心被仇视了。那么，当代年轻人如何去做才是通过正当途径获取财富呢？

王杰：今天的社会是个多元化的社会，不管社会如何进步和发展，年轻人做好当下的工作，是最基本的。不能这山望着那山高，只看到别人比自己挣得多，而忽略了磨炼和沉淀。不管从事什么职业，年轻人先要沉淀下来，把自己的本职工作做好，才能够开启更美好的人生。

"性"有可塑性
修习积为的过程必不可少

《文化大观》：人本应是积极向善的，对于"恶"的本性，我们该如何去节制呢？

王杰：对人性问题的探讨就是人类自我认识的开始。"饥欲饱""寒欲暖""耳好声""目好色"等都是人生而具有的天然之性,但是如果不对这种天然之性加以人为的节制和引导,那么人与人之间就会发生争夺、暴乱和相互残害。

荀子论性的重点不在性之"恶"上,而在性之可"化"可"伪"上,不在"性"之本身,而在"性"的可塑性上。荀子认为,在性之自然结构上,圣人之性与众人之性是相同的。"故圣人之所以同于众,其不异于众者,性也"(《荀子·性恶》)。"尧、舜之与桀、跖,其性一也"(《荀子·儒效》)。由"性"的自然结构向社会结构的转化,就是荀子所谓的"化性起伪"过程。

荀子认为,人之性恶,必须经过后天环境的教育和主观的努力,才能改变,他向我们提供了改变人性的几条有效途径,其中包含有丰富的历史唯物主义因素。

《文化大观》:所以荀子讲"劝学",希望我们通过学习来提升自身的修养吗?

王杰:荀子认为,人们通过学习可以不断提高自身的道德修养,学习的过程也就是不断修习积为的过程,二者是同步进行的。

没有学习为其依据,积为就成为主观空想。荀子认为:"积土成山,风雨兴焉;积水成渊,蛟龙生焉;积善成德,而神明自得,圣心备焉。"(《荀子·劝学》)

《文化大观》:通过学习才能走上财富之道吗?

王杰:"圣人者,人之所积而致矣"(《荀子·性恶》),荀子认为点滴的积为,可达到圣人的境界。荀子强调的是积为这种内含的道德意义,他告诫人们要永不停止地积为,"积善而不息",这样便能"通于神明,参于天地"(《荀子·性恶》)。

尧舜禹之为圣人,也是修习积为的结果。这种主观积为的方法,是荀子设计的改变人性的另一条重要途径。

如何防止人在财富中迷失？
"以义制利"

《文化大观》：说到财富，儒家思想有"重义轻利"的倾向，荀子是怎么看待"义"和"利"的？

王杰：荀子可以说是"重义不轻利"，总的价值观上来看，荀子把"义"看得比"利"更重要，要以"义"为先，但在实际操作过程中是不轻利的。儒家所讲的"制民恒产""轻徭薄赋""因民所利而利之""民之所欲，天必从之"等，没有"利"，人没法生存，社会没法发展。

在荀子看来，在追求"利"的过程中，一定要在"义"的框架下、基础上，去追求"利"。看起来有矛盾，实际上是辩证统一的。

《文化大观》：一味地追求利益是否就会让人迷失自己？

王杰：荀子主张"以义制利"，认为"先义后利者荣，先利后义者辱"。

得到利益不是终极目标，人还要注重自己的修养。儒家思想就有这样的特点："仓廪实而知礼节，衣食足而知荣辱"。

《文化大观》：如何在不违背"义"的情况下获取财富呢？

王杰：人应该按照国家的制度去获取财富。从荀子的角度来看，就是符合"礼"，"礼"其实就是处理人与人之间关系的一种准则。根据"礼"把社会划分成不同的层次，人在各自对应的层次的基础上去获得该获得的财富。

这就延伸到了另一个话题：德必称位。就是人的德行和职位要相符合，《周易》讲"德不配位，必有灾殃"。荀子有一个重要观点就是"德必称位，位必称禄，禄必称用"（《荀子·富国》），职位越高，德行应该越好。

《文化大观》："德"与"位"不相称会怎么样呢？

王杰：中国第一部国别体史书《国语》中记载了一个"叔向贺贫"的故事。叔向去拜访韩宣子，韩宣子抱怨说：自己虽有正卿之名，却没有足够的官场交际费与贵族大夫交往，为此感到发愁。韩宣子本以为叔向会同情他，没想到，叔向却向他道喜祝贺。

叔向列举了晋国历史上栾氏、郤氏两大家族的兴衰存亡故事来开导韩宣子：栾武子虽清贫，但能把德行放在首位，乐善好施，贫而有德好礼，所以每每遇到困难，都能逢凶化吉、化险为夷，保住家族平安；而郤氏家族的财产抵得上晋国公室的一半，家族成员占据三军中差不多一半的官职，依仗自己的财产和权势，过着极其奢侈的生活，富而无道、刻薄寡恩，百姓敢怒不敢言，其结果是身死族灭。叔向说："你现在虽然没有太多财富，但还有德行，所以我才向你表示祝贺。你如果不注重自己的德行，整天为自己的财产不足而忧愁，我哀怜你都恐怕来不及，哪里还有心思向你表示祝贺。"

听了叔向的这番话，韩宣子一下子恍然大悟，立即给叔向致谢："是啊，看重德行，才是身存族兴之道啊！我整天都在忧虑自己的财富多少，这是一条身亡族灭之道啊！是先生您拯救了我！不但我本人要感激您，就连我的先祖和后代子孙，都要感激您！"正所谓道德传家，十代以上；财富传家，不过三代。积善之家，必有余庆；不善之家，必有余殃。

《文化大观》：如果把追求财富放在首位，最终反而会失去财富。

王杰：是的。荀子讲"德必称位，位必称禄，禄必称用"。

一个人的社会地位同他的才学德智是一致的。如果没有德行支撑，没有正确的人生观与价值观，财产再多、权力再大，最终都会付诸东流。唯有德行，才能保住人生的平安、幸福和财富。人生是否幸福快乐，不在财富的多少。做事先做人，人首先要提高自身的道德素养，提高自己做人的底线。人都做不好，就不可能把事情做好，只得到一时的小利，最终会在大众的唾弃下失去全部的利益。这就是古人讲的"人可一生不仕，不可一日无德"。

"性恶"与"性善"
出发点不同，目的相同

《文化大观》：从"性"的角度来看，荀子和孔孟的观点不太一致，他们对于财富的看法是否一致呢？

王杰：荀子的财富观和孔孟有相一致的地方。一方面是刚才讲到的追求财富、追求利益是人的一种本能，无可厚非；另一方面，以什么样的方式去追求财富，就是儒家讲的义利观，儒家的基本观点就是德本财末，义以为上。

在对待财富的问题上，荀子既承袭了孔子和孟子的思想，又对其思想进行了发展。他不仅主张人们应该追求财富，肯定了"欲"存在的必然性，而且认为人应以积极、正面的态度去追求它。荀子主张"礼法并施"，提出"制天命而用之"的人定胜天的思想。

荀子虽然批判了孟子的性善学说及天赋道德观念，但在维护封建等级制度和伦理道德方面，孟子和荀子是极为一致的，其人性论的出发点不同，但所要达到的目的则完全相同。孟子认为"人皆可以为尧舜"，荀子认为"涂之人可以为禹"，可谓殊途同归。清朝思想家戴震认为，荀子的性恶说"于性善之说不惟不相悖，而且若相发明"（《原善》），说明了孟子和荀子在人性学说上的一致性。

《文化大观》：这也就是为什么说荀子是儒家的代表人物，而不是法家的。

王杰：如果做一个形象的比喻，孔子是太阳，孟子是月亮，那荀子呢，可能就是星星。虽然这个比喻不恰当，但是现在人们的印象就是这样的。仔细想一想，讲到儒家文化，很难再找出第三个具有代表性的人物。

《文化大观》：像荀子这样比较伟大的人物，不一定非得把他界定为哪一家，是否也可以说他是发展了儒家，然后吸收了其他学派比较优秀的那些思想？

王杰：对，你刚才的提法特别好。儒家思想本身就是开放的体系，不是故步自封的。它不把自己局限在某一个点上或者某一个片段上。孔子是开放的，孟子是开放的，荀子一样是开放的。如果故步自封的话，这个思想体系早就没有发展的动力了。因为开放，它不断地吸收外来的思想，对内不断地去批判继承。《荀子》中有一篇《非十二子》，荀子对包含子思、孟子在内的先秦各学派代表人物进行了批判。

儒家的思想体系是庞大的、开放的、向外拓展的。比如宋明理学以儒家思想为主，把佛教文化、道家文化融会贯通，形成了一个精致的思想体系。正因为有这样的品格，所以儒家思想才能流传两千多年，这个思想体系就是你中有我，我中有你，取长补短，屹立于中华民族两千多年的发展历程中没有衰败。

"性恶论"的产生
"最为老师"的时代思考

《文化大观》：荀子为什么会提出"人之性恶"的观点？

王杰：在荀子生活的战国末期，各诸侯国间的兼并战争愈演愈烈。在残酷的战争面前，人性的自私与贪婪暴露无遗，想必不止荀子，许多人都会不由得思考：人性，究竟是善的，还是恶的？这是一个处在社会变革中的时代。

《文化大观》：一种思想的产生离不开时代的影响。

王杰：这个观点的产生与荀子本身的经历与成就也是分不开的。

荀子是以儒家思想为基础，总结先秦的学术思想而自成一家的战国后期的大思想家。荀子有一个令人瞩目的头衔：他曾三次担任稷下学宫的祭酒，被称为"最为老师"。

稷下学宫是世界上最早的官办高等学府，在当时扮演着类似于现代智库的角色。荀子15岁就离开了故土，远赴齐国，前往稷下学宫求学。当时，齐王广招贤士，渴求济世良方，像孟子、淳于髡、邹衍、慎到、申不害等著名思想家，都在那里发表过重要的学术见解。

当荀子来到学宫门前，看到门庭外车水马龙，听到堂室内书声琅琅，不难想象他的满心欢喜和意气风发。此后荀子在学宫深造多年才离开。由于学识渊博、德高望重，荀子多次被推举为稷下学宫的祭酒。稷下学宫相当于中国最早的社会科学院，祭酒相当于院长，荀子可以说是中国历史上最早的社科院院长。荀子主持稷下讲坛长达24年之久。因此，荀子不仅精通儒学典籍，他对道、墨、法等先秦其他主要学派也有较深的了解。

《文化大观》：荀子可以说是集多家学派，多种思想之大成啊。

王杰：是的。除了在思想上的成就，荀子还曾有过执政经历。

荀子曾受战国四公子之一的楚国春申君之聘，两次出任楚国兰陵令。在任期间，荀子勤政爱民，民富国强。后来春申君被害，荀子遭到了罢免，于是他定居在兰陵，进行讲学，并著书立说，著名的韩非、李斯等都是他的弟子。荀子先后到过赵、齐、楚、秦四个强国，对各国的实际政治、经济、军事状况都有所了解，能够将政治、经济与文化结合起来。

因其学问之深，见识之广，荀子能够在总结先秦各家学说的基础上，创立新的学术思想体系。荀子的人性理论受告子影响颇大，他批判了孟子的先天道德观念，从动态的发展的角度提出了"人性恶"的理论框架，并全面阐释了人性可通过外在环境条件和内在主观努力得以塑造的思想。

研究中国文化
荀子是重要的一环

《文化大观》：您是为什么关注荀子，研究荀子的呢？

王杰：我与荀子，可以说有三次结缘。

一开始对荀子感兴趣，是在读研的时候，源于对历史的偏好，我做硕士论文就选择了荀子的历史哲学作为主题。第二次结缘是二十多年以前，我注释过《荀子》，出版了《荀子注释》。在对荀子注释的过程中，我感觉荀子的确像是亚里士多德式的人物，他的思想非常丰富，是对整个先秦思想的集大成。第三次结缘是十几年前，我有幸到临沂参加一个学术研讨会，顺便去拜谒了荀子墓。荀子晚年蛰居兰陵县著书立说，收徒授业，并在这里终老。当时看到荀子墓非常之破败，我就有感而发写了一篇小文章——《赢得身前身后名——拜谒荀子墓》。

《文化大观》：您当时在荀子墓前有怎样的感触？

王杰：当时，我认为对荀子太不公平了，这么一个思想大家，他的墓却是一个破旧的小土堆。人们往往把孔孟与儒家思想联系起来，却把荀子排斥在外，殊不知，没有荀子对孔孟思想内圣化倾向的扭转，没有荀子的隆礼重法，没有荀子把儒家思想与现实政治结合起来，没有荀子对儒家经典的传授，也许就没有儒家思想的今天。因此，研究儒家思想、中国文化，荀子是重要的一环。现在我还在继续做对荀子及其思想的研究工作。

《文化大观》：您如何看待荀子对于财富的论述？

王杰：在整个儒家思想中，荀子的财富思想占的比重并不大，荀子的思想体系更多的还是在政治、社会体系方面，财富是他涉及的一个方面。荀子思想很重要的一块就是讲"天人观"以及"先王后王"，建构一个比较精致的思想体系是他的一个目标。

二、战乱年代财富分配方案的诞生

战乱年代治国之方的探索

根据等级制订财富分配的标准

《文化大观》：荀子要建构一个怎样的思想体系呢？

王杰：在研究过程中，能够明显地感受到荀子的思想是要为未来国家即将统一立规矩。面对战国时期诸侯割据的局面，荀子在探索一种规矩、办法。

《荀子·王霸》中讲："故道王者之法，与王者之人为之，则亦王；道霸者之法，与霸道之人为之，则亦霸；道亡国之法，与亡国之人为之，则亦亡。"就是说，国家的安置问题，并不是指给它立好疆界，而是指遵行什么办法、与什么人一起来治国。遵行王者的办法，与奉行王道的大臣治理国家，也就能称王于天下；遵行霸者的办法，与奉行霸道的大臣治理国家，也就能称霸于诸侯；遵行使国家灭亡的办法，与那奉行亡国之道的大臣去治理国家，也就会国破人亡。这三种情况，是英明的君主要谨慎选择的，也是讲究仁德的人一定要弄明白的。

《文化大观》：就是说君王要选择合适的大臣与王道来治理国家。

王杰：这个思想最早在孔子那里也有，就是怎么做能成为圣贤，怎么做能成为君子。这就是儒家的思维模板，而荀子将目标放在了治国理政方面，他更多关注的是，在治理国家的过程中，人应该发挥怎样的作用？在治理国家的过程中，君主应该担任什么样的角色？怎么去用人？这就是荀子讲的"明分使群"。

《文化大观》："明分使群"应该怎么理解？

王杰："明分使群"就是通过制定礼义，给人们规定出一定的"度量分界"，把社会划分成各种不同等级。每个等级的人"在其位就谋其政"，国君通过这种方式调节人们的欲求，达到"贵贱有等，长幼有差，贫富轻重皆有称者也"（《荀子·礼论》），使人们各得其所，组成群体。

《文化大观》：是说荀子构建了社会阶层与社会秩序，各阶层的人根据自己所处的等级来得到其应得的财富吗？

王杰：是的。荀子的历史哲学理论，在很大程度上适应了战国末年社会形势发展的需要，为即将来临的大一统的社会提供理论上的依据，其理论的最终目的是为现实政治服务的，这与荀子思想具有强烈的现实感和现实主义态度是密不可分的。

譬如说，孔孟在其社会政治主张中，重礼不重法，重王不重霸，重义不重利，因而他们的理论往往有脱离实际的感觉；法家思想则彻底抛弃儒家那种温情脉脉的面纱，走向另一极端，重法轻礼，重霸轻王，重利轻义，采取赤裸裸的镇压手段。

显然，这两种方式都不可能治理好一个国家，荀子思想的现实意义就在于，他把礼法、王霸、义利等融合在一起，并较成功地运用于社会政治领域，使荀子在理论上完成了历史赋予他的使命。

《文化大观》：如果按照身份的贵贱进行划分，那么社会上层就会占据最丰富的财富和资源，似乎不具有公平性。

王杰：按阶层划分财富，确实是荀子的历史局限性。但我们应该看到，在荀子生活的战国时期，尊卑明晰，严格的等级制度是社会的显著特征。荀子能够对等级制度加以利用，制订财富分配的标准，已经向前迈了一大步。在某种程度上，他为百姓的经济收入提供了依据和保障。

以“礼”来调养人的欲望

《文化大观》：在这种体系之下，人如何调养自己的欲望？

王杰：建构以礼为核心的思想体系是荀子政治思想的基本特征，这一点区别于孔孟思想。在礼崩乐坏的社会状况之下，如何恢复礼义，并能对政治经济以及百姓的生活产生实质的影响，是当时荀子面临的重要课题。

《文化大观》：“礼义”能在其中发挥重要作用吗？

王杰：礼是怎么来的？荀子在《荀子·礼论》中这样讲：

> 人生而有欲，欲而不得，则不能无求；求而无度量分界，则不能不争；争则乱，乱则穷。先王恶其乱也，故制礼义以分之，以养人之欲，给人之求，使欲必不穷于物，物必不屈于欲，两者相持而长，是礼之所以起也。

荀子认为人生来就有欲望，如果想要什么而不能得到，就不能没有追求；如果一味追求而没有标准限度，就不能不发生争夺；一发生争夺就会有祸乱，一有祸乱就会陷入困境。古代的圣王厌恶祸乱，所以制定了礼义来确定人们的名分，以此来调养人们的欲望、满足人们的要求，使人们的欲望决不会由于物资的原因而得不到满足，物资决不会因为人们的欲望而枯竭，使物资和欲望两者在互相制约中增长。

《文化大观》：也就是说，礼能够调养人的欲望。

王杰：是的。荀子结合“人之性恶”的特点，解释了礼的起源。荀子还进一步解释：“故礼者养也。”就是在说，礼的作用是调养人的欲望。

"义"与"利"起冲突怎么办？
用"礼"来调节

《文化大观》：当"义"与"利"起冲突怎么办？

王杰："礼"贯穿在封建社会的君臣、父子、兄弟、夫妻这种伦常秩序中，起着调节人与人、人与社会之间关系的作用。可以把礼理解为调节义和利的一个润滑剂，在礼的调节这一基础之上，人们得到自己该得到的利益。

礼，其实就是一种道德原则，就是君子爱财，取之有道。荀子认为人之性恶需要用礼义法度来加以制约，人的欲望和财富也应该按照礼去管理，这在《荀子》的《礼论》《王制》《强国》《天论》《非相》《君道》等篇中皆有论述。

任何民族的历史，在漫长的发展过程中，都会逐渐凝聚为一种较为稳固的内在的历史意向，透过这种历史意向，可以洞悉一个民族特有的历史精神，荀子意识到有一种历史精神的存在，是十分珍贵的。但他把这种历史精神归结为封建等级制度的"礼"，认为封建伦理道德是永恒不变的，这又是一种形而上学的思维方式。

社会阶层应流动起来
避免"内卷"和"躺平"

《文化大观》：荀子以礼划分人群，普通人是否就失去了上升的通道？

王杰：虽然荀子对人群进行了划分，但他也深知如果阶层固化，百姓会丧失奋斗的动力，社会发展也会失去活力和动力。

社会阶层不应该固化，应该是流动的，社会应该给每一个德才兼备的人提供各种各样的上升空间。也就是说要给更多人创造致富机会，形成人人参与的发展环境，避免"内卷"和"躺平"。

所以，在荀子的著作中，开篇即《劝学》，他希望个人通过学习趋善避恶，修为君子，打开自我的上升通道。从历史上来看，有才学的人通过向国君进谏，受到赏识就有可能进入仕途，从而加官晋爵，实现阶层的跨越。

《文化大观》：只凭借礼，能保障人们一定会按规矩行事吗？

王杰：荀子是个现实主义者，他清楚礼的力量未必能实现理想的效果，因此他主张"隆礼重法"，在礼治的基础上实行法治。《荀子·富国》中讲："由士以上则必以礼乐节之，众庶百姓则必以法数制之。"荀子认为从士以上就必须用礼乐制度去节制他们，对群众百姓就必须用法度去统治他们，通过一系列的举措让收益足够用来养活民众，百姓的支出能和收入相抵。

不过荀子提倡"法"是有前提的，施法者必须为君子，只有君子用法，才能保证法不被滥用，保证良法善治。

三、"民富"+"国富"才是王道

《文化大观》：在"礼"和"法"的作用下，就能让国家富强起来吗？

王杰：荀子有个观点："民富先于国富"，他主张"上下俱富"，认为"下贫则上贫，下富则上富"，这也是儒家共同提倡的，就是民富则国富，民富则国强。老百姓是国家的根基，所以他主张藏富于民。老百姓富裕了，国家才能富裕。荀子在"富国篇"中专门对富国富民问题进行了多角度的论述。

《文化大观》："民富"与"国富"是相伴相生的吗？

王杰：是的。人不是孤立的，而是具有社会性的，从财富的角度来看，个人跟国家是不可分的，都是在一个体系内的。

《文化大观》：如何让百姓富起来呢？

王杰：荀子在《富国》篇中讲：

> 故田野县鄙者，财之本也；垣窌仓廪者，财之末也；百姓时和、事业得叙者，货之源也；等赋府库者，货之流也。

所以在荀子看来，财物的根本是郊外的田野乡村；财物的末梢是粮囤地窖及粮仓。百姓不失农时、和谐安定，生产有条不紊，这是钱财的源头；按照等级征收的赋税和国库，是钱财的支流。

《文化大观》：也就是说，财富来源的根本就是土地吗？

王杰：从思想的角度来看，"本"就是道德人伦，我们理解这个"本"的时候，可以从两个方面来理解。

荀子主张"强本节用"，"本"就是农业生产。在荀子那个时候，商人处于最底层，社会生产最基本的就是农业生产。

《文化大观》：是不是荀子说的"天有其时，地有其财"讲的就是这个问题？

王杰：对，就是天时地利人和。《荀子·天论》说："强本而节用，则天不能贫"，注重农业生产，老天爷都不会让你贫穷。"本荒而用侈，则天不能使之富"，荀子从正反两方面强调了"本"的重要性。土地就是生产财富的根本，要扎根土地。

"务本节用"则"财无极"

《文化大观》：荀子为什么强调"节用"呢？

王杰：荀子认为在注重农业生产的基础上，如果按照自然节令去从事农业生产，不要违背农业的时令，粮食就会"汩汩如泉涌"，多得吃不完。财富多了以后不能浪费，还要去合理地利用财富，所以荀子讲"节用"。

《文化大观》："节用"最基本的观点就是要合理地利用财富吗？

王杰：是的。财富不要挥霍浪费。这就是荀子讲的"务本节用财无极"，在增加生产、得到财富的同时，还要节约成本，这样财富才能够慢慢地积累起来，变得更加的丰厚。

《文化大观》：也就是说，积累财富，不仅要开源，还要节流。

王杰：不管是过去还是现在，"节用"都是非常重要的，财富再多也不能去浪费。杜牧的《阿房宫赋》中，他讲秦国为什么二世而亡，就是因为奢靡、挥霍、浪费。任何一个政权，如果骄奢淫逸，挥霍无度，这个国家早晚会灭亡。外国也是如此，比如当时跨越欧、亚、非三大洲，所向披靡的罗马帝国，虽然打败了所有外部敌人，最终却在奢靡中消亡。

《文化大观》：荀子的思想对我们树立正确的财富观有很大的启发。

王杰：古人讲"历览前贤国与家，成由勤俭败由奢""一粥一饭，当思来处不易"，从在地里播种开始，一直到食物被端上人的餐桌，要经过多么漫长的一个过程。节俭应该成为一个民族的品格。同时，节俭不是小气，是该用的时候就用，不该浪费的时候一文不费。有的时候，用了财富可能这个事情就解决了，不用事情就办不成。这才是一种正确的财富观。古圣先贤给我们留下的这些智慧，值得我们很好地去把它消化吸收、借鉴，然后发扬光大。

"王者"才能"富国裕民"

《文化大观》：如何"富国裕民"，荀子有没有提出更为具体的主张？

王杰：荀子认为"足国之道，节用裕民而善臧其余"。"节用裕民""天人之分"等思想中都蕴藏着富国裕民的智慧，直到现代也具有积极意义。

"节用裕民"一词经常出现在政府工作报告中，"节用裕民"出自《荀子·富国》中"足国之道，节用裕民而善臧其余"一句。荀子主张君主在消费方面应当节约用度，将节省下来的费用用于发展农业生产，一旦处于本位的农业有序发展起来，财富就会持续积累，最终"财无极""（财）有富厚丘山之积"，实现民富国强。

由于新冠肺炎疫情的影响，我国在今年释放多重减税红利，退税减税规模达 2.5 万亿，很多个人和小微企业直接受益，这就是"节用裕民"在当代运用的例子。

《文化大观》：从君主的角度来看，如何做到富国、富民呢？

王杰：荀子认为"王者富民，霸者富士，仅存之国富大夫，亡国富筐箧，实府库"，王者是荀子最推崇的成就伟大事业的君主，这种君主将民众的利益放在首位，他能"富民"。其余三种类型的君主，心中都没有百姓，他们要么富兵，要么富官，要么富自己。比如，齐桓公实际上也是骄奢淫逸的君主，但是为什么还有人称赞他？因为他"一匡诸侯，九合天下"，让国家富强起来了。

"上下俱富"才是王道

《文化大观》：荀子"上下俱富"的思想是否与我们现在讲的"共同富裕"有共通之处？

王杰：富裕是中华民族五千多年来的共同愿景和追求，在不同时代有不同的表述方式。《荀子·非十二子》讲："一天下，财万物，长养人民，兼利天下。"意思是统一天下，管理万物，养育人民，让天下人都得到恩惠。"上下俱富"与"共同富裕"确实有相通之处，一是覆盖了所有社会成员，二是都旨在安邦定国。

谈共同富裕还应该关注百姓的现实需求，特别是孤寡老人等群体，吃饱穿暖，不受饥饿所困，不受严寒所冻。这就是《礼记·礼运》讲的"老有所终，壮有所用，幼有所长，矜寡孤独废疾者，皆有所养"。对于这类人群，荀子主张政府不应该抛弃，一方面要进行收养，一方面要根据能力的大小给他们安排适当的工作，满足其基本的生存需要。

《文化大观》：在共同富裕的大背景下，个人探索财富之道，您认为应该怎么做？

王杰：习近平总书记说"幸福生活都是奋斗出来的，共同富裕要靠勤劳智慧来创造"①，大量历史故事及当代富商的成功经验也对此做了印证。对个人而言，我有四点建议：

首先，清楚了解国家的政策，从中寻找适合自己上升的路径，搭上国家发展的顺风车，比毫无头绪地埋头苦干会轻松很多。

其次，人生短暂，不要过度透支身体，尽量做自己能够掌控的事情，争取让生命活得精彩。荀子说"福莫长于无祸"，健康的身体是财富与福气之本。

再次，要相信天生我材必有用，优秀的人永远不缺橄榄枝。如荀子，一生好学，入齐被拜为祭酒，入楚则任兰陵令，总有一个位置能让他发光发热。

最后，也是最重要的，孝顺父母。《荀子》一书中"孝"字出现多达 47 次。孝是一个人的为人之本，要懂得珍惜亲情，赚钱再忙也别忘了关爱父母。

虽然都是老生常谈，但朴素的道理中藏着真理，人们如果能身体力行尽力去做，我想现实中的很多压力都会迎刃而解。

财富应取之于社会，用之于社会

《文化大观》：我们当下的普通人树立正确的财富观，是否也应该立足于国家，立足于社会？

王杰：财富应该是取之于社会，用之于社会的。比如说作为一个企业家，你应该有一种社会责任、社会担当，当社会遇到一些困难的时候，对于弱势群体，应该去出手相救，回馈社会。这样拥有了这个财富以后，人才能感到

---

① 汪晓东，宋静思，侯云晨：《在高质量发展中促进共同富裕（奋进强国路·总书记这样引领中国式现代化）》，人民日报，2022 年 3 月 1 日 01 版。

一种愉悦，一种幸福。比如"七一勋章"获得者张桂梅，她的收入与付出无法相提并论，如果是只为利益而生活的人，是无法理解张桂梅的所作所为的。她这么做对个人来讲没有好处，为什么她还要做？我觉得像张桂梅的这种幸福快乐，是一种灵魂的快乐。

《文化大观》："天下兴亡，匹夫有责"。

王杰：一个人不仅要关心自己和家人的生活，还要关心这个国家民族的命运，要把我们个人的命运、家庭的命运和国家民族的命运紧密地联系在一起。如果没有国家的富强，怎么会有我们个人的富足？反过来说，个人好了，家庭好了，国家也就好了，个人是社会的细胞啊。所以个人、家庭、社会，也是一体的，人不能自私自利，只为自己。

"安得广厦千万间，大庇天下寒士俱欢颜""黄发垂髫，怡然自乐""但愿苍生俱保暖,不辞辛苦出山林",社会追求的不就是这样的一个终极目标吗？

王志民：

山东淄博人，1949年生。山东师范大学二级教授，博士生导师。

山东师范大学原副校长，山东省政协原副主席。

主要研究方向：古代文学、中华传统文化、齐鲁文化。享受国务院政府特殊津贴，曾获山东省社会科学突出贡献奖。

来自孟子的灵魂拷问：

积累财富，为了什么

你是否曾想过自己追求财富的道路是否是正路？是否考虑过获取财富需要具备哪些条件？是否想过积累财富是为了什么？

问题的答案或许能从"四书"中内容最多的一部儒家经典——《孟子》中找到。儒家思想的创始人孔子去世以后，他的数千弟子皆未能领会、贯通孔子学说的思想精髓，传播孔子学说者众多，唯有孟子为其真传，并传承了三代先王的思想精髓。孟子的性善论、养气说、仁政等思想在思想史上熠熠生辉，孟子还提出了一整套民富国强的治国蓝图。北宋理学家程颐曾这样评价孟子："孟子有功于圣门，不可胜言。仲尼只说一个仁字，孟子开口便说仁义。仲尼只说一个志，孟子便说许多养气出来。只此二字，其功甚多。"（《四书章句集注·孟子序说》）

为什么在那个战乱时代，只有孟子设计了一整套如何让老百姓富起来的思想？孟子的浩然之气从何而来？或许来源于孟母这位伟大的母亲，或许来源于子思之门的正统传承，或许是时势造英雄……王志民教授从修身养气、"保民而王"的仁政思想、孟子思想的来源、孟子梦的时代价值等方面对此话题进行了解读。

一、求财先修身

《文化大观》：作为亚圣，孟子被视为孔子思想的正统传承者，孟子是怎么看待获取财富的方式的？

王志民：孟子是承认人对富与贵的追求的，他说："人亦孰不欲富贵？"

在回答财富是从正道获取，还是不择手段求取的问题上，孟子的态度是非常鲜明的，就是义利之辨。

孟子的所谓"义"，就是正路，正道。孟子讲："仁，人心也；义，人路也。舍其路而弗由，放其心而不知求，哀哉！"（《孟子·告子上》）孟子认为仁是人的心，义是人的路。放弃了正路不走，丢失了良心而不知去追回，是很可悲的。积累财富，就要有正当的途径。在这一点上，孟子和孔子的思想是一致的。孟子还讲："富，人之所欲，富有天下，而不足以解忧；贵，人之所欲，贵为天子，而不足以解忧。"（《孟子·万章上》）可见，单纯地讲富与贵并不能让人快乐。

《文化大观》：当面临义和利的选择的时候，孟子怎么看？

王志民：孟子见梁惠王的时候，梁惠王一上来就问："老先生不远千里长途的辛劳而来，是不是将给我国带来利益呢？"孟子回答说："王！何必曰利？亦有仁义而已矣。……上下交征利而国危矣。"（《孟子·梁惠王上》）如果王说"怎样才有利于我的国家呢？"大夫也说"怎样才有利于我的封地呢？"一般士子和老百姓也都会说"怎样才有利于我自己呢？"这样，上上下下都互相追逐私利，国家便危险了！孟子认为没有仁心的人会遗弃父母，没有以"义"存心的人会怠慢君上。

在孟子看来，在面对义与利的冲突时，就应该舍利，甚至提出来舍生取义，就是为了坚持正义，宁可失去生命。"生，亦我所欲也，义，亦我所欲也；二者不可得兼，舍生而取义者也。"（《孟子·告子上》）孟子在这一方面的思想特别鲜明，他认为人应保持正气，坚持自己的理想，不认可赤裸裸地追求利益的行为。

大丈夫精神
将对待财富和正义的态度转化为一种道德的力量

《文化大观》：孟子的那句名言"富贵不能淫，贫贱不能移，威武不能屈"就是这个观点的体现吧。

王志民：这就是孟子提倡的大丈夫精神。人要有人生境界，从这个角度来讲，我们今天从孟子的思想当中来汲取义利观很重要，要将对待财富和正义的态度，转化为一种道德的力量。

《文化大观》：是不是我们树立正确的财富观首先要做好修身？

王志民：是的。孟子讲"我善养吾浩然之气"，就是修身养性。孟子讲人生修养的基础是性善论，孟子提出了"四端"，即人应有的四种德行："恻隐之心，仁之端也；羞恶之心，义之端也；辞让之心，礼之端也；是非之心，智之端也"（《孟子·公孙丑上》）。孟子认为恻隐、羞恶、辞让、是非四种情感是仁义礼智的萌芽。

孟子认为人生下来以后就有一种天然的善性，一种好的本性。人一生当中要做的就是怎么保持住这善性，怎么修养好这种本性。

保持本性应长养浩然之气

《文化大观》：怎么保持自己的本性呢？

王志民：养性首先是要养气，养一种浩然之气。这个浩然之气就是能够充斥天地之间的，能够上对天、下对地的这样一种浩然正气。

我觉得他首先强调的是志向，就是要有人生的理想，才能够有志去修炼自己。所以孟子的确是想要排除那些邪恶的东西。从这个角度，人是能够做到舍利取义的。孟子曾说："故天将降大任于是人也，必先苦其心志，劳其筋骨，饿其体肤，空乏其身，行拂乱其所为，所以动心忍性，曾益其所不能。"（《孟子·告子下》）在志向的引领下，通过磨砺心性，坚韧意志，增强能力，人是能够做到让自己和老百姓过上富裕的生活的。这就是孟子思想当中给我们留下的宝贵的精神财富。

为什么要修德？
无恒产则无恒心

《文化大观》：孟子讲"无恒产，因无恒心"，是不是培育志向也需要有前提条件呢？

王志民：孟子认为"无恒产而有恒心者，惟士为能。若民，则无恒产，因无恒心。苟无恒心，放辟邪侈，无不为已"（《孟子·梁惠王上》）。如果是一般的老百姓，没有固定的产业，也就没有恒定的信念。如果没有恒定的信念，心境安定不下来，就会胡作非为，违法乱纪，什么事都干得出来。

《文化大观》：为什么"士"可以做到"无恒产而有恒心"呢？

王志民："士"就是德才兼备的，道德修养能够到一定程度的人。即使"士"很穷，也能有安定的心。这和颜回的"一箪食，一瓢饮，在陋巷，人不堪其忧，回也不改其乐"是一回事。只有修养提升了，思想境界超脱了，才能做到不管遇到什么情况，受到何种诱惑，都能有一颗安定的心。

我觉得"士"的恒心是指拥护统治者，或者拥护统一天下的这样一种心。因为他们已经有了一种高远的政治理想。我们今天也是这样，我们为了远大的奋斗目标，宁愿吃苦，宁愿牺牲生命，这和"士"的义利观是一样的。当然"才"也是非常重要的，只有以"才"作为支撑，"士"才有能力去追求自己的个人的理想。所以说，"士"是指德才兼备的人。

孔子向"后"看
孟子向"前"看

《文化大观》：在义利之辨的问题上，孟子和孔子有怎样的区别？

王志民：因为所处的时代不一样，孟子的站位更高。从春秋到战国，这就是差别。

孔子想恢复西周时期的国家秩序，而孟子的理想是建立一种新的国家秩序。孔子是面向过去的，春秋时期，孔子想把礼恢复到"普天之下，莫非王土。率土之滨，莫非王臣"，就是想恢复过去的那种理想的社会形态。而孟子是面向未来的。孟子想实现一个新的经验，他是向前看的。向前看就是一种对未来的理想，我们未来要建立一个什么样的国家。

《文化大观》：孟子所处的时代比孔子晚100多年，孟子有没有对孔子的思想进行延伸呢？

王志民：的确有。举例来说，在义和利的问题上，孔子更多的是从个人道德上来讲。孔子认为"富与贵，是人之所欲也；不以其道得之，不处也"（《论语·里仁》），如果富贵不是从正道得来的，就不能安享，应该安贫乐道。孟子发展了孔子的思想，他实际上提出了要老百姓富裕的问题。就是说，孔子主要从一个人的道德修养来谈义和利的问题，而孟子实际上已经从如何提升一个人的修养发展到怎么治理一个国家的问题。

更为透彻的"义利之辨"
孟子有很具体的方案

《文化大观》：与其他儒家的代表人物相比，孟子对义利之辨的论述是不是更为透彻一些？

王志民：是的，孟子的态度更鲜明。

孔子所说的"利"，就是物质利益，个人的金钱地位。而孟子提出的"利"有很具体的方案，包括"五亩之宅，树之以桑""百亩之田，勿夺其时"。他认为财富是通过劳动这个正当的途径获取的，通过国家给老百姓提供更好的条件让人们富裕起来。

我觉得孟子的"利"更多的关注点在于老百姓的富裕，所以孟子更多地考虑怎么治理国家，统一天下，从这个角度来考虑财富问题，利益问题。

所以我觉得孟子的确是按照未来的设想发展了孔子的思想。

我们谈财富也是围绕"仁"的核心来谈。孔子的思想核心，一个是"仁"，一个是"礼"。孟子继承了孔子"仁"的核心思想，并发展到了治国上。

二、战乱时代一整套民富国强的治国蓝图的诞生

一整套治国蓝图是如何设计出来的？

《文化大观》：孟子为什么会把关注点更多地放在治国理政上呢？

王志民：我觉得孟子是一个有政治理想，或者说是有梦想的思想家。《孟子》一书，系统地展现了孟子的梦想，真实地记载了他对梦想的不懈追求。他对未来天下的统一，设计了一整套治国的蓝图。从我们今天来看，就是民族未来怎么发展。

孟子是一个有梦想的人，从个人梦想的角度来讲就是要做个对平治天下有用的人，而仁政和王道思想，都是孟子治国的理想。

《文化大观》：孟子梦具体来讲是怎样的？

王志民：孟子的梦想，我觉得很重要的一点就是民富国强，天下统一。孟子把国家统一的落脚点落在了老百姓身上，民本思想贯彻到了孟子思想的方方面面。

战国时期，大国之间合纵连横相互争斗，在战争频繁的局面下，孟子的理想是统一天下。在这个时代，只有孟子设计了一个老百姓怎么富起来，过上富有的小康生活的蓝图。老百姓富起来，国家才能够富裕，国家富裕了以后，才能强大。

孟子提出了"保民而王"的思想，就是保护老百姓，让老百姓过上好日子。孟子在大国争夺和兼并土地战争很激烈的时候，就提出来真正能统一天下的还是得到老百姓拥护的君主。

孟子理想中的小康社会
藏富于民才能民富国强

《文化大观》：如何做到"保民而王"？

王志民：孟子认为"保民而王，莫之能御也。"（《孟子·梁惠王上》）

"保民"就是实行"仁政"。孟子讲："君不乡道，不志于仁，而求富之，是富桀也。"（《孟子·告子下》）君主不向往道德，无意于仁，却想让他富足，这等于让夏桀富足。

对于"仁政"的内涵，孟子做了较为丰富全面的解说，主要有以下几方面：

第一，"夫仁政，必自经界始。"（《孟子·滕文公上》）就是划分整理田界，丈量好土地，即实行井田制，每家农户有五亩之宅，百亩之田。

第二，孟子认为："易其田畴，薄其税敛，民可使富也。"（《孟子·尽心上》）孟子还讲了君王如果向百姓施行仁政，就要"省刑罚，薄税敛"，即不要滥用刑罚，不要搞苛捐杂税，要减轻人民负担。孟子认为低税收可以让人民生活富足，国家经济繁荣，并能吸引其他国家的百姓纷纷来移民。即《孟子·公孙丑上》所讲的：

> 市，廛而不征，法而不廛，则天下之商皆悦，而愿藏于其市矣；关，讥而不征，则天下之旅皆悦，而愿出于其路矣；耕者，助而不税，则天下之农皆悦，而愿耕于其野矣；廛，无夫里之布，则天下之民皆悦，而愿为之氓矣。

就是说，在市场，拨出房屋储藏货物却不征税，如果滞销还依法收购，那么天下的商人都愿意把货物存放在这个市场；关卡，只稽查而不收税，那么天下的旅客都愿意经过这里的道路；对种田人实行井田制，只助耕公田，不再收税，那么天下的农夫都愿意到这里的田野来耕种了；空宅空地，不征空置税，无业者也不派发劳役，那么天下的百姓都愿意到这里定居了。真正能够做到这五项，那么邻近国家的百姓都会举头仰望他，就像仰望父母一样了。

孟子认为"什一之税"是最理想的税制。在与宋国大夫戴盈之谈到税收话题的时候，戴盈之认为孟子提出的税收今年还做不到，提出明年做怎么样的设想。孟子以一个邻人偷鸡的故事来说服对方。有个人每天偷邻居家的鸡，有人告诉他说："这不是君子的做法。"他说："请让我减少一些，每个月偷一只鸡，等到来年，然后完全改正偷鸡的行为。"孟子认为如果知道做法不合道义，就应赶快停止不做，为什么还要等到来年？

第三，"老吾老，以及人之老，幼吾幼，以及人之幼，天下可运于掌。"（《孟子·梁惠王上》）就是让天下老人皆有所养，天下儿童皆有所育，天下就无敌了。儒家认为孝悌是为人之本，推己及人，怎么对待自己的父母、孩子，就怎么对待天下的父母、孩子。

孟子的治国梦，有明确的治国目标：反对战争掠夺，反对滥用刑罚，以民心向背为旨归；孟子的治国梦，有具体的"保民"措施：保土地，保富足，爱惜生命，敬老抚幼；孟子的治国梦还有鲜明的路线图：由一国之治到统一天下。这对当时一心靠武力灭六国得天下的有为大国之君，是一个充满诱惑力的梦想。

《文化大观》：怎么理解孟子所要实行的"仁政"呢？

王志民：《孟子》一书中多次提到了"仁政"："行仁政而王，莫之能御也"（《孟子·公孙丑上》）"万乘之国行仁政，民之悦之，犹解倒悬也""尧、舜之道，不以仁政，不能平治天下"（《孟子·离娄上》）。

什么叫"仁"？就是"己所不欲，勿施于人"，自己不想做的事情，不要强制别人。孔子讲"仁爱，爱人"，孔子的"仁"主要还是希望人们要提升道德修养。

孟子的"仁政"主要体现在从治国的角度爱护老百姓。孟子和齐宣王的一段对话能够很好地解释这一点。齐宣王向孟子请教王道："像我这样的人，可以保养百姓吗？"孟子说："能。"宣王说："根据什么得知我能够做到呢？"

孟子说："我听胡龁说，大王坐在殿堂上，有人牵着牛从殿下走过。大王不忍心看到它那哆哆嗦嗦的样子就让人把牛放了。"孟子说："我知道你是出于不忍之心。"不忍之心就是恻隐之心，然后孟子就表扬齐宣王"是心足以王矣"。既然你对这牲畜都这么仁慈，对老百姓怎么能不仁慈呢？孟子之所以认为齐宣王是可以保民而王的，是因为他知道齐宣王有不忍之心，这个不忍之心就是王道仁政的根据。

《文化大观》：如何让老百姓过上富足的生活呢？

王志民：就是《孟子·梁惠王上》中讲的"五亩之宅，树之以桑，五十者可以衣帛矣。鸡豚狗彘之畜，无失其时，七十者可以食肉矣。百亩之田，勿夺其时，八口之家可以无饥矣"。老百姓要有稳定的田地，一定的经济来源。每家都有五亩地的宅院，院里种满桑树，五十岁以上的人就可以穿上丝绵衣了。鸡、狗和猪的畜养，不要耽误繁殖的时机，七十岁以上的人就可以有肉吃了。每家都有百亩田地，不耽误农时，八口之家就可以吃饱肚子了。这样，百姓的生活就富裕起来了。

孟子认为百姓先富起来，国家才能统一和强大。结合我们现代化国家的发展，首先要发展经济，让老百姓富裕，才能使国家进入到一个更好的发展状态之中。我们现在提站起来、富起来、强起来，是有道理的，只有富起来才能强起来，这跟优秀传统文化是一脉相承的。

《文化大观》：孟子为什么会提"五亩之宅，树之以桑"这样一个很具体的设想？

王志民：根据"有恒产则有恒心"这个思想，孟子主要还是从怎么统一天下，让老百姓都拥护的角度来提的。让老百姓安居乐业，首先要有恒产，就是我们今天讲的有稳定的收入和资产。有稳定的收入才有安定的人心，有安定的人心才能够拥护国君，国家才能稳定，国家稳定，才能走向富强。否则等到他们犯了罪，就加以处罚，这相当于陷害。"及陷于罪，然后从而刑之，是罔民也。焉有仁人在位罔民而可为也？"哪有仁爱的人坐了朝廷之位却做出陷害老百姓的事呢?

所以孟子在后面又讲: "是故明君制民之产,必使仰足以事父母,俯足以畜妻子,乐岁终身饱,凶年免于死亡;然后驱而之善,故民之从之也轻。今也制民之产,仰不足以事父母,俯不足以畜妻子;乐岁终身苦,凶年不免于死亡。此惟救死而恐不赡,奚暇治礼义哉?" (《孟子·梁惠王上》) 英明的君主规定人们的产业,一定要使他们上足以赡养父母,下足以抚养妻儿;好年成一年到头吃得饱,坏年成也不至于饿死或逃亡;然后驱使他们往善良的路上走,这样老百姓要听从教导也容易。

我觉得孟子最早提出了这样一个藏富于民的思想。

打好物质基础
还要提升精神文明

《文化大观》:在生活富足的基础上,还要注意哪些方面?

王志民:在这个基础上孟子还提到了教育的问题: "谨庠序之教,申之以孝悌之义,颁白者不负戴于道路矣。" (《孟子·梁惠王上》) 就是说,百姓不但要有物质财富,还得办学校对他们进行教育,反复地用孝顺父母敬爱兄长的道理教育他们,那么,须发斑白的老人也就用不着背负、头顶着重物奔波于道路上了。

物质基础打好了,社会的精神文明才能提升。只有把物质文明和精神文明建设结合起来,这个国家才有希望,天下才能统一。这就是富和强的关系,"富"首先是老百姓富,然后国家才能富裕;在物质财富的基础上有良好的道德文化,国民的素质就提高了,国家才能够富强;国家富强,才能统一天下。这就形成了孟子的小康社会的这样一种理想。所以,从治国到统一天下,孟子有一整套的理论。

《文化大观》：就是说，百姓丰衣足食之后才能提升整个国家的道德文明。

王志民：是的。我觉得从孟子的思想当中我们能受到一个启发：我们今天既要加快经济建设，又要抓好中华优秀传统文化的传承弘扬工作。

在当前新冠肺炎疫情及国际形势剧烈变化的情况之下，我们尽量要"稳增长"。只有每年的经济都有稳步的提升和发展，才能够过上更加文明的生活。所以增加老百姓的财富是一个国家走向文明，建设一个更加文明的现代化国家的经济基础。没有这个深厚的经济基础，没有相当的财富的积累，就很难进入一个真正文明的现代化的社会。

古今中外

《孟子》为什么影响这么大？

《文化大观》：是否因为孟子深切关注国计民生，《孟子》一书才为后世推崇备至？

王志民：宋代以后，《孟子》一书对后世的影响很大。《孟子》作为四书之一，代表了儒家一种面向未来的奋斗意识，努力方向以及实现未来的宏伟蓝图的一个目标。

孟子两千多年前就提出来，天下要统一，统一了之后通过什么样的途径实现梦想，他说得也很具体。一方面，孟子指明了要走一条合乎义的正路来获取财富；另一方面，孟子从实行仁政的角度来考虑财富的问题，让老百姓过上富裕的日子。孟子的思想，对我们今天来讲，它就更有启发和借鉴意义。

《文化大观》：与同时代的西方的思想家相比，孟子的思想有何特别之处？

王志民：孟子时代，正处于雅思贝尔斯所说的轴心时代。当时在中国出现了稷下学宫，孟子和荀子两位儒学大师都在这里待过很长时间。柏拉图和亚里士多德是这个时期古希腊著名的哲学家。

孟子与柏拉图都认识到追求财富是人的本性,强调物质财富的基础地位,不同之处在于"财"与"德"哪一个放在首位的问题。

当时,西方主要是城邦制度,希腊半岛上是海洋文明。西方比较注重物质利益,主要还是讲怎么获取更多的财富。西方讲资本积累,资本主义在西方产生与其文化土壤是有关系的。因而物质财富问题是他们首先考虑的。

而以中国为主的东方文化,讲求以德治国。儒家提倡修身齐家治国,是从修身开始才讲到治国。中国当时是农业社会,比较注重的是怎么让老百姓获取土地,有了土地就能耕种、养殖,就有了财富。我们首先考虑的是合不合乎道,义在第一位,利在第二位。追求财富,也必须是义字当头,我觉得这是东西方文化一个很重要的差别。

孟子的思想对中国的历史文化产生了深刻影响,对韩国、日本等东亚国家也有广泛影响。近现代以来,很多学者结合西方的人文社会科学对孟子思想进行了新的发挥与诠释,使得孟子学走向世界,得到了新的发展。

三、孟子思想从何处来，向何处去？

时代赋予的使命和梦想

《文化大观》：孟子为什么会提出这样的思想？

王志民：这跟孟子的个人梦想有关。

一是孟子最崇拜孔子，一生立志做孔子那样的人。他不止一次表达说："乃所愿，则学孔子也。"孔子本身就是一个胸怀天下的人，他的理想就是克己复礼，恢复天下统一的状态。孟子以孔子之后中华文化的传人自居，立志传承道统，发扬光大。孟子从孔子那里吸取了很多精神和力量。

二是孟子以尧舜为榜样，立志做平治天下、大有作为之人。他明确表白自己的责任："如欲平治天下，当今之世，舍我其谁？"孟子一生敬民爱民，最大的梦想就是立足现实救人民于水火之中。他提出"民为贵，社稷次之，君为轻"，也是对他人生梦想的一个很好注脚。

三是孟子想做有浩然之气、有高尚人格的"大丈夫"。他要做能"动心忍性""生于忧患，死于安乐"，有"浩然"之气的君子人格的大丈夫。他以"舜发于畎亩之中"及傅说、管仲、孙叔敖等先圣先哲为例，对自己提出了严格的要求。[①]

《文化大观》：孟子之所以形成这样完善的一整套的思想，是不是与他的一些特殊的经历也有关系？

王志民：孟子之所以达到这个境界，我觉得可能有多个方面的原因。

一个方面就是他从小接受了很好的教育。孟子的母亲特别注重对孟子的

儒家 财富 之 道 说

教育，孟母三迁的故事很有名。据孟母三迁的记载，孟母最后把家迁至学宫旁，这个学宫就是子思讲堂。孟母三迁奠定了孟子与子思之间的渊源，使得孟子得到子思一派的思想传承。山东省邹城市至今还有很多纪念孟母和孟子的建筑和文物，如三迁祠、子思学宫等。

另一个方面是时代赋予当时知识分子的历史使命。这与当时的国际形势是有关系的。当时的社会是天下分裂的状态，各个国家的国君都很尊崇知识分子。和孔子周游列国时不一样，孟子到哪个国家，哪个国家的国君都会欢迎他。孟子还曾是稷下学宫极盛时期的领袖人物。为什么战国时代尊重知识，尊重人才？因为有了人才，这个国家才能够有统一天下的希望。所以当时的政治气氛就是各个国家的国君都在争夺人才，知识分子的地位很高。在这么一个氛围之下，孟子有一种"天下兴亡，匹夫有责"的历史责任感，他就提出了以仁政来统一天下的思想，他有机会跟国君讨论怎么统一天下。孟子周游列国二十年，在各国奔走呼号，他的目的只有一个，就是让天下统一。老百姓在这种分裂的局面下，苦之久矣，所以他想结束这个状况。

我觉得其他的知识分子在考虑统一天下的时候，没有孟子想得那么多，或者没有孟子考虑得那么系统。孟子有一整套的梦想，这个梦想是非常具体的，可以说孟子在他所处的时代达到了一个最高的思想境界。

富国裕民之方从何而来？

《文化大观》：孟子的一生都在探索使百姓富足，国家强大的途径与方法，齐鲁文化对孟子思想的形成产生了怎样的影响？

王志民：孟子生长与游历的齐鲁地区是战国时代的文化重心，对其影响深远。

孟子出生于邹国。孟子一生绝大部分时间是在邹国度过的，从孟母三迁教子到孟子成年后"始而设教，继而周游，终而归老"，邹文化的影响，几乎伴随孟子的一生。孟子思想的形成应该也与邹文化有密切联系。从现有历史文献考察，我认为其主体思想"仁政"的形成，与邹国文化传统具有直接关系。战国之邹，附庸鲁国，国小力薄，但在文化上却始终保持了夷人的文化传统。

孔子故乡鲁国，既是儒家发源地又是孔门弟子及后学聚居讲学之所，这对孟子产生了极大的文化吸引力。孟子为鲁国公族孟孙氏的后裔，与鲁国有一种血缘的亲情，孟子葬母于鲁，曾住鲁守丧三年；孟子为子思门人的弟子，系统接受过儒学教育；孟子一生崇拜孔子，以孔子继承人自居，以传播孔学为己任，这都反映出鲁文化对孟子的培育和思想上的巨大影响。

除邹、鲁之外，对孟子影响最大的诸侯国当属齐国。孟子与齐国的关系也是非常紧密的。《孟子》七篇里，很多精彩的篇章，是孟子跟齐宣王、齐人的对话。在周游列国的二十年中，孟子在齐国停留的时间最长。从齐国国相管仲提出的"宽政役，敬百姓""省刑罚，薄赋税""仓廪实则知礼节，衣食足则知荣辱"，晏婴主张的"君民者，岂以陵民，社稷是主"等，可见孟子对齐文化思想的吸收与继承。孟子实现"保民而王"、统一天下的抱负，最寄予厚望的也是齐国。孟子在齐国得到很高的礼遇，先为宾师，后封为卿，地位很高。孟子在齐国的稷下学宫中大量吸收各派的观点，丰富发展了自己的学说，推动了儒学理论的发展和儒家学派队伍的发展壮大，提升了齐鲁文化的"重心"地位，促进了齐鲁文化的融合发展。

《文化大观》：齐鲁文化是培育孟子思想的沃土，孟子对齐鲁文化的提升起到了怎样的作用呢？

王志民：首先是对齐鲁文化"重心"地位的提升。齐鲁是中华文明最早的发源地之一。商周以来，齐鲁是中华文明发展的"重心"所在。齐鲁的"重心"地位，在战国时期，是以"邹鲁之风"与"稷下气象"为主要支撑的，而这两点都突显出孟子的贡献。孟子对邹鲁之风的提升首先表现在他对儒学颓势的挽救。邹鲁之风，在战国秦汉及以后漫长的历史岁月中，对中华文化的发展产生了深远影响。孟子在齐助推稷下学术发展，进一步巩固了稷下百家争鸣治之中心的地位。

其次是促进齐鲁文化融合为二元一体的进程。齐鲁文化，从文化结构上是二元的，即指齐与鲁是两支从渊源形成到文化形态都有很大差别、各具特色的文化。但在春秋战国时期，两支文化交汇融合，形成了一支形象趋于一致、结构仍存二元的齐鲁文化圈。孟子在这一过程中，从三个方面起到了促进作用：一是大力推行仁政主张，使儒学从诸子之学术走进了庙堂，成为政治家的治术议题；二是在与齐人及稷下先生的交流融合和辨析中，推动儒学进一步丰富发展，使之更加适应时代和历史发展的要求；三是大量招收齐人为其生徒，壮大了齐人中儒家学派的组织力量。[①]

黄河文化培育出了诸子百家

《文化大观》：孟子曾游历过很多国家，这些国家对孟子的思想的形成是否产生了影响？

王志民：孟子周游列国二十年，先后到过齐、宋、鲁、滕、梁诸国，主要是在黄河流域活动。

在中国古代文明的发展中，黄河文化是最有代表性、最具影响力的主体文化。黄河是中华文化的发祥地和华夏文明的摇篮。黄河文化是中华民族的"根"与"魂"。春秋战国时期，儒家、道家、墨家、法家、名家、兵家、纵横家、杂家等思想流派在沿黄地区大放异彩，出现了《老子》《庄子》《论语》《孟子》《韩非子》等思想巨著。可以说，黄河文化培育出了诸子百家。

齐鲁文化是黄河文化的下游。春秋战国时期，各国分裂割据，为黄河流域各地域性文化的发展提供了契机，秦文化、三晋文化、齐文化、鲁文化繁

---

① 王志民：《齐鲁文化与中华文明——王志民学术讲演录》，人民出版社 2015 年版，第197—199 页。

荣发展，齐鲁文化在其中处于重要地位。

孟子思想、齐鲁文化与黄河文化有着紧密的关联。儒家文化实际上是黄河文化培育出来的。孔子的祖籍在宋国，他最推崇周公，周文化就在渭水一带，渭水是黄河的重要支流，属于黄河流域。孟子推崇尧舜和夏商周三代，这几个朝代的中心都在黄河流域。黄河文化的根在哪里？就在尧舜时期和夏商周三代。

四、孟子梦的时代价值
灵魂拷问：积累财富，为了什么？

面对财富诱惑
要知道哪些能做，哪些不能做

《文化大观》：我们今天还能从孟子那里得到什么启发？

王志民：在义和利发生冲突的时候，孟子是选择舍生取义的。这一点是孟子给我们后人的一个很重要的启示。我们今天弘扬中华优秀传统文化，很重要的一点就是学习孟子的这种精神。

中国人向来对不择手段地攫取财富是非常不齿的。儒家的孝悌忠信，礼义廉耻，就是引导我们走正路。面对财富诱惑，我们要知道哪些是能做的，哪些是不能做的。所以我们今天应该从孟子的义利观中汲取一种正能量。

孟子主张节俭，反对浪费奢侈。社会财富的增加，既要开源也要节流："易其田畴，薄其税敛，民可使富也。食之以时，用之以礼，财不可胜用也。"（《孟子·尽心上》）

孟子还主张尊重客观规律，注重保护生态："不违农时，谷不可胜食也；数罟不入洿池，鱼鳖不可胜食也；斧斤以时入山林，材木不可胜用也。谷与鱼鳖不可胜食，材木不可胜用，是使民养生丧死无憾也。"（《孟子·梁惠王上》）不违背农时，粮食就吃不完；不用太过细密的网到池塘去捕鱼，鱼鳖就吃不完；砍伐树木有固定的时间，木材也就用不尽。粮食和鱼鳖吃不完，木材用不尽，这样就使老百姓对生养死葬没有遗憾了。

积累财富，为了什么？
企业发展的灵魂拷问

《文化大观》：当今企业的发展应该怎样从孟子的义利观中汲取智慧？

王志民：企业发展经济，也要走正路。我觉得一个企业真正能够行稳致远，还是得把道德放在首位，就是在"义"和"利"的问题上把"义"放在第一位。千方百计、不择手段地去谋取财富，或许会在一时一地得到利益，很难有更长久的发展。

孟子对不合乎自己理想的财富是拒绝的。作为诸侯国国君的座上宾，孟子经常会收到大量的礼物。齐国使者给孟子带来了赤金100镒，说这是齐王仰慕孟子大名的一点心意。赤金100镒就是黄金两千两。薛国的国君也出手不凡，给孟子送了50镒金子，说这是薛王对孟子在薛国发生兵难时的帮助表示的一点心意。孟子看到之后，拒绝了齐国的好意，而收下了薛国的礼物。孟子的弟子感到很疑惑，就问道："齐王送来金子拒收，薛王送的只有齐王的一半，您却收了，这是为什么呢？"孟子说："在薛国，我帮他们平息了一场战争，算是有功之人，应当收。我没为齐国做事立功，怎么能随随便便收人家的金子呢？所以拒绝了。"

《文化大观》：当今企业的发展，需要考虑哪些方面呢？

王志民：当今企业的发展，既要考虑自身财富的增长，同时还要考虑国家的发展。企业财富的积累和获利是否对国家有利？我们为什么要说一个企业的发展必须建立在科技创新的基础上，这不就是正路吗？在科技创新的基础上，获取的财富越多，对国家越有利。

另外，还要考虑老百姓，考虑人民，考虑群众。我们积累财富，是为了什么？孟子的答案是——为了让老百姓都过上好日子。企业获取的这些财富，对广大群众，对他们的生活，做了什么样的贡献？在这个问题上，企业选择的道路有所不同。现在有些企业通过制造和生产一些低级趣味的东西来吸引老百姓，谋取利益；有些企业为了迎合一些人的低级趣味传播一些低俗的信息，靠点击量获取财富。我觉得国家应该采取一些措施，对企业进行正向的引导，鼓励科技创新。有的企业对员工的才能与道德素质有一整套的要求，能够建立良好的道德风气来提升广大员工的凝聚力。

孟子梦的时代价值
个人梦如何与国家梦有机结合？

《文化大观》：孟子梦在当今有怎样的时代价值？

王志民：中华优秀传统文化的时代价值中，第一条是讲仁爱，第二条是重民本，这两条恰恰与孟子思想有着特别直接的关系。

孟子梦的精神实质，与实现民族复兴的中国梦是一脉相承的。当代中国梦的具体体现，实际上也有三个层面的内容：国家怎么实现、社会怎么实现、个人怎么贡献。孟子之梦想最可贵的地方在于：它是把国家的梦、社会的梦和个人价值实现的梦，有机地结合在了一起。我们今天实现中国梦，也应该将实现国家富强、民族复兴、社会繁荣富足的梦，与我们实现个人价值的梦紧密结合在一起。

从个人层面来讲，孟子对梦想的执着追求，不懈努力的精神非常值得我们学习。孟子周游列国二十年，到处宣传自己的梦想。孟子在宣传自身梦想的时候，很注重提出具体的理想图景和实现措施，如制民之产、生态保护等都是其具体的内容。孟子通过"辩"来战胜自我，战胜困难，说服他人，在理想与现实之间发生冲突之时，积极探索实现梦想之路不停步。

为了实现梦想，孟子还对修身提出了很高的要求。孟子做到了对人对己、在内在外的一致。他提出了养心、养性、养气、养身的主张，意在不断地提升自己。他认为，只有提升自己的个人素质，才能去实现善济天下之人的梦想。孟子的大丈夫精神，做人的品格和追求，体现了一种人格的崇高美，值得后人去继承、发扬。

孟子之伟大，在于其人格的伟大、境界的高远、梦想的超群。孟子在追求梦想中的所作所为、一言一行，展现出中华民族一种伟大的精神力量，对于今天我们实现中华民族伟大复兴的中国梦，是一种激人奋进的恒久动力。

张新民：

贵州贵阳人，1950年生。贵州大学中国文化书院教授兼荣誉院长。

国际儒学联合会理事、尼山世界儒学中心学术委员会委员、中国孔子基金会学术委员会委员、贵州省儒学研究会会长。

撰有《中华典籍与学术文化》《阳明精粹·哲思探微》《儒学的返本与开新》《存在与体悟（演讲·对话·讨论）》等多种专著，主编《黔灵丛书》《天柱文书》，整理古籍十余种。

求"财"需破心中贼

——透过阳明心学看财富人生

人生在世，不仅要积极探求外部的物质世界，也要向内关照自己生命的本真世界。人的思想会随着时代的变化而不断地传承与发展。儒学思想传承数千年，循着历史长河的流淌，到了宋明时期，儒学会有怎样的发展与变化？

吸收了儒释道三家智慧的阳明心学如何给人以精神的指引？"自孔孟以来，未有若此深切著明者也。""王学绝非独善其身之学。而救时良药，未有切于是者。"……一代代的学者对阳明心学给出了高度的评价。在社会应用方面，将阳明心学应用于现代企业管理的稻盛和夫，以此缔造了两家"世界500强"企业。王阳明不仅创建了心学思想，还是中国历史上为数不多的"三不朽"人物之一，被称为"真三不朽"。何谓"三不朽"？"立德"是树立高尚的道德，"立功"是为国为民建立功绩，"立言"是提出具有真知灼见的言论。

认识世界，才能改造世界。一位道德、功业、文章冠绝千古的儒者如何带领我们开启财富人生？张新民教授从王阳明的"立德""立言""立功"、致良知、阳明心学在修身与修心方面的指引作用以及知行合一等方面对此话题进行了解读。

一、"立德""立言""立功"与财富的碰撞

> "真三不朽"是如何炼成的？

《文化大观》：财富是当今时代人人关注的话题，王阳明作为集立德、立功、立言于一身的"真三不朽"圣人，他的思想对我们树立正确的财富观、价值观有怎样的作用？

张新民：中国有几千年的历史文化的发展，人才辈出，代有豪杰，但能同时做到"立德""立言""立功"三不朽的，应是旷世难寻。王阳明就是其中少数几个"真三不朽"的大儒。

他不仅开创了一个极为重要的心学时代，而且凭借平定宸濠之乱的功绩，缓解了明王朝内部深刻的政治危机，同时以一套实践性很强的独特的良知学说来拯救社会危机，宛如在夜空中划出一道闪亮的人性光辉，发出了震荡山谷般的人性启蒙的巨大回响，可以说是道德、功业、文章冠绝千古，对世道人心产生了深刻的影响。

他做京官的时间并不长，尽管官位有起伏升降的变化，但长期都在地方行政体制上任职，未必有与财富观直接相关的论述。不过，也不能说他就完全没有自己的思考，比如他强调"四民异业而同道"，认为"士"的要务在"修治"，"农"的劳作在"具养"，"工"的工作在"利器"，商的活动在"通货"，尽管分工不同，但只要各尽其心，按照自己的资质分途从业，都是有益于社会发展需要的"生人之道"，都一样可以迈入成圣成贤的理想大道。可见他尽管关心士、农两个社会传统中心阶层，但也决不忽视工、商两个社会新型边缘阶层，并特别指出"工商以其尽心于利器通货者，而修治具养，犹其工与商也"。严格意义上讲，他们都是社会不同财富（精神财富与物质财富）的生产者与创造者，并没有高低贵贱的身份等级区别。

他讲的"生人之道"，当然离不开物质生活资源的开发、生产、积累和发展。因此，他主张政府要"节民财""宽民力"，做到"视官事如家事，惜民财如己财"，从而"役不逾时而成坚久之绩，费不扰民而有节省之美"。面对老百姓正当的利益诉求和财富积累设想，他显然是十分赞同并积极鼓励的。

《文化大观》：王阳明是一个怎样的人，为什么能获得"真三不朽"这样的成就？

张新民：王阳明的本名是王守仁，因筑室阳明洞中修导引术，人称阳明先生。除了为大众熟知的"真三不朽"外，今人还多称他为杰出的思想家、文学家、军事家、教育家。但我更愿意说他是一个始终不渝的求道、悟道、行道、传道者，是一个真正的"朝闻道，夕死可矣"的真理追求者。

他的出身并不平凡，父亲王华是状元，家世自此开始显赫，他自己也是进士。早在十几岁的时候，他就对人生有了深度思考，时常出语惊人，令人刮目相看。在与书塾先生讨论何为天下最要紧之事时，他认为科举并非人生第一等事，成圣成贤才是天下最要紧的事。可见他的精神向往与价值选择，很早就与一般追求世俗功名的人大不相同。

受明英宗被蒙古瓦剌部所俘事件的影响，他发誓一定要学好兵法，为国效忠。他十五岁就屡次上书皇帝，献策平定地方民乱。他是集豪迈与儒雅于一身的人物，是历史上难得罕见的文武全才。

他三十多岁时，因触怒宦官刘瑾，被贬至贵州宣慰司辖下的龙场。在贵州由于天时、地利等各种原因最终促成了他经历一生最重要的悟道。他的悟道，虽得益于天时、地利（包括特殊时代的锤炼和地缘生活的磨砺），但更重要的是他个人心路历程的艰难跋涉。一个人是否能悟道，固然与外部环境的影响或时代氛围的刺激有关，但是自己对终极问题的好奇探问与不断如实践行显然更为重要。

他经过艰难的精神跋涉路程，包括生与死的边际极限体验，通过一系列动心忍性的功夫，终于在贵州龙场悟道。他的一些核心理论观念就是在龙场产生的，比如"心即理""知行合一"等，这些都是以后思想深入发展不可忽视的早期理论基石。①

稳定的社会秩序的建设是创造财富的前提

《文化大观》：除了在军政方面立下功劳，王阳明多次主政一方。为官的过程中，他是如何对当地进行治理的？

张新民：王阳明在巡抚江西南安、赣州，以及福建汀州、漳州等地时，提出了较为系统的乡约思想，并积极推行《南赣乡约》。《南赣乡约》以明德亲民、知行合一、致良知等思想为理论预设，提倡父慈子孝、兄友弟恭、夫和妇随、和顺乡里、死丧相助。实际就是以儒家一贯主张的教化思想为主导，开展了一系列的秩序建构工作，同时也不能不说是其心学思想在"觉民行道"方面的社会化具体化实践，从而有力地推动了地方社会秩序的治理并淳化了乡民的礼俗风规生活制度。

《文化大观》：为什么王阳明要通过推行乡约的形式对当地进行治理呢？

张新民：儒家精英的秩序建构思想是扎根在天然本有的血缘关系上的。血缘引发的情感是最天然的情感，同时也是秩序建构最本源的基础。例如，子女对父母的孝道，以血缘关系来架构或升华家庭秩序，使血缘关系之外又多了一重道德秩序。如果把家庭秩序一步步扩大，变成乡村治理秩序，以乡村秩序为土壤，再进一步扩大为国家秩序，甚至将上述秩序合为一体治理天下，从而整个人类都以道义与公平为原则相互联结起来，最终则是实现"明明德于天下"的终极理想目的诉求。

血缘秩序既然是最天然的秩序，民间社会以此来架构其最基本的伦理，

① 张新民，王胜军，王进：《博学通识是为大儒——贵州大学中国文化书院荣誉院长张新民先生访谈录》，《贵州文史丛刊》，2019 年第 4 期。

又以此基本伦理为前提，形成了家族社会、宗法社会、乡族社会或乡土社会最根本的结构形态，其内部亦必然有一套透过长期历史进程形成的制度化习俗。而凭借现实的政治关怀眼光客观如实地进行观察，便会发现地方习俗往往良莠混杂，因此王阳明才在《南赣乡约》中特别强调："'蓬生麻中，不扶而直；白沙在泥，不染而黑。'民俗之善恶，岂不由于积习使然哉！"与朱子的《增损吕氏乡约》类似，他显然也是以地方固有的血缘宗法秩序为基础，通过人人参与其中的乡约形式，来进一步强化地方民众的习惯法礼俗制度，使民"成良善之民"，俗"成仁厚之俗"，从而达致地方自治秩序朝着良善化方向发展的政治治理目的。

　　《文化大观》：历来儒家学者都是以风俗的厚薄来衡量地方社会政治秩序的好坏的吗？

　　张新民：是的，血缘秩序的"亲亲"原则优位于政治秩序的"尊尊"原则，也长期为不少儒家学者所坚守。"亲亲"原则重视共同血缘关系的凝聚作用，强调生命是一代代地传下去的，甚至整个华夏民族也可追溯其远祖至黄帝，从修身齐家到治国平天下，齐家是非常重要的一个中间环节。这就形成了社会交往生活中不可或缺的内部凝聚力量，民族历史文化发展所必需的认同感，有了产生自动自发社会秩序的可能性。人的存在总是离不开父母、爱人、子女、兄弟、朋友的关系，天下的人都在一个又一个由小变大的关系网络中共生，人是要与人打交道并建立人伦情理关系的社会化的人，人绝不是西方哲学意义上的原子式的孤单的存在，而是可以修身齐家建立秩序，并与他人和谐相处的群体性存在。

　　透过乡约习惯法制度来建构地方秩序，显然是一种自动自发高度自治的社会秩序。学者秦晖的《传统中华帝国的乡村基层控制》将其总结为："国权不下县，县下惟宗族，宗族皆自治，自治靠伦理，伦理靠乡绅。"就地方社会来讲，完全是一种自发的秩序化社会，它并不需要依靠外部的行政命令来强制性地进行管理，反而是依靠内部自然产生的习惯法自治机制来进行有效合理的运作。所谓精英式权威，即乡贤、乡绅或宗族族长一类的人物，他们通常都是以一种充满了情理意味的习惯法管理方式来维系或推动地方社会秩序的正常运作。

《文化大观》：是不是百姓积累财富，首先需要有一个稳定的社会环境？

张新民：是的。王阳明讲"明明德"和"亲民"，讲"仁者以万物为一体"，都必须与人的行为世界及对象世界相连，都希望能具体落实于人间社会并转化为秩序建构的思想资源。

秩序是稳定的正常的社会生活的基本前提，否则，你今天通过正当的劳作有了报酬或财富，明天就被人毫无理由地抢走了，整个社会完全处于混乱无序的状态，还谈得上人的生存发展和社会福祉吗？社会秩序的建设是创造财富的最重要的前提，但所谓秩序一定是社会自动自发地认同和遵守所形成的。财富来源于社会又回归社会，显示了社会生活的常理，代表了社会大众的正当诉求，是一种人们心悦诚服互通有无的秩序化社会。秩序化的良性互动社会，无论其交往规模是大是小，社会生活的需求是多是寡，都必定有精英式的权威发挥引领风气的作用。良序化的社会必定是一个充满了道德或道义的有文化的社会，它能有效地防范社会的野蛮化或丛林化，儒家就是稳定正当的价值系统的创造者和提供者。

儒家认为改造社会必须基于共同的秩序原则，如果将个人的修身及齐家视为良善的微型革命的话，那么治国平天下就当是巨型革命了，二者的目的都在建立良善的人间社会秩序。普通个体固然未必人人都能做出翻天覆地改造社会的巨型革命事业，但却完全能够以自我修身的微型革命方式来改造自己并影响他人。尤其是以身教的行为方式引导他人，由个人而家庭，由家庭而社会，由社会而国家，由国家而天下，一步一步地推动扩大影响范围，微型革命的意义作用绝不可轻易忽视。反过来，由天下而国家，由国家而社会，由社会而家庭，由家庭而个人，影响范围再大也决不遗弃任何个体，巨型革命与微型革命也是可以各自发挥互补性优势的。

王阳明重视心或良知的作用，而心或良知是不离每一个体的。以此为前提，每一个体都有自我拯救的可能，他当然就不能不关心涉及个体或家庭的微型革命，但他同时也重视社会公共秩序的建构。移风易俗就不能缺少大众的参与，因而他也从不忽视涉及社会广大层面的巨型革命。

田园牧歌式的社会是怎样的？
在乡规民约作用下财富分配会自然调整

《文化大观》：为什么乡约能起到稳定社会秩序的作用呢？

张新民：乡村社会是传统中国民众的经济基础和生活基础，国家也是以乡俗社会为基础建立起来的，始终具有农耕文明的特点。各地的民风习俗差异很大，因而"因其俗、制其宜"作为一种基本的治理方略，不必机械地强求统一，就显得十分重要。换句话说，国家法系的统一制定固然必要，但地方性的习惯法也值得尊重。乡规民约就是习惯法或民间法的一种制度化体现，不需要政府高成本的权力干预或硬性强加，日常生活中人人都会自觉遵循，能够有效稳定地方社会秩序，当然就有利于社会经济的发展。

就传统中国的乡村社会而言，无论租佃还是典卖，乡民都有一种信任体系约束下的协商自由，纯粹的欺压强占或巧取豪夺并非社会的常态。正常的协商约束工具就是契约，当然也包括更大乡村群体共同制定的乡规民约，一般都出于自愿原则，为当事人所认同。严格地讲，自治的最好方法是什么呢？当然就是大家自动自发地制定人人必需自觉遵循的公约。乡规民约的制定其实就是社会良性自治秩序形成的表现，是自动自发秩序相互协商和认同所产生的社会文化成果，即使政府不去有效干预，乡村社会也能有序运行。财富的流转分配或交换积累，也必须在一个有序的社会文化框架内，才能合理正常地运作和互通有无地灵活流转。

《文化大观》：在这个区域范围内，财富分配为什么会自然调整和流转？

张新民：乡民相互协商签订契约，如果是一种经济行为，往往都意味着是一种相互满足对方利益需求的交换。交换即是一种互通有无的经济行为，其背后自然有财富的调整流通或转移分配。但人并非都是赤裸裸的利益者，利益的诉求总是与道义的诉求同时并存。《南赣乡约》就特别提到要"死丧相助，患难相恤，善相劝勉，恶相告诫，息讼罢争，讲信修睦，务为良善之民，共成仁厚之俗"。如同任何社会都有一套信用体系一样，与其相应的还有一套公平体系。如果信用体系与公平体系都解体了，社会就会爆发紊乱崩溃的危机，结果便是人人的利益受损，于是便会有一批精英人物代表民众来重建秩序。国无信则乱必至，是当时社会普遍的共识，因而儒家特别重视乡村社会修睦之教的工作，"讲信修睦"是先秦儒家提出来的稳定社会秩序的原则，适当地平衡贫富之间的差距也是儒家一贯的主张。

中国历史发展几千年，朝代不断更迭替换，但基本的社会结构仍然十分稳定。即使新朝取代旧朝发生了激烈的政治变动，乡村社会仍一如既往少有改变。传统中国是一个士、农、工、商四民分层的社会，大不同于西方阶级明显分化并激烈对抗的社会状况。如果不是西方外来刺激力量的猛烈冲击，现在的中国可能还是一个田园牧歌式的社会。以现代性的眼光来看似乎很落后，但不以现代性的眼光看似乎又很美好。我并非有意反对或批判现代性，只是认为现代性不是衡量事物好坏的唯一标准。人类福祉的争取、创造、实现和满足是需要多方面的条件的，我们需要立足于更加整体而全面的视域来寻找问题解决的方案。

"度"的哲学意义
自治社会也要走中道

《文化大观》：自治社会也要考虑平衡百姓财富和国家财富的问题，可否进一步说明或阐发呢？

张新民：由于人的勤惰奢俭及智力高下、机会大小等等多种内外因素的作用，自治社会也会形成一定的贫富差距，并非就意味着阶级对立意义上的不平等或不合理。但我们也要看到自治社会往往存在着互助机制，比如乡村随处可见的养老田或助学田的大量存在，以及"有钱出钱、有力出力"协商参与的合作性公益事业的屡见不鲜，尤其是乐善好施、济困救贫等道义行为的长期流行，都说明自治社会内部是存在着平衡财富分配，促进社会运作秩序朝着和谐稳定方向发展的机制的。

无论国富民穷或国穷民富，只要走向远离中道的极端，都会影响社会人群的整体利益。正确的方法是在二者之间走一条中道，也就是儒家一贯强调的"扣其两端而中"。毕竟国家穷了办不成大事，国家的富裕也是人民的福祉；然而百姓穷了也会造成社会的不稳定。所以，不仅中央与地方之间的财政分配要随时注意保持动态性的平衡，甚至国家与百姓之间的财富分配也要保持灵活性平衡。这是一种治国理政的重要智慧经验，它遵循的是一套上下左右灵活平衡的中道原则。例如，传统中国时常采用的平粜制度，就是一种有效的动态平衡方法，后来为美国政府所借用，也使他们的经济政策大受裨益。

我们看王阳明整顿地方社会秩序，他在强调"政在亲民"的同时，也特别指出"财者民之心也，财散则民聚；民者邦之本也，本固则邦宁"。他说的"财散"显然是针对资源与财富为少数有权者所垄断而言的。他特别强调当以"财"为"民之心"，也表明了孟子意义上的"恒产"对稳定人心的重要作用。他不仅主张藏富于民，同时也看到了民众利益与国家利益的一致性。这是传统"厚民生""务经世"的思想，也很值得今天的人们重视和借鉴。

在国家与社会财富的分配上，有必要划出一道弹性的平衡性中线，做出灵活的恰到好处的随机性调整，任何一头过大一头过小的不合理现象，都容易导致国家与社会双重溃败的严重危机。

《文化大观》：您提到的"弹性的平衡性中线"，国际上是否也有类似的说法呢？

张新民：这在当代或可称为公共选择理论，是政治学与经济学交叉结合后形成的理论性方法和原则，主要研究政治决策或集体行动过程中公共产品如何分配的问题,需要有一套民主的程序来配置市场或非市场资源。严格地讲,政府并不创造财富,只有民众才创造财富,要想将民众个人的财富转化为公共或集体的财富,作为一种决策机制或选择过程,最好的方式仍离不开税收。因而与传统儒家一贯的思想主张一样,公共选择理论也同样认为必须民先富,然后才有可能是集体或国家的富。当然,具体如何通过必要的机制进行公平合理的决策,我以为仍不能不遵循前面提到的平衡性调整的中道原则。

《文化大观》:缩小贫富差距是否也是儒家思想的一种体现呢?

张新民:在财富分配问题上,现代经济主要关注三个问题,这三个问题相互关联,传统儒家其实都有过讨论。

在税收的来源问题上,无论古今,政府的财政收入都有赖于对民众财富的税收,因而民富往往就意味着国富,民穷则意味着国穷。所以改变百姓贫穷状况,即藏富于民,从来都是儒家优先考虑的重大事项。

在税收的归宿问题上,政府课税产生财富转移究竟应该由谁来负担?儒家强调要给百姓以乐生之道,一切重要的生产资料都属于民众,政府不能垄断一切资源和财富,更不能凭借强权与创造财富的普通者争利,食禄者俸禄之外的任何发财渠道都应堵死。

在税收使用的问题上,儒家认为课税的目的不仅仅是为了增加公共收入,更重要的是能够面向民众公平合理地分配公共财富。无论劳动者或消费者,在拥有创造财富的正当权利的同时,也拥有享有财富的合法权利。

因此,如果真要在国富与民富这个问题上画一平衡动态的弹性中道曲线,则我所说的曲线还应尽量向下(民富)移动。二者之间作为一个动态的结构,其中道曲线应该如何精准合理地算出比例,则是非经济学家的我所能回答的,只能留待真正的经济学家去寻找具体的答案了。我想强调的是"度"的哲学意义的重要性,把握好"度"来切好分配的蛋糕,无论于民于国都是第一等的大事,也能考量为政者德性与智慧的水平。《中庸》说:"中也者,天下之大本也;和也者,天下之达道也。"这是古人留下的智慧之言,未必对今人就没有启发意义。

正当地追求财富是天理
"存天理，灭人欲"不是灭掉人正常的欲望

《文化大观》：如何正当地谋取财富呢？

张新民：儒家自先秦以来，便一直存在义利之辨的问题，以后宋儒区分天理与人欲，也是这一问题不断讨论的再延续和再发展。

儒家当然不是禁欲主义者，孔子就认为社会的繁荣发展要分阶段有步骤地"庶之""富之""教之"，人人富裕而又文明的社会才是健康合理的社会，因而必要的财富对人的尊严和社会的长治久安都有十分重要的意义。但无论创造贡献财富或追求获取财富，都必须符合道义的正当原则。理想的状况是"义"与"利"的和谐化统一，以使一般民众能够"乐其乐而利其利"。一旦"义"与"利"发生激烈冲突，则要求仁人志士舍利而取义，乃至为了国家或人类的整体福祉杀生以取义。儒家固然鼓励人们以正当的方法或手段发财并致富，但也反对社会完全沦为追逐利益的功利性场域。

宋代以后，义利之辨转化为天理人欲之辨，同样也有一个正当性与合理性的问题存在于其中。

《文化大观》：从致富的角度，怎么理解"存天理，灭人欲"呢？

张新民：天理和人欲究竟应该如何区分，是宋明儒共同关心的问题。比如朱熹就认为："饮食者，天理也，要求美味，人欲也。"（《朱子语类》）合理、健康、营养、可口的饮食当然是天理，一味追求山珍海味极尽口味享受便是人欲。如果以将人心视为人欲，道心视为天理，按照王阳明的说法，则"人心之得其正者即道心；道心之失其正者即人心，初非有二心也"（《传习录》）。

道心与人心只是一心，区别只在正和不正，正便是天理，不正即为人欲。仿照朱子的说法，我们还可举出许多例子，比如居家四室两厅舒适合宜是天理，

陵宇雕墙奢华无度是人欲了；严慈相济培养锻炼子女是天理，溺爱娇惯、放纵犯罪是人欲。这一类例子我们还可举出很多，区别只在"正"与"不正"，"过"还是"不及"，都在宋明儒学讲的"存天理，灭人欲"的范畴之内。

因此，"存天理，灭人欲"，并非是要灭掉人的正常、合理的欲望，而是要灭掉人的非正常、非合理的欲望。正当、公平、合理地追求财富当然是天理，非正当、非公平、非合理地追求财富则是人欲。这需要在俭朴与奢华之间，寻找一条动态平衡的中道曲线，无论"过"或"不及"，都为儒家学者所反对。穷奢极欲或让百姓食不果腹，无论任何时候都是一种恶。所以，王阳明认为胶着于非公平、非合理的"人欲之私"，便会"利害相攻，毁誉相制，得失相形，荣辱相缠，是非相倾，顾瞻牵滞"［《约斋说（甲戌）》］，不仅不会给个人带来任何实际利益，反而会造成社会的无序或紊乱。他所要去的人欲是有违良知的好色、好利、好名之心，他要存的天理是符合良知及人类正当合法利益的和谐相处及生存发展之道。

高度自治化的地方民间社会秩序下 无须过多地去追求财富无休止的积累

《文化大观》：在中国传统农耕社会，财富的主要来源是什么？

张新民：就中国传统农耕社会而言，土地尽管是天然物，但由于可以为私人占有，又是生活资源的最大来源，可以通过买卖转让进行交易，因而从来都是最大的不动产财富，也是财富积累最大的经济来源。因此，拥有土地就拥有了最重要的生产要素，拥有了积累财富和资本的可靠来源。

一般而言，传统中国土地之外的纯经济的来源不是很多，自给自足始终都是广袤乡村社会经济的突出特点。即使通过商业活动积累了一定的财富，最重要的使用渠道，也是求田购舍的经济行为，其次则是培养子嗣读书，使其转换身份变商为士。

传统中国家庭内部的财富继承制，历来都是诸子均分。土地作为财富一代一代地分下去，比如现在是一百亩土地，平均分配给五个各立门户的儿子，每房只能分到二十亩，规模已经明显缩小了。如此一代又一代不断循环、积累、析分，家庭土地占有量的规模自然难以扩大，不像日本的家族社会能够将财富集中起来共谋发展。这说明传统中国乡村社会乃是以自耕农经济为主体的社会，尽管商业阶层的逐渐崛起和商品经济的日趋发达也是一个客观事实，但乡村自耕农经济社会仍是自给自足的社会，难以出现与西方原始资本积累类似的那种疯狂性和残酷性，绝对的"富"和绝对的"穷"依然十分罕见。因此，在一个贫富差距不大的和谐化自治社会中，人们似乎不太需要过多地去追求财富无休止的积累。

《文化大观》：公约对百姓的生活以及财富的分配能起到怎样的积极作用呢？

张新民：传统乡村多宗族社会，宗族社会即拥有其同祖先记忆的血缘与地缘关系结合的社会，一般都是非亲即故的熟人共居群体。熟人社会中的每一个人都必须靠信誉来立身，假如一个人德行败坏，口碑极差，长期借钱不还，那不仅不会再有人借钱给他，甚至他根本就无法在熟人群体中立身。

为什么这样说呢？因为传统乡村社会本质上也是互助社会，彼此之间的依赖性很强，和谐与团结在他们看来就是一种美德，否则就容易陷入生存与发展的困境。所以，乡村宗族社会大多有公共集体的山林土地资源，有用于家族内部共同开支的公用财富。大家可以公议如何使用这些公用资源或公共财富。他们未必不希望积累财富，在开源和节流方面必定有自己的想法，但由于商品经济的不充分和不发达，很难说在财富观上有什么突出的理论自觉，只是依据实际的生存智慧和生活经验去选择自己的行为方式而已。

或许道德本身就起源于人的相互间的协作，以及因协作而产生的和谐化秩序。乡村族群因合作与互助而建构起来的秩序是和谐的，即使存在矛盾或冲突也可依靠地方精英或宗族长老来加以化解，足见传统乡村社会中民间伦理资源的丰富和秩序建构能力的强大，是一种高度秩序化的地方民间自治社会。

人要做道德的主人
使经济成为道德的经济

《文化大观》：所以说，王阳明在自己执政的地方推行乡约也是为了保障百姓的基本生活需求，防止当地贫富分化。

张新民：多样性的秩序意味着人与人相处所适应环境的微妙，意味着人与人交往并与自然打交道的复杂。王阳明的亲民思想并非只是一套空洞的理论，推行乡约就是他致力于乡村秩序建构的一种方式。他不仅重视人的生存和生活的需要，告诫人们要"洗心涤虑，改恶从善，本分生理，保守身家"，同时也关心乡村和谐秩序的建构，劝导人们要"勤俭以守家业，谦和以处乡里"。

秩序的和谐化建构之所以是一种美德，是因为它能惠及每一个存在于其中的个体。因此，王阳明特别强调"子孝父，弟敬兄，少顺长，而为父兄长者亦爱其子弟。少者贫而无归也，富者收之；愚而无能也，才者教之"。这显然是看到了人的存在的各种现实差异——其中也包括贫富的差异——才提出互帮互助的秩序建构的举措。

儒家是最重视人心民意的归向的，得人心者得天下，顺民意者事必成，人心民意是衡量政治好坏的重要标准。王阳明的乡村治理如果要取得成功，就不能不在情与理两方面取得人心民意的认同。无论"明明德"或"致良知"，最重要的仍是让乡民自己做自己的道德主人，从而推动礼俗秩序或民俗风气的良性形成，使乡民成为道德的乡民，经济成为道德的经济，社会成为道德的社会，国家成为道德的国家。[①]

---

① 张新民：《多元化精神教育应成为第一义教育——就传统心学的现代意义答客问》，《阅江学刊》，2010 年第 6 期。

二、致良知：以"良知"教育改变虚假化的功利社会

如何改变把孔子思想作为求取富贵的敲门砖的现状？

《文化大观》："良知"学说是怎么来的？

张新民："良知"在王阳明看来是学问的大头脑，这就如同"仁"是孔子学问的宗旨，"义"是孟子学问的关键，"天理"是朱子学问的要害一样，"良知"与"致良知"是王门后学各个学派的共同宗旨。

良知一词源于孟子：

> 人之所不学而能者，其良能也；所不虑而知者，其良知也。孩提之童，无不知爱其亲者，及其长也，无不知敬其兄也。（《孟子·尽心上》）

关于"良知""良能"，二程、张载、朱熹等宋儒都没有系统的阐释或发挥，直至王阳明才全面系统地传承并发展了孟子的心性理论主张。结合自己的生命体验，王阳明将人性"四端"与良知结合起来，如云："心自然会知，见父自然知孝，见兄自然知弟，见孺子入井自然知恻隐，此便是良知，不假外求。"[1]意思是说，"知"是心的本体，心会自然感知，见到父亲自然而然地会有孝敬之心，见到兄长也自然地会知道尊敬，见到小孩落井自然也会产生恻隐之心。这就是良知，生发于每个人的天然本心，不能脱离本心另从外部世界来寻找。

整合了孟子的"良知"与《大学》的"致知"两种提法，王阳明还创造性地提出了"致良知"思想，既高扬了人的主体性精神，也凸显了道德哲学

---

[1] 张新民：《阳明精粹·哲思探微》，贵州人民出版社 2014 年版，第 148 页。

必需的实践性维度。"良知"与"致良知"学说的提出，仅就和谐秩序的建构而言，便是要实现人自身的和谐，人与人的和谐，人与社会的和谐，人与自然的和谐，最终达到"仁者以天地万物为一体"的理想境域，即《易经》所说的"太和"式的宇宙人生的总体性大和谐。①

《文化大观》：为什么要讲"良知"？

张新民：在实践中面对各种客观复杂的事物或问题，我们怎么培养自己的价值感并判断是与非呢？归到心性本源即必须以良知来加以识别和判断。良知就是人的天则明师，能知是知非，能好善恶恶，是人做出价值抉择的定盘针。

中国文化自孔孟开始，从整体上看，就始终强调两方面功夫：一是向内体认生命存在的真谛，认知自己，了解自己，净化和提升心灵境界；一是向外了解客观世界存在的真理，认识世界，改造世界，建构合理的人间社会秩序。在内是仁义、是本心、是良知，在外是天道、是天德、是天理。②

离开了良知的指引或范导，任凭膨胀的私欲或盲目的情绪作主，不仅个人的生命存在会失去意义，甚至人类的发展也会陷入可怕的危机。

王阳明用良知学说来回应时代存在的各种问题，从身、心、意、知、物的多重整体结构中来寻找问题发生的深层病根，揭示了天理与人欲此消彼长的复杂关系，希望能找到解决问题的正确答案。他所处的那个时代，社会已经很功利化了，即使孔子的思想也成了人们谋取富贵功名的敲门砖，在他看来，无论学风或世风都在沿着败坏的方向发展。他的良知学说是有非常强烈的现实针对性和批判性的。他要重新返回人人皆有的良知来寻求人类的拯救之道，改变当时社会上弥漫的虚假化与功利化的不良风气。③

---

① 张新民：《存在与体悟（演讲·对话·讨论）》，福建教育出版社 2022 年版，第 39 页。

② 张新民，王胜军，王进：《博学通识是为大儒——贵州大学中国文化书院荣誉院长张新民先生访谈录》，《贵州文史丛刊》，2019 年第 4 期。

③ 张新民：《存在与体悟（演讲·对话·讨论）》，福建教育出版社 2022 年版，第 34 页。

良知会受到遮蔽
在良知的前提下讲财富分配的问题

《文化大观》：我们谈财富的话题，也离不开对良知的探求。

张新民：在"致良知"即道德觉悟的前提下，我们再来讲财富分配的问题，贫富差异的问题。良知要求人们必须遵循仁爱原则和正义原则，合理地分配或调剂社会公共财富，违背这些原则就会导致不合理的贫富差距。尽管儒家从来都不是乌托邦式的平均主义者，也不赞成"均贫富、等贵贱"一类的做法，他们只是仁道正义的秩序的维护者而已。

国家与国家之间也有类似的问题，有些国家由于大量占有世界资源而明显富裕，有些国家却因资源匮乏而陷入贫困，贫富差距的拉大是国际社会不可回避的严重问题。国际组织当然有义务帮助欠发达国家，但帮助欠发达国家发展起来的前提，是不是也要避免对方变成又一个占有大量资源的强国，然后为了争夺资源而激化矛盾冲突，从而导致整个人类社会陷入混乱无序的生存窘境？

如何实现人类永久的和平与永远的福祉？这是康德晚年思考的问题，也是孔子一生关心的问题。无论康德或儒家都认为追求和平是一种道德义务，尤其儒家思想影响下的中国也曾享有过"礼义之邦"的美誉，他们所要建立的是一个具有共同道义精神和秩序原则的文质彬彬的自由联合体。人类如果真要享有永久和平与永远福祉，也必须建立超越地域和民族的规范行为的共同道德法则，无论"天下归仁"或"明明德于天下"，都必须以共同道德法则的遵守为根本，财富的增长与道德水平的提升绝对不能成反比。

稍有必要一提的是，王阳明常常用"太虚"一词来形容良知广袤无垠的本体论存在性质，"太虚"是没有边界和不可言说的，但又是可以涵盖一切并切身地感受的。良知之爱既具体又超越，可以遍及一切，不受任何人为的边界限制，甚至一草一木都值得关爱，因为它们都有自己存在的理由和价值。

这种关爱尽管有亲疏远近之分，但却可以层层地超越，突破一切人为设定的边界。

《文化大观》：现实生活中的"良知"表现在哪些方面？

张新民：王阳明也时常以太阳来隐喻良知，私欲遮蔽良知，就如乌云遮蔽太阳一样，但即使满天雾霾遮了良知的阳光，只要有一线光明还在，就有可能驱散雾霾，让良知的阳光朗照山河大地。因此，我们除了在本体论或存在论上强调"良知"的重要性与真实性之外，更要在工夫论或实践论上突出"致良知"的应然性和必要性。

现实生活中的"良知"呈现，主要有三种表现形式。一是圣人境界，如同万里无云万里天一样，良知的太阳无遮无蔽地照耀一切，没有一丝一毫私欲的杂染或障碍。第二种是贤人境界，良知的太阳依然大放光芒，但偶然也有一点私欲杂念掺入其中，就像太阳朗照的天空偶有几朵云彩飘过一样。第三种是小人境界，私欲妄念就如漫天阴霾一样，几乎完全遮蔽了良知的光亮，但只要痛下"致良知"的工夫，仍有唤醒良知，重现光明的人生希望。

这说明无论任何人，只要在道德实践方面真下功夫，都有可能回归社会与人生的正途，做一个堂堂正正的好人。

《文化大观》：您觉得"良知"和"仁爱"，有什么联系和区别？

张新民：良知和仁爱是相通的，良知不可能不涉及对他者的真心关爱，孔子说"仁者爱人"也是同样的道理，二者都点明了人生命的最重要的本质，是对人性光辉的概括性总结。

从历史发展角度看，孔子倡导仁爱精神于前，孟子提出良知良能之说于后，王阳明结合孟子与《大学》之说，将其发展为"良知"与"致良知"的系统性理论。王阳明重视体用一源的生命实践工夫，既是对前贤思想学说的再总结和再发扬，也受益于时代的挑激和个人的生活磨难经历。

孔子的仁爱是理性与情感精神交织在一起的，"理"与"情"的同时到场才是仁爱的真谛。孔子"每事问"显示了他的求知精神，因而"遵德性"

之外，还应有"道问学"，比如"博学之，审问之，慎思之，明辨之，笃行之"（《中庸》），虽表现为不同的人生发展向度，但都为完整的大写的生命所必需。任何人的成长或发展，都应该是全面而非单面或单向度的。

良知之"知"固然要向外投射，发挥仁爱的作用，赋予外部事物必要的意义与价值，成就意义与价值的世界。但同时也有必要向内体认，体悟或了解生命尤其是人性存在的本质，驱散一切可能遮蔽人性光辉的乌云，让意义与价值源源不断地涌出，成就意义与价值的生命。人绝非是空洞的存在，人性即人的本质规定性，任何人都有必要了解自己与他人的人性，深知由"性"而"心"都是有"理"的存在，而不致做出有碍心灵与人性价值实现的各种非理无情行为。

严格地说，阳明的良知学说，乃是对以孔孟为代表的儒家一贯主张的"仁义"之说的继承和发展，代表了宋明理学的又一思想发展高峰，具有崭新的时代意义和学术性价值内涵。[1]

良知就是一种力量
物质繁荣的假象掩盖了精神贫困的真相

《文化大观》：如何结合现实生活理解良知的作用呢？

张新民：良知是温暖的，良知也是有力量的。儒家讲"智""仁""勇"三达德，"仁"与"良知"一体不二。以良知为力量支撑的勇是道德大勇，可以"虽千万人吾往矣"，即使天下滔滔也无所畏惧，我们当然可以说良知也是有力量的。

良知有力量意味着道德行为有力量，因为道德行为不仅为道德对象带来了价值与意义，而且也成就了人自身的道德品质，表现出"无欲则刚"的骨

---

① 张新民：《回顾与前瞻：阳明学研究的百年经验总结》，《贵州大学学报》，2014年第6期。

气与豪气。良知的力量是温暖的，也是可以传递的，既传递了力量，也传递了温暖。所以，人也是可以在道义的旗帜下团结起来的，人间社会也是有真情和友爱的。

更重要的是，人性是与天道相通的，良知也是天赋的。良知既然是天赋的，当然就是不可剥夺的。因而人也是有尊严的，是可以独立做出价值抉择的。这就极大地凸显了人的主体性，可以说每一个个体都是独立的、有尊严的、大写的人。

《文化大观》：良知对当今时代的诸多问题能起到怎样的作用和影响？

张新民：现代社会凭借消费市场的扩大，娱乐方式的普及，功利思潮的膨胀，为人们提供了更多的颓废无聊和逃避人生责任的空间，大写的有道德的人变成了狭隘的自私自利的人。物质繁荣的假象掩盖了精神贫困的真相。而现代教育的问题在于侧重知识的灌输、技能的训练，缺乏人格的教育、生命的提升和智慧的启迪。既然没有个体性的心性体贴和良知肯认的工夫，当然就谈不上人与人之间的感通与互助。人的物化与异化，已是社会的普遍化现象。

为了匡正文化的价值发展方向，为了对治时代社会的病症，我们当然有必要重新开出现代性的致良知教，让致良知教重返人生，重返家庭，重返校园，重返社会，并内化为活的人格形态，具化为活的生活内容。

恢复源自本心的致良知教，就是恢复人与人之间的真诚、信任、坦荡与关怀，维护人的尊严、庄重、高贵和荣耀，让人重新回归生命的意义世界和价值世界，让良知的阳光雨露洒遍山河大地，滋润一切蓬勃发展的创造性生命和意义性存在。[1]

---

[1] 张新民：《存在与体悟（演讲·对话·讨论）》，福建教育出版社 2022 年版，第99—100页。

《文化大观》：王阳明是在贵州悟道的，他对当地的文化教育产生了怎样的影响？

张新民：王阳明来到贵州之前的很长一段时期内，当地社会主要是土司统治的社会，土酋地方势力占主要地位。中央王朝经营管理西南边地，有时也靠武力征服，但长时段地看，文化治边作为一种长期性的为政策略，显然也发挥了极为重要的稳定作用。中国文化主流价值的影响力和吸引力，不能不使边地民众心悦诚服地认同或接受。其中最突出的便是儒家思想的缓慢渗入，以及其与大、小两种传统的结合，更极大地改变了边地社会文化的生态结构，成为地方社会秩序建构最不能忽视的一种资源力量。王阳明有似汉文化的一名使者，在非汉地区传播儒家思想，同样也发挥了稳定边地社会的历史作用。他的悟道表面看似乎是顿悟，其实也是长期渐修的结果。

但更重要的是，他不仅是传统儒家思想的积极传播者，同时还以自己悟道后创建的一套新颖理论学说，吸引了一大批前来听他讲学的追随者，形成了一个极为重要的黔中王门地域学派。他的施教对象并不仅仅局限于知识精英，民间普通大众也深受他的影响。他的"心即理""知行合一""致良知"等思想，在西南边地都有广泛的传播，发挥了移易地方习俗风气的重要历史性作用。

《文化大观》：为什么良知教育深受民众欢迎呢？

张新民："良知"与"致良知"学说并非仅仅是案头研讨的空洞学问，更重要的是必须在生活的体悟实践过程中随时践行的客观事实。至于"良知"与"致良知"教，则能直指人心，教人当下猛醒，明白痛快，简易直接，一旦机缘相应，便会终身受益。知识精英固然能够理解，一般民众也容易接受。

生活世界是表现最基本、最本质的人性的重要场域，一个人即使没有知识，也可以堂堂正正做人。即使愚夫愚妇也有自己的良知，一样能通过日常生活显示出自己的存在意义。每一个人都拥有自己的内在良知，享有道德人格的尊严。一旦沉潜到生活世界中重新进行思考，就不难触摸到人的真实的、可以发用流行的良知。

"良知"与"致良知"教，严格讲就是做人的教育，本质上也是一种启发心性自觉的教育，唤醒沉睡的道德自我的教育，也可以称其为精神教育。我始终认为精神教育应是第一义的教育，知识教育则是第二义的教育，二者虽然并不对立，但仍有轻重和主次之分。现代社会恰好将其颠倒了，只重视知识教育，遗忘了精神教育，物质与技术的世界遮蔽了精神和思想的世界，人不再是大写的高尚的精神的人，只是小写的卑劣的物质的人，安身立命的地基既已动摇，世界也就失去了本来应有的意义。[1]

《文化大观》：良知教育的实施也是亲民思想的一种体现吧。

张新民：是的。在"体"上是"良知"与"致良知"，也可说是"明德"和"明明德"，在"用"上则必有"亲民"实践活动的展开，否则便丢失了儒家学说的精义。

《文化大观》：王阳明讲"亲民"，朱熹讲"新民"，这二者有什么不同之处呢？

张新民：王阳明的"亲民"说是与"明明德"合为一体的，如果说"明明德"是体，那么"亲民"就是用，"体"与"用"在中国哲学语境中从来都是不可分的。

"亲民"与"新民"相较，后者主要强调对民的"教化"，前者则在后者的基础上又多了一重"养护"意，即在"教"之外尚不能不注意"养"。"养"则关系顺应民心及保民、安民等一系列的问题，尤其要时时处处与民亲密无

---

① 张新民：《存在与体悟（演讲·对话·讨论）》，福建教育出版社 2022 年版，第 270 页。

间地相处，在理性化的"自新其民"之外，更多了一重与民亲和的情感内容。这就不仅符合儒家一贯提倡的"修己以安百姓"的教义，同时也凸显了儒家长期重视的"亲亲而仁民"的价值诉求，是"万物一体之仁"的具体展开和落实。

　　"万物一体之仁"必然将世间一切亲疏远近的存在，都纳入其关怀与亲和的范围之内，当然也会在情感上与民众融洽无间地打成一片，做出更多与爱民惠民有关的民生善政举措，从而实现"家齐国治天下平"的宏远理想，达到"天下一家"的终极目的。正是在这一意义上，王阳明才特别强调"亲民之学不明，而天下无善治"，"亲民"是他政治哲学的核心范畴，但更重要的是要转化为具体的为政实践。"亲民之学"在他的整个思想理论系统中，从来都是建构良性社会秩序的一个极重要的普遍性原则。

三、修身、修心是获取财富的前提

求财先修身
"破心中贼"是从源头上解决问题

《文化大观》：王阳明曾说："破山中贼易，破心中贼难。"如果想要追求财富，是不是要先从修心修身做起？

张新民："破心中贼"是从思想产生的原初动因或本源念头上，将一切行为可能造成的不良影响或恶果，彻底干净地或果断勇敢地予以铲除，是在生命深处的动机世界痛下省察克治的修身工夫。伦理心境的存在状况与伦理行为的发生一样，都是我们痛下修身涵养工夫的重要入手处。

王阳明平定了朱宸濠叛乱，立下了赫赫战功，稳定并延长了明王朝存在的时间周期，从此奠定了他影响后世极大的三不朽事业。但事后有人给他庆功时，他却坦率地直言相告：正如真正的良医不是病重了才去下药方治疗，而是使人身体健康根本不生病一样，严格意义上的止暴治乱之法也不是暴乱猖炽后才去动用干戈止灭，而是在行为开始萌芽于动机世界时，就在源头上予以制止并使其根本不发生。后者较之前者，似乎更加重要，也更加不容易。这就是"破山中贼易，破心中贼难"的内在真实含义。

"破心中贼难"之说，明显是用一"贼"字来隐喻人心中可能产生的私欲杂念，因而有意强调心性修养工夫的重要和不易，涉及的是动机世界伦理心境与伦理行为的问题，针对的是行为产生时的念头发动工夫。王阳明明确指出"一念发动处，便即是行了"。动机心境产生的念头本身，本质上就是行为的开始，我们不能将动机世界隐蔽的念头排除在行为之外，忽视了动机世界最为重要的省察克治的工夫。即使隐性的动机未变为显像的行为事实，我们也必须以"慎独"的方法时时观察检点和对治防范。

正是有鉴于心境动机伦理问题的重要，王阳明才反复强调"一念真诚恻怛之良知"，即意味着"万物一体之仁"的展开和实现。他认为"学者一念为善之志，如树之种，但勿助勿忘，只管培植将去，自然日夜滋长，生气日完，枝叶日茂"（《传习录》）。而在工夫论上，一旦念头"发动处有不善，就将这不善的念克倒了。须要彻根彻底，不使那一念不善潜伏在胸中"。这就是"破心中贼"的要义，阳明视为自己立言的宗旨，后来刘宗周更加倍突出了"慎独"工夫的重要性与必要性，也是针对动机心境伦理并有意防范流弊产生所做出的深思熟虑的判断。

《文化大观》：为什么"破心中贼"比"破山中贼"难呢？

张新民：如果说"破心中贼"属于动机伦理，那么"破山中贼"便是责任伦理。王阳明固然重视责任伦理，他冒死涉难，不顾一切地平定朱宸濠叛乱就是具体的行为明证，但从心学的立场或视域如实客观观察，则动机伦理的涵养工夫更不可忽视。因为前面提到的叛乱一类的行为恶果，动机心境伦理的工夫就能将其在方萌未萌之际止归于无形。我们看联合国教科文组织总部大楼前的石碑上，用多种语言镌刻着这样一句话："战争起源于人之思想，故务需于人之思想中筑起保卫和平之屏障。"思想的屏障严格说就是动机世界的"慎独"工夫，任何邪思恶念的产生都是我们要破的"心中贼"。动机世界保卫和平的屏障一旦出现缝隙，扩大转化为祸乱人类的冲突或战争，则是责任伦理要求我们刻不容缓必须立即去破的"山中贼"。

"破山中贼"较之"破心中贼"难，在王阳明看来，显然后者能够防患于未然，当然就较前者更当引起人们的重视。他从"长治久安"的立场出发，强调动机伦理的重要，希望"变盗贼强梁之区为礼义冠裳之地"，显然也与联合国教科文组织镌刻的名言是相通相融并完全一致的。

《文化大观》：由此我们可以联想到党风廉政建设中倡导的"不敢腐、不能腐、不想腐"的问题。您对此怎么看呢？

张新民："破心中贼"可以理解为破除内在于心中不义战争的妄念，也可以理解为破除内在于心中发不义之财的邪想，只要是动机世界一念不善，都要以省察克治的方法将其扫荡消除。贪污腐败显然与动机伦理世界的私欲妄念作祟有关，当然也是不能不以加倍修身的工夫来破除的心中之"贼"。

如何破除心中想贪想腐之"贼"，亦即如何做到我们今天所讲的"不能腐，不想腐"？王阳明认为：

> 省察克治之功，则无时而可间，如去盗贼，须有个扫除廓清之意。无事时，将好色、好货、好名等私欲逐一追究搜寻出来，定要拔去病根，永不复起，方始为快。（《传习录》）

可见我们不能以为事情发生了才是盗贼，潜伏在心中的私欲就不是盗贼。针对前者，我们当然应该强化他律性的民主法治监督制度的建构，必须以制度防范的方式严惩不贷，使其必须承担责任不敢腐。针对后者则有必要调动一切文化资源提升人的道德自律精神，以道德自律的方式使其在念头发动之初即不想腐或不能腐。自律与他律双管齐下，才是廉政建设最有效的可靠方法。

我们今天固然要重视法治制度的建设，以各种法律手段来防范贪腐问题，但自律精神涉及社会风气的建构问题。王阳明讲凡事都要"求诸其心一念之良知"，也就是要真正做到俯仰天地而无愧，即自由意志支配下的自律精神的一种表现。他特别强调"人之善恶，由于一念之间"——"一念而善即善人"，"一念而恶即恶人"（《南赣乡约》）。因此，动机世界为善去恶的克治工夫，无论任何时候都不能放松。这当然也是"致良知"必备的实践性自律行为，是"致良知"工夫开显出来的最能体现人的主体性的道德自觉精神。无论内在隐蔽的心理文化行为或外在显象的社会活动行为，都应该是堂堂正正容不得一丝一毫黑暗偏颇的。

防止人性异化离不开自我管理
自我管理或自律精神是人生必须学会的一门重要学问

《文化大观》：从个人的角度来讲，如何做好修身，管理好自己的动机世界呢？

张新民：修身不可能不涉及人的心性问题，因为没有"心"的"身"只能是一堆行尸走肉，缺少了"身"的"心"也只能是空中飘荡的精神，修身与修心从来都是一体两面之事。

因此，作为一种人生涵养的修身工夫，长期坚持不懈，久久工夫纯熟，当然就会引发整个身心气质的变化，表现出与自己的生命境界一致的精神气象。而修身最重要的仍是在动机世界痛下工夫，实际就是不断强化个人自身的思想行为管理能力，真正表现出作为主体的人应有的自律精神。自我管理或自律精神，都是人生必须学会的一门重要学问。有的人可以闯遍天下，但未必能够管理好自己，表面上很成功，实际却十分失败。我过去讲人要管理好自己，其实就是讲人要有自律精神。

不少位高权重的官员，因为贪污而落马，他们或许能管理（他律）好他人，却管理（自律）不好自己，律己律人两套标准，只能加倍地败坏吏治风气。严格地讲，贪污首先是内在隐蔽的动机行为想贪，然后才是外在显像的事实行为去贪，不能不说是妄念失控的颠倒，恶习积累的膨胀，利欲算计的扩张，人心已遭黑暗吞噬，良知全为阴霾遮蔽，自律精神丧失殆尽，当然就无从管理自我。

因此，管理好自己，管理好家庭，管理好社区，管理好企业，管理好社会，管理好国家……无论动机伦理或责任伦理，从社会秩序生态到自然秩序生态，人类自律精神的每一点提升，都意味着文明共同事业的进一步发展。更重要的是，一切都必须在秩序中进行，即使自由也不能脱离秩序而独行。这在传统中国就叫"修己治人"。"修己"是"治人"的前提，不能不有自律性精神的发扬，"治人"是"修己"的结果，必然有他律性的制度安排。一句话，自律与他律精神的同时缺失，只能导致社会的无序化紊乱。所以我们首先要"修"好自己，然后才能去"治"别人，自律与他律两种精神，都不能放任其松懈流失。

《文化大观》：管理好自己先从何处入手？

张新民：管理好自己最重要、最根本的起点，必须从人的心念的发动处就开始痛下工夫，用儒家的话来讲，就是必须"正心""诚意"，不能忽视"慎独"的修养方法。王阳明讲"《大学》工夫只是诚意，诚意之极便是至善"；又说"诚意只是慎独工夫"，"无事时固是独知，有事时亦是独知。人若不知于此独知之地用力，只在人所共知处用功，便是作伪，便是见君子而后厌然"（《传习录》）。

梁启超认为"心术隐微，只有自己的良知方能照察得出"（《饮冰室文集》）。因而"慎独"的工夫即是"致良知"的工夫。倘若"致良知"工夫真到了心灵动因的精微处，则必念念正大光明，念念和平中正，念念在公不在私，便是《中庸》所说的"慎独"，《大学》所讲的"正心""诚意"，目的则是归向"至善"——包括个体人格的完善和人类社会行为共同的完善。这是儒家学者达成共识的重要法门，同时也体现了古人为学的工夫精义。

先走进自己的内心世界，真诚地面对自己并认知自己，然后才能凭借"事上磨炼"的工夫不断地改造自己。王阳明为什么一再强调"知""行"工夫的重要，《传习录》中是这么讲的：

> 世间有一种人，懵懵懂懂的，任意去做，全不解思维省察，也只是个冥行妄作，所以必说个知，方才行得是；又有一种人，茫茫荡荡，悬空去思索，全不肯着实躬行，也只是个揣摸影响，所以必说一个行，方才知得真。

可见"知"是"行得是"的前提，"行"是"知得真"的保障，改造自己与改造世界不能取一废一，"知"与"行"必须打并为一片。否则不是"冥行妄作"，就是"揣摸影响"，都有违"知行合一"精义，可谓病痛不小。

因此，只有从心源深处认知自己，人才能更好地了解自己，了解自己即意味着把握好自己，把握好自己才能改造好自己。从而在自己与家庭社会的关系上，也可说必须首先管理好自己，然后才能管理好自己家庭；只有管理好了每一个家庭，然后才能管理好社会。社会由每一个个体与家庭组成，其理想状态是无处不有自律与他律两种精神良性互动，最终形成秩序化的美好风气。

如何修"心"？
一分钟的好念头变成两分钟，三分钟

《文化大观》：阳明心学是怎么指导人修身的呢？

张新民：这是一套工夫系统，离开了工夫就谈不上阳明心学。

从身心不二的观点看，心的存在状态一定会影响身，身的存在状态反过来也会影响心。心灵世界的变化会透过身体反映在行为方式上，行为方式也会凭借身体现象诱变心灵世界。宋明大儒经常讲观圣人气象，圣人气象便是身心共同作用表现出来的一种人格行为特征，同时也是勘验修身工夫进步大小的一种判别方法。不能设想一个俗不可耐、趣味低级的人，能有很好的身心共同受益的修养工夫。

因此，一步一步脚踏实地做修身的工夫，比如"诚意"就是决不让任何一念欺己欺人，"慎独"就是虽独处暗室，也决不放过自己念头上的丝毫过错，表现在行为方式上则一派光明磊落，身心气质都会有超凡脱俗的变化。一旦悟道更会感到生命的焕然一新，产生脱胎换骨般的飞跃式变化，尽管生命还是那个生命，但新生命已奇迹般地代替了旧生命。

当然，可变的只能是后天形成的气质，先天固有的人性是不能改变的。

所以修身的工夫严格地讲就是一步步变化气质，从而不断提升人的道德品性及精神能力，焕发出人性本有的灿烂光辉。比如见贤思齐就可以变化气质，读好书也可以变化气质，念头干净一分气质就变化一分，念头干净十分气质就变化十分。诚于中者发于外，工夫决然不会欺骗人，一定会透过生命气象表现出来，内与外是可以合为一体的。

立足于传统心学的立场，则人人都有天赋的道德理性和道德情感。情与理的结合，构建了人最重要的生命结构。修身就是要将内在心灵的一切禀赋都激发出来，不仅扩充理性，增强智慧，而且丰富情感，洗涤精神，最终表现出博大的人道情怀，卓卓然一派伟岸气象。

《文化大观》：如何修心呢？

张新民：孟子讲"集义"的工夫，"集义"的工夫就是念念省察，既是恢复心之本体的工夫，也是"致良知"的工夫。

应该如何念念省察呢？王阳明讲"静时念念去人欲、存天理，动时念念去人欲、存天理"，无论动时静时，念念都在"致良知"上，便是真修心，也是真践行。最早可能是一念清净，然后一念、二念、三念不断相连，久久工夫打成一片，整个身心都会透明起来。

儒家不仅期望人活得高尚，也期望整个社会变得高尚。高尚必与文明相伴，人的文明与社会的文明，二者是可以交叉互动，良性循环的。因此，儒家看重事上磨炼的工夫，也就是王阳明讲的"随时就事上致其良知"。一方面透过心性修养的工夫改造与完善自己，丰富个人存在的意义空间；另一方面则凭借事上磨炼的工夫改造和完善社会，扩大社会存在的价道范围。心灵世界或思想的世界可以是没有边界的，改造人类与社会的事业也是永无止境的。

循着孔孟的思想路线
探寻超越善恶的善

《文化大观》：孟子讲性善，荀子讲性恶，他们的观点都和自己对义利的看法有关。王阳明的观点是"无善无恶心之体"，您觉得王阳明的观点和孟子、荀子的观点有什么区别吗？

张新民：孟子讲"性善"，因为"性善"，人的存在才有尊严，人的改造完善即成圣成贤才有了本体论的根据，社会的改造完善即君子国度的建立才有了人性论的基础。因此，性善论是任何一个儒家学者不能亦不应动摇的基本信念。

儒家重视性善论，认为无论个人或社会，都可以朝着真、善、美的方向向前发展，但并非就看不到现实世界的各种丑恶。无论孔子或孟子，都对现实世界的丑恶现象充满了警惕，展开了各种各样的严厉批判，表现出强烈的忧患意识。其所忧所患，都非为了个人狭小之一身，都不在己而在民、在国、在天下。所谓"作《易》者，其有忧患乎？"一句话便作了很好的概括。

但是，坚持性善论的儒家学者，尽管决不忽视现实社会各种丑恶负面的现象，却始终认为恶是后天习染而来的。后天习染之恶与先天禀赋之善迥然有别，后者是不可改造或改变的，前者则是可改造或改变的。因此，充满了忧患意识的儒家，未必没有乐观精神，他们坚信为善去恶的工夫尽管要与人类历史相始终，但人类的邪恶最终都是可以战胜的。

由此可见，儒家所主张的是"性善习恶"论，仅仅讲性善论并不全面，必需加上"习恶"两字才完整。即使荀子的性恶论，也有学者认为是习恶论，但毕竟在儒家正脉中显得偏颇，以致历来不能将荀子入祀于孔庙之中。

"性善习恶"论坚信人间社会的一切丑恶都是可以改造或改变的，但也决不否认改造或改变的复杂和艰难。比如就个人而言，抽烟绝非生下来就如此，当是后天习染成瘾的，但我们却可以举出无数企图戒烟，却始终难以戒掉的事例。个人的习染要改掉尚且如此，何况社会集体性的恶风陋习。

因此，如何移风易俗从来都是儒家秩序建构事业必需思考的大事。例如王阳明在坚信人人都有良知，因而人人都可以成为尧舜的同时，便曾无限愤激地感叹："天下之患，莫大于风俗之颓靡而不觉。"他认为："风俗不美，乱所由兴。"所以强调"古之善治天下者，未尝不以风俗为首务"，目的是"务使礼让日新，风俗日美"。其基本的理论预设仍是"民性之易与为善"，风俗更是可以由薄变厚的。

《文化大观》："无善无恶心之体"怎么理解呢？

张新民：这是王阳明四句教中的首句。他说"无善无恶心之体"，并非就意味着放弃了儒家一贯坚持的性善论。他只是强调人性之善是超越绝对的，超越绝对的善不在世俗世间善与恶的对立之中，因而自有必要用一个"无"字来点明它的超越性与无滞性。阳明解释说："心主于身，性具于心，善原于性，孟子之言性善是也。善即吾之性，无形体可指，无方所可定，无岂自为一物，可从何处得来者乎？"就是最好的例证说明。

《文化大观》：什么是超越善恶的善？

张新民：我们说"无善无恶心之体"所说之"无"，乃是指最高的绝对的超越的善，实即《大学》所说"止于至善"之"至善"，有阳明所谓"至善是心之本体"可证。"至善"就是无一毫人欲之私、纯粹天理的绝对圆融境界。绝对的超越的本体不可说，可说的只是经验世界一切相待性的事物，因而"无"字也点明了它的不可说性，以及无一物作得障碍的无滞性。所以，如果论及实践化的工夫，也根本不能在本体上用力，只能在本体的发用处下手。发用处下手即意味着能够透过工夫契入本体，反过来本体也能开出工夫，如此不断循环往复，显然圣境就有可能当下现前。

因此，无论在儒家经典系统或道德实践的过程中，"至善"都是最高的绝对的善，是天赋善性与心体无滞无碍地打通后，必然产生的人生境界"存在"

现象，也是儒家成圣成贤的本体论依据。

"至善"的心本体也是良知本体，良知本体固然能知是知非，能好善恶恶，但其本身既无是非，也无善恶，是完整的大全式的存有，不会落在具有相待性的任何一边，成为与"是"相待的"非"或与"非"相待的"是"，以及与"恶"相待的"善"或与"善"相待的"恶"。就如我们的视觉能分别对象的红与黑，能判断对象的高和矮，但不能说视觉本身是红是黑，或者说视觉本身有高有矮一样。如同红与黑、高和矮是分别出来的一样，是与非、善与恶也是分别出来的。心之本体既不在分别之中，我们当然可以用"无善无恶"来如实地予以表征，可以用"至善"来进行客观性的描述。

"至善"的良知不存在于善恶相对的世俗世界之中，但却有分判世俗世界善恶的能力，发出必须实践化地为善去恶的严厉道德律令。就像西方的上帝不存在于善恶相对的人间社会之中，但却有分判世俗世界善恶的能力，能按照其自由意志奖罚人间社会的善恶行为一样。只是在中国文化的语境中，从来都不需要将良知位格化，也不需要有上帝之城与世俗之城两个世界的区别。中国的超越界与世俗界乃是一个世界，区别只在良知无滞无碍地发用流行，还是受到了私欲的遮蔽障碍，因而一念发动亦可有善恶的天壤。

因此，发用之前寂然不动的心体，在其没有表现出分别智之前，处于"至善"存在状态时，当然可以说是无善无恶的；发用之后心体表现为意识或念头的流动，其意识或念头是善是恶，如如不动的心体当然明了，是能够分别判识的。既然知道了孰善孰恶，当然就要痛下为善去恶的工夫。"四句教"的精义最后仍要落实到为善去恶的实践工夫上，不能离开"力行"两字来空谈王阳明的整个哲学思想。

四、知行合一，
物质的"生生"与精神的"生生"要统一

> ### 在一切皆假的社会环境中
> ### 不可能有健康的经济活动

《文化大观》：王阳明"知行合一"的学说对当今大众追求财富，树立正确财富观有何启发？

张新民：王阳明揭出"良知"与"致良知"宗旨后，就很少再提其早年倡导的"知行合一"之说。但"致良知"与"知行合一"说不仅没有冲突，反而可以相互补充和诠释。王阳明曾解释"致良知"之"致"字说："致者，至也，如云丧致乎哀之致……'致知'云者，非若后儒所谓充广其知识之谓也，致吾心之良知焉耳。"可见"致良知"就是无量地扩充或充分地实现良知，乃至最终使其成为我们德性生命的主脑，能够转化为活泼泼的生命实践行为。因此，"知行合一"也可解释为以良知为本体的"知"与"行"的合一，亦即良知之"知"与良知之"行"的浃然无间的统一，可纳入本体实践学的范畴，是一种生命的本体的道德实践之学。

"知"与"行"是两个字说一个工夫，显然也清楚表明不能将动机世界排除在行为世界之外，动机世界的一念发动就是行为的开始，因而有必要念念落在良知上来如实省察和体认。这实际就是"致良知"的工夫。所以，也可说"知之真切笃实处即是行；行之明觉精察处即是知，知行工夫本不可离"。以良知为本体的"真知即所以为行，不行不足谓之知"。不知不行或知而不行，其中必有私欲阻碍了良知的发用流行，当然就不能称为"真知"，也不能说是"真知"。

"知"在王阳明那里就是行为的开始，"知"的实践化过程是包涵动机在内的"行"的完整过程。"知"与"行"是良知的一体两面，根本就不应也不能分。

今人解释"知行合一"说，每每喜欢发挥为理论和实践的统一，但如果错误的理论与错误的实践结合在一起，良知受到遮蔽或完全缺位，危害社会生活或世道人心岂不更大？因此，立足于良知本体实践学来讨论"知行合一"说，或才更符合王阳明创论立说及付诸实践的本意。

《文化大观》：为什么有些人"知"而不"行"呢？

张新民："知"而不"行"，其"知"必定不是"真知"，因为"真知"未有不行者，王阳明讲得已很清楚。

如果再进一步深究"知"而不"行"的根本原因，也可说是私欲将良知本体遮蔽或阻隔了。本体既不能发用流行，天理与人欲颠倒错位，不是天理而是人欲做主，当然就谈不上本体论意义上的"知"与"行"了。所以，"知行合一"说同时涵盖了本体与工夫，既不能脱离本体，成为无源之水，也不能缺少工夫，步入轻狂一途。本体与工夫，二者缺一不可，否则就会产生各种偏颇，出现大量流弊，酿成知行分裂的严重行为恶果。

以市场为取向、以利润为目的的现代社会，一定要时时防范私欲的过度膨胀与放纵，避免工具理性对价值理性的僭越。我们今天看到知行脱节的现象不能说不多，本质上都是良知受到私欲遮蔽后的行为现象结果。

在王阳明看来，"诚是实理，只是一个良知。实理之妙用流行就是神"。今天社会上普遍存在的虚假广告、虚假宣传、虚假商品、虚假行为，都是真实世界受到遮蔽的具体体现，不仅斫伤了人类本有的良知，而且也危及了生命应有的健康。在一切皆假的社会生活环境中，正常的经济秩序及活动必然也会解体。因为一切经济活动的结果，最终都会因为人人相互欺骗而毫无效益，那谁还愿意从事互通有无的商业活动呢？社会创造性的活泼生机难道不会因此而窒息解体吗？所以，重新提倡良知本体实践意义上的"知行合一"说，不仅与个人的存在尊严与生活权益丝丝相扣，而且也与社会良性秩序的整体建构与健康发展密不可分，乃是人类交往生活长期健康存在必需的条件之一。①

知和行破裂分化
会伤害本真的完整的自我

《文化大观》：什么叫本体呢？

张新民：本体在西方哲学史上往往与有形的具体的经验现象相对，乃是指形上的抽象的超验存在。《周易·系辞上》："形而上者谓之道，形而下者谓之器。"在中国哲学语境中，形上本源超验的本体可用"道"来描述，形下非本源经验具象的存在则用"器"来表征。在中国文化的思想系统中，道的本体与具体的现象是不可分的，是谓道不离器，器不离道。

形而上的世界是一个森然有序的隐蔽的大全式的世界，通过发用流行的方式，它能开显为井然有序的多元化显像的现象世界。如何透过形下世界的"显序"去发现或了解形上世界的"隐序"，无论东西方的哲人或智者，都为此做出了大量探问追究的努力，为我们留下了继续讨论和发展的巨大空间。但严格地讲，中国哲人以"道"为中心的直觉体认所表现出来的智慧，我个人认为似较整个西方哲学更胜一筹。

因此，如果说作为"隐序"的"道"是绝对的大全式的"一"，那么这个"一"是可以创造性地开显出"显序"的现象界的形形色色的"多"的。老子讲"道生一，一生二，二生三，三生万物"（《道德经》）。《周易》说"太极生两仪，两仪生四象，四象生八卦"。老子的"一"与《周易》的"太极"，二者就是可以相互诠释的。它们都指天地未分化前元气混而为一的"隐序"世界。

---

① 张新民：《存在与体悟（演讲·对话·讨论）》，福建教育出版社 2022 年版，第 76 页。

《文化大观》：您能否举一个具体的例子来说明呢？

张新民：我们随便拿一张纸，把它对折打开以后，就能看到一生二，二生三。为什么要二生三呢？它分成阴阳以后，还是有个前提的，即它是有"一"的"二"，"三"已是多元的分化的"显序"的世界。分化的"显序"现象世界的万物，无不内含着整体的"隐序"的"一"。一片树叶拿去插枝的话，是可以再长成一颗多叶的参天大树的。与原有母体的大树一样，它当然也会时机化地开花结果。

"一"可以无限地分下去，但"至大无外，至小无内"，分到最后仍内含着"一"的整体性，即朱子所强调的"人人一太极，物物一太极"。人原本就与天地万物为一体，都是宇宙演化出来的存在，承载了宇宙演化的全部信息，不是脱离了宇宙大化独立存立的虚缈漂浮物。

一滴水再小，也可以从中看到由众水汇成的整个大海，看到大海中的水的结构性本质，大海和一滴水在本体根源深处的性质上没有什么区别。一个人再微不足道，也可从他身上发现由众人汇成的整个人类的人性本质，看到人类中的人的人性论本质。不仅每一个人在本体论上都是大全，甚至每一个体在本体论上都是"至善"。

华严宗的"法界缘起"说，强调"一"与"多"的"相入相即"。禅宗要人参悟"万法归一，一归何处"，参到最后仍只能以开悟语说："万法归一，一归一切。"较之华严宗的"一即一切、一切即一"之说，尽管前者表面只是换了一种巧妙的表述方式，但却多了一重时机化的悟境内容。十分明显，"一"就是道，就是形而上的本体，但却不离现象界的"多"，甚至本身就在现象界的"多"之中。"一本万殊"或"理一分殊"，说的就是这个道理。所以，"知行合一"的"知"与"行"就是"一"的一体两面，"知行合一"的"一"就是本体。"知""行"一旦分裂，就意味着本体的遮蔽或丢失，而失去了本体力量依据的人及其行为，只能是异化的人及其异化的行为。

《文化大观》："知"和"行"不能统一，会导致怎样的后果？

张新民：如果"知"和"行"严重割裂或分歧，不仅"知""行"本身会有矛盾冲突，人会违背人性良知而异化，更重要的是还会伤害到本真完整的自我，造成人与人之间的隔阂冲突，世界也会因为人人虚假而陷入严重危机，接踵而至的便是秩序的解体与人类的毁灭。

一个由假人组成的假世界，我想人是不值得活在其中的。

知易行难还是知难行易？
物质世界与精神世界要统一起来

《文化大观》：在"知行合一"中会产生一个问题，是知易行难还是知难行易呢？

张新民：究竟知难行易还是知易行难，理论界长期未能厘清。其实应该区别道德论与知识学，也就是古人所说的"尊德性"和"道问学"两个范畴或领域，来分别予以界说及讨论。

就知识学领域而言，可以说是知难行易。不妨举一个例子，譬如造飞机，知道造飞机的原理并加以设计很难，因为在知道造飞机的原理并能够设计之前，根本无法造出飞机。然而一旦知道造飞机的原理并能够合理设计后，比如空气动力结构，发动机动力运作原理等，自然就能不断地造很多不同类型的飞机，并随着技术的提升而更新升级。发现飞机原理并加以设计难，按照设计图纸造飞机易。同样的道理还可以用于建筑，建筑师设计图纸难，建筑工人造房子易，类似例证不胜枚举。这就是知难行易，但仅限于知识学领域。今天各个国家都有保护知识产权的法律条文，但盗窃技术及仿制的现象仍屡见不鲜，原因也与知（发明或发现）难行（制造或仿制）易有关。

然而回到道德论领域，则不能不说是知易行难。以抽烟为例，谁不知道抽烟是恶习，但偏偏就很难戒掉。谁不知道做假货损人利己不好，但偏偏就有人做假货损人利己。谁不知道贪腐不好，但偏偏就有人贪腐。谁不想要做好人，但做好人必须随时改正自己的缺点，但偏偏有人改正不了自己的缺点，就只能在口头上空谈做好人。概括为一句话，任何人都知道缺德是人生的大忌，可缺德作为一种社会现象仍层出不穷。《尚书·说命中》："非知之艰，行之惟艰"，就是专门针对道德领域的行为现象而言的。

我们今天不必回溯很久远的历史，只看一百年来人类社会的生存状况。毫无疑问，两次世界大战是人类正义战胜了邪恶，二战以后人类社会的经济发展空前迅速，但道德水准的发展也同样如此吗？答案恐怕是否定的。从这一理解视域出发，前面一再提到的"破山中贼易，破心中贼难"，以其用来与道德领域的知易行难相互诠释，似乎也会获得不少新的意义性领悟。"破心中贼难"重要的不在"知"而在"行"，因而从古到今的道德哲学，无论东方或西方，都会强调或凸显与道德实践理性精神有关的"行"。

《文化大观》：是不是"知"得不够深刻的原因呢？如果知道做了坏事需要承担其带来的后果，是不是就不会这么做了？

张新民：道德领域的知易行难，也可说是了解或掌握道德知识并不难，但要将其转为自律性的道德实践行为却并不容易。一个了解或掌握了大量道德知识并满口说教的大学教授，未必就能付诸行为实践而真有道德；一个不识一字却能堂堂正正做人的普通百姓，尽管不会说教或很少说教，却能以行动的方式证明自己很有道德。道德不是知识的高谈阔论，不是表面的装样显摆，而是踏踏实实地做人做事，以及透过做人做事所表现出来的真实人格的感召力。

中国古人常讲"发潜德之幽光"，"潜德"就是无言或不为人所知的道德行为，但却如黑夜中启明的星辰，能以无言的身教实践行为楷模，为一代又一代的人指明人生发展的方向。

与恪守道德者总是勇于承担伦理责任明显不同，道德败坏者总是要推卸或转嫁其应承担的伦理责任。惩罚只能在恶果产生之后才能兑现，他律性的制度原则固然十分重要，但并非就意味着其可排斥他律性的自觉原则，毕竟真正使人高尚的仍只能是自律原则。做了坏事需要承担惩罚性的后果，当然也为任何社会所必需，甚至形成公共性的法律制度的安排，但针对的仍是小人而非君子。儒家讲"君子有三畏：畏天命，畏大人，畏圣人之言"（《论语·季氏》），小人什么也不畏惧，即使知道要遭到惩罚，但面对巨大的利益诱惑，往往也会冒险做坏事。

做坏事必须承担相应的惩罚性后果，是一种因果逻辑关系，强化因果逻辑关系以防范小人的作恶，仍是从外部的社会约束或威慑说。从内部看则是私欲的膨胀，完全为个人私利所左右或驱使，然后才有行为后果及责任的发生，依然不出义利之辨的范畴。个别人甚至大道理讲得冠冕堂皇，但肚子里偏偏全是坏水，表面道貌岸然，其实坏事干尽。因此，儒家反对乡愿，认为乡愿是"德之贼"，对人类社会道德的伤害反而最严重。

《文化大观》：有时候，人类社会物质的进步往往以道德的损害为代价。

张新民：这是一种奇怪的二律背反现象，但不能因此就完全放弃道德自律精神，各种自动自发形成的社会规范或约束反而应有针对性地随时加强。道德世界的建构是十分艰难的，儒家的"畏"严格讲只是一种道德的敬畏，是心中的道德律令引发的忧患与不安，必须警惕和防范人类前进路途中的任何凶兆或危机。

儒家之所以大讲义利之辨，主要是劝勉人们勇于与道义和真理站在一起。追求符合人类长远福祉的道义和真理，未必能给个人带来实际的利益，但能促使个人的小生命融入人类的大生命。这种与道义与真理合为一体的人生必然是幸福的。正如我们不能说人越富有就越幸福一样，利益不是决定人生幸福的必要因素。物质财富固然为正常的社会所必需，但人还有价值的向往和意义的追求，否则即使富裕了也会感到痛苦，因为无意义的生活根本就不值得活下去。

"知行合一"是以生命行动的方式，返归本真天然的存在世界，本身就具有警惕和批判"乡愿"的重要意义。"知"与"行"的统一当然要反对一切口是心非的道德说教，毫不留情地批判被视为"德之贼"的"乡愿"。

《文化大观》：这是不是也启发我们，要把物质世界与精神世界统一起来？

张新民：当然应该统一。儒家并不否认物质生活的重要，也从不反对人们追求富裕，只是认为取财必须有道，反对损人利己非义的物质行为。所谓"义"除了必须诉诸道德理性的要求外，还应该符合更大群体乃至整个人类的利益，其本身就将利益原则与道义原则恰到好处地做了统一。道义原则必有其精神性，精神性如果有了神圣的信靠依托，与代表人生最高价值的终极诉求或终极目的相结合，还会产生更高一层的宗教性，做到舍生取义或杀身成仁。但即使如此，在儒家的思想文化系统中，仍然不排斥人们正当合理的物质利益诉求，总是要鼓励人们过上富裕健康的物质生活。

为学用加法，为道用减法
道的至高境界：超越富贵，回归本来

《文化大观》：王阳明的诗中多次提到了富贵：如《登泰山五首（其四）》中的"尘网苦羁縻，富贵真露草。不如骑白鹿，东游入蓬岛"，《陟湘于迈岳麓是尊仰止先哲因怀友生丽泽兴感伐木寄言二首（其二）》中的"吾道有至乐，富贵真浮埃"。您认为王阳明是怎么看待富贵的？

张新民：王阳明的诗句表达了他对富贵功名的蔑视，体现了他对超越的自由生活的向往。但他所蔑视的只是那种遗忘了圣贤之学，丧失了精神之自由，只知在富贵场中争利，在功利场中争名，完全沉浸在富贵利欲的小圈子中，根本不知道超越的情怀为何物的庸劣世风。钱德洪在《传习录序》中这样评价王阳明：

> 平生冒天下之非诋推陷，万死一生，遑遑然不忘讲学，惟恐吾
> 人不闻斯道，流于功利机智，以日堕于夷狄禽兽而不觉；其一体同

物之心，诚诚终身，至于毙而后已。此孔、孟已来贤圣苦心，虽门人
子弟未足以慰其情也。

我们从中便可以看到他的超越志向，感受到他强烈的人文情怀。

王阳明对财富和功利的完整看法，龙场悟道以后才逐渐形成。因为心学
是生命的学问，是人生修养的学问，只有在龙场悟道之后，他才真正做了超越，
有了系统的思想理论学说。

《文化大观》：但是，怎么超越呢？

张新民：老子讲"为学日益，为道日损"（《道德经》）。"益"是不
断增加，"损"是不断减少。也就是说，"为学"必然涉及经验性的知识，
用的是加法，也可称为正的方法；"为道"必然涉及形而上的道体，用的是
减法，不妨称为负的方法。二者的目的指向不同，方法上也大有差异。仅就
人的超越性诉求而言，"为道日损"就是一种必须时刻注意的方法，它能超
越性地帮助我们证入形而上的道体，是西方哲人长期以为做不到的"肉身成道"
的一种工夫实践。

"为学日益"主要讲经验知识的发展，是不断层层累积并逐渐增多的。
比如现代中国人的知识与唐宋以前的古人相较，不啻成上万倍地增加，但道
德难道就超越了古人？过去章太炎倡导"俱分进化论"，就认为智识的进化
固然可以单举，一方而不容置疑，但道德方面则是善亦进化、恶亦进化，我
们当然不能认为今人的道德就超过了古人。

"为道日损"是说道德修养的提升是以私欲的减少为前提条件的。诚如
王阳明所说："吾辈用功只求日减，不求日增。减得一分人欲，便是复得一
分天理；何等轻快脱洒！何等简易！"这就像真金必须反复锻炼去其杂质，
然后才能成为成色精纯的真金一样。人欲一步一步地扫荡减去，就一步一步
地接近本然真实的自己。

我们看龙场大彻大悟的王阳明，举凡一切可能影响或阻碍其悟道心境的
外部私心杂念，比如是非、得失、褒贬、毁誉、荣辱等，都被他一层一层地

剥离净尽，最后则是斩草除根地剿除内在于生命之中最难化去的生死一念，勇于面对生死又超越生死，才真正回归那个赤裸裸的本然真实的自我，领悟了"圣人之道吾性自足"。这是将"减得一分人欲，便是复得一分天理"的工夫用到了极致，才能产生的奇迹般的生命超越现象。看以神秘奇特，其实极为简易明了，不过善用减法，并将其用到极致而已。

知识的学问当用加法，生命的学问应用减法。王阳明后来告诫学生说：

> 诸君只要常常怀个"遁世无闷，不见是而无闷"之心，依此良知，忍耐做去，不管人非笑，不管人毁谤，不管人荣辱，任他功夫有进有退，我只是这致良知的主宰不息，久久自然有得力处，一切外事亦自能不动。（《传习录》）

显然就是大彻大悟过来人之语，但所言工夫仍可用"减法"两字来加以概括。

如果将"减法"用到极致，就连内在于人的生命之中，并与人的存在紧紧捆绑在一起的生死大事，王阳明也能透过人生最深层的体验来加以超越，那么俗世间的是非、得失、褒贬、毁誉、荣辱等，显然都更不足以累其心。因此，他特别强调"果能捐富贵，轻利害，弃爵禄，快然终身，无入而不自得已乎？夫惟有道之士，真有以见其良知之昭明灵觉，圆融洞澈，廓然与太虚而同体"（《答南元善》）。他显然最重视的仍是人的生活存在的超越自得与自由，一旦富贵、利害、爵禄有害于人的自得和自由，则一切都可以坦然从容地扫荡清除或抛弃。

《文化大观》：从事"治生"活动的人如何超越？人为什么应该超越自我呢？

张新民：王阳明说过"虽终日做买卖，不害其为圣为贤"一类的话，在他看来"治生"而不为"治生"所累，不"徒启营利之心，果能于此处调停得心体无累"，就是一种超越。我们从上面的讨论也不难看出，他并不反对取之有道的财富，只是主张有了财富还要超越财富。超越本身就是一种无滞无碍的境界，同时也是回归真实自我的一种方法，因而"心体上着不得一念留滞"。所以，私念当被扫荡净尽。如王阳明所说："不但是私念，便好的念头，亦着不得些子。如眼中放些金玉屑，眼亦开不得了。"（《传习录》）同样的道理，人不能成为财富的奴隶，不能有了财富而又执着于占有财富；人应成为财富的主人，虽拥有财富却又忘掉了财富。不是说"千金散尽还复来"吗？财富的价值在于服务人的生存发展，服务之后就该被忘掉，如果"沉溺于富贵声利之场，如拘如囚，而莫之省脱"（《传习录拾遗》），那就是他坚决反对的了。

儒家一贯主张为己之学，王阳明也认为"人须有为己之心，方能克己；能克己，方能成己"（《传习录》）。因此，他认为即使如"闾井、田野、农、工、商、贾之贱，莫不皆有是学，而惟以成其德行为务"。而从"为己"到最终"成己"的过程，意味着激活了生命的潜能，实现了生命的价值，成就了人文性的理想，展示了圆融的人格形态。

当然，无论"为己"或"成己"，都不可能封闭在狭小的一己之私的自我之内，必须投身于更广袤的社会文化活动空间，才能以成己成物的方式展示生命的全体大用。即使财富也只能在使用中实现其价值，使用则意味着必有市场的交换，交换则意味着互利性或公共性，于是便有了人与人之间意义与价值网络关系的构建。我们应该在人的整个生命定位中来把握财富，一切财富都只能服务于人的价值实现。因而要完全实现自己的生命价值，就必须一层层地超越自我。彻头彻尾精致的利己主义者，是不可能实现自己的生命价值的。

重建精神传统

除了物质的"生生"以外，还要有精神的"生生"

《文化大观》：所以人还是要有文化的支撑，否则就会迷失在金钱和欲望之中，没法超越自我了。

张新民：文化的创造活动是人之所以为人的存在前提，无论儒家或道家都认为，人及世界的存在不可能没有其内在的价值与意义。所谓价值与意义就是其具有一种不断创化的活力，无一不具有一种生而又生的善的属性，是有秩序和有法则可循的合理性存在。人在其中自觉不断地"参赞化育"，本质上就是不断地参与创造，不同的是天地无心，人为其立心——人是天地间最有灵性的存在。

中国人讲"道"或"道体"，"道"或"道体"就是能够发用流行生息不已的创造性源泉，因而人与天地万物有着一种"共生"的关系，"共生"即意味着生存的相互依赖性与共在性。

天地万物虽生生不已却不能自觉，人则参与其中而能主动自觉。人不仅应在生命及社会关系的结构中来定位和发展自己，更应在宇宙大化流行及与天地万物共在的关系结构中来定位和发展自己，从而更充分、更全面、更真实地实现自己的全部生命价值。

更重要的是，人不仅参与或见证了自然界生生不已的创化性实践，而且还创造了文化来点化自然界，希望形成一个人文化成的美好人间社会，从而为自己的生存生活及整个属己的世界赋予意义，形成源源不断的价值与意义的创造活动。文化世界本质上就是生活世界，缺乏文化的生活不成其为生活，因为它意味着人文事业的创造活动完全遁入了黑暗。

儒家讲"天地有好生之德"，此为天地之理，也就是儒家最为重视的"天理"，说明天地本身即有其内部的价值，它当然是与人的存在的生命之理是相通相贯的。因此，人的存在之理与万物的存在之理，是可以内外合一或统一起来的。在这一意义脉络下，王阳明指出"良知即是《易》，其为道也屡迁，变动不居，周流六虚，上下无常，刚柔相易，不可为典要，惟变所适"（《传习录》）。显然就是立足于内外合一之共生性大道，从更高的层面来看良知的宇宙论意义。

因此，天地有好生之德，人亦必有好生之仁，仁爱就是人类最基本的普适价值。它上合天道，下符人性，表现为无一物不在其关怀之中，万物"共生"当成为普遍性的原则。天地存在的意义就在于让万物不断地生而又生，人存在的意义在于以与万物"共生"的方式不断实践地创造和向前发展。

我们看到传统中国有大量的歌吟自然的文学艺术作品，表现为生命精神传统生生不息地传承和发展，需要一代又一代的人薪尽火传般地守护维系和发扬光大。

《文化大观》：在当今时代，我们应该如何构建好精神世界呢？

张新民：中国至迟自孔子提倡"仁爱"精神开始，通过一代又一代人的传承发展，逐渐形成了一个伟大的精神传统。这个传统当然也离不开道家的贡献，后来佛教传入中国并彻底本土化，更极大地丰富了其意义与价值的系统化内涵，形成了儒、道、释三家良性互动的生态格局。作为一个伟大的有久远传承历史的精神传统，其当然不可能是封闭的排外的，儒、道、释三家固然是其主流，但其他思想学说的汇入也不可忽视。正如长江黄河始终奔腾不已，必有千溪万涧汇入一样。开放性与包容性也是固有精神传统的重要特征，否则便谈不上其长期持有的丰富和多样性。

但是，这个精神传统在"五四"以后遭到了否定。否定之后又拿什么来代替填补呢？精神与价值的空虚或空洞总需要有东西去填补，除了孔、孟、老、庄之外，还有如文学家屈原、李白、杜甫，慷慨就义的文天祥、谭嗣同，等等，懂得了反思和批判的我们，今天仍然不能容许他们任何一人的历史性缺位，否则我们就真成了精神上一无所有的虚无化民族。

如同历史上吸收了包括佛教在内的大量外来文化因子，才不断扩大和丰富了我们的精神传统一样。我们今天也有必要立足于中国文化本位的立场，尽可能地吸收消化西方文化的合理因子，以价值良性互动及"共生""和生"的方式，来扩大和丰富这个已经绵延了数千年的伟大精神传统。如同儒、道、释三家各自按照自己的内在理路分头发展，但又不断透过沟通交流来丰富、提升、发展和壮大自身一样。今天的东西方文化也可以按照各自的内在理路分头发展，但又不断透过沟通交流的方式来丰富和发展自己的精神传统。儒家在历史上曾扮演了很重要的沟通和交流的角色，今天面对更大的世界舞台仍应发挥更突出的历史作用。有鉴于精神传统的重建，既能维护个体的人的自由与尊严，也能推动整体的人类社会的进步和发展，影响绝非任何狭隘的地域所能限制，故不妨称其为人类历史上最神圣和最伟大的事业。

当然，如果仅仅从儒家自身的精神传统看，几千年来能作为符号标志的一流人物，他们的所思所想都是如何在一个合理、和谐、健康、稳定的秩序中更好地维系和发展人类健康合理的生存与生活秩序，包括内部心灵理性与情感复杂交织结构必有的秩序，以及外部社会伦理、生态、政治、艺术、宗教等多元因素合为一体的结构性秩序。与天道人心相通的秩序本身就是价值，任何一个儒家人物都是合理健康秩序的维护者和建构者。

毫无疑问，王阳明也是儒家精神传统中最具代表性的一位人物，完全可与中国思想史上其他任何一位一流人物比肩并立。而作为整个中华民族精神传统的一个缩影，他经历过人生苦难和深邃生命体验后才逐渐形成其心学思想，也与民族集体经历长久艰难的心路跋涉历程才逐渐形成了自己伟大的精神传统相似，从而集中显示了中华民族长期生存发展百折不挠的智慧与勇气。

我们今天回首反观王阳明的一生，无论其思想或行为，都是要实现成圣成贤的价值理想，从早年的"心即理""知行合一"到晚年的"致良知""四句教"，其每一理论学说的总结性提出，都是人生境界的一次重大飞跃，将其嵌入整个民族的精神传统中来加以定位和评判，似也有与其他民族的精神传统交流对话的世界性重大符号意义。

从恢复和重建自身固有的伟大精神传统入手，拯救一个民族安身立命必需的灵魂，在积极发展经济的同时，也不忘精神的自我安顿。我相信只要天地还在，人心未死，历史记忆犹存，良知一念未泯，开放创造的心智尚健，生活经验与直觉的基础仍在，人与人之间的相处是"兼相爱"而非"交相恶"，存在的意义之网依然有所联结，中国文化的重建就是有希望的，民族集体精神传统的复兴就是有可能的。

杨朝明：

山东大学特聘教授。

国际儒学联合会副理事长、中华孔子学会副会长。全国政协委员。先后担任曲阜师范大学《齐鲁学刊》编辑、孔子文化学院院长、历史文化学院院长，孔子研究院院长，尼山世界儒学中心副主任。

出版《周公事迹研究》《鲁国历史与文化》《儒家文献与早期儒学研究》《出土文献与儒家学术研究》《孔子家语综合研究》《儒学精神与中国梦》《论语诠解》《孔子家语通解》《孔子之道与中国信仰》《从文化自知到文化自信》等。

人生境界与财富方向

——"孔子文化第一书"
带你走进孔子的"财富"世界

无论过去、现在还是将来，"财富"是每个人关注的话题。自从人类跨入文明的门槛，也就开始了思考财富问题的历程。

无论是一贫如洗还是腰缠万贯，每个人都有自己的财富观。然而，并不是每个人都能幸运地打开财富之门，找到属于自己的方向。当面对人生逆境时，仅存的一点道德与良知更是被冲击得七零八落。

作为一位影响了中国两千多年的思想家，孔子在中国人的社会生活中抹下了浓墨重彩的一笔，他的思想潜移默化地影响着国人的社会生活和思想观念。而对于人人皆有兴趣的财富话题，这位"至圣先师"自然不可缺席。孔子的身影与言语曾出现在多部重要典籍中，而记载孔子及其弟子言行最为翔实的一部典籍——《孔子家语》却长期以来被视作伪书，未能出现于大众视野。财富的方向在何方？我们该如何面对不断膨胀的欲望？人在贫穷、富贵的不同境遇中应该保持怎样的人生境界？如何发掘属于自己的精神财富？透过"孔子文化第一书"，杨朝明教授带我们走进孔子的"财富"世界。

一、儒家创始人带你找到财富的方向

孔子对财富有着较一般人更为深切的感受

《文化大观》：孔子作为儒家的创始人，谈儒家的财富观，自然离不开孔子。身处动荡的春秋时代，孔子关注财富的问题吗？

杨朝明：儒家着眼于人心和顺、社会和谐，特别注重人心和道心、人情和人义、天理和人欲的关系，思考人的自然性和社会性的关系，因而特别关注人性和人的价值。孔子十分关注财富问题，儒家的财富观值得认真思考、用心解读。

追寻孔子，回到春秋时代，我们能感受到那个时代的动荡。不过，时代在发展，生产力在提高，人们的生活资料也逐渐富足。在这样一个动荡的乱世，人们的身份地位也不断改变，从而刺激、激励着人们对财富和权势地位的追求。面对这样的世道，孔子的认识得以提高，他的财富观得以凝练与升华。

孔子一生经历坎坷，既有任鲁大司寇、俸禄二千石的富贵荣耀，又有周游列国、困于陈蔡的穷困潦倒，因而他对财富有着较一般人更为深切的感受。例如他少年时代，家境贫寒，母亲与他相依为命，面临着与艰苦生活的抗争。在孔子成人之后，他作乘田、委吏，为谋生奔劳。艰辛的生活考验着他，他也认识到了物质财富的基础意义。

《文化大观》：今天，我们能从哪些经典中认识孔子的财富思想？

杨朝明：说到孔子的财富观，人们马上会想到《论语》等"四书"中孔子的许多重要论述，诸如"富而好礼""以义为利""足食足兵""富而后教"之类的相关言论。

随着学术的发展，人们越来越关注到另一部极其重要的典籍——《孔子家语》。这部书内容丰富、资料翔实，专门记录了孔子的言语事迹，但却长期被看成伪书，弃而不用，极其可惜。当我们细心研读《孔子家语》时，发现它可以帮助我们更好、更准确地走进孔子的思想世界。孔子的思想深刻影响了历代的中国人，也影响到了中国以外的更多国家和地区。

"孔子文化第一书"带你走进孔子的"财富"世界

《文化大观》：《孔子家语》到底是不是伪书呢？

杨朝明：过去因为疑古派的非难，人们多认为《孔子家语》是伪书，而近几十年来早期简帛文献的出土一再证明，《孔子家语》确为先秦旧籍，并非后世"言之凿凿"的伪书，越来越多的人开始认识到它的价值。

早期文献特别是汉简发现以后，认为《孔子家语》是伪书的声音依然存在。直到上海博物馆藏战国竹书出土以后，大家发现战国时期的文献竟然和《孔子家语》文献相同，这对于学术界是一个巨大的震动。有学者对该书进行了很好的研究，发现其中的记载十分的珍贵，认为该书属于"孟子以前遗物，绝非后人伪造所成"，从而"轰然打破"了原来的"成见"。《孔子家语》陆续成于孔安国以及与王肃同时的孔猛等孔氏学者之手，经历了一个漫长的编纂、改动、增补过程，是孔氏家学的产物。在有关孔子和孔门弟子及古代儒家思想的研究中具有重要价值。

《文化大观》：为什么要从《孔子家语》看孔子的财富观？

杨朝明：《孔子家语》包含着孔子丰富的财富观资料。结合《孔子家语》对孔子的财富观重新进行审视，会使得我们对孔子思想的认识更加深入，也愈发会对孔子的财富思想深深感佩与敬畏。说到《论语》，可以说是家喻户晓，几乎尽人皆知，而说到《孔子家语》，人们可能就要陌生很多。《孔子家语》其实与《论语》性质相近或相同，而资料的丰富性却又远远超过了《论语》，这是一部极重要的关于孔子思想与儒学学说的典籍。

2013年11月26日,习近平总书记视察孔子研究院时,看到桌子上摆着的《孔子家语通解》和《论语诠释》,打开翻阅,并表示要仔细看看。①

2020年11月26日晚,在山东济宁"孔孟之乡智慧沙龙"第50期,我应邀举行题为《〈孔子家语〉及其重要价值》的演讲。演讲结束后,著名书法家、曲阜师范大学教授乌峰先生,将亲自手书的书法作品相赠,上面所写的字格外引人注目:半部《论语》治天下,一部《家语》兴中华。后来我了解到,这是主办方精心准备的礼物。世人皆知"半部《论语》治天下"的说法,而"一部《家语》兴中华"的说法还是头一次听说!于是,书法作品一亮相,就引起了人们的瞩目。人们兴致浓厚,不禁想要了解《孔子家语》的价值,了解《孔子家语》与《论语》的关系。主办方之所以专题学习《孔子家语》,正是基于《孔子家语》的特殊价值与意义。在我看来,该书堪称一部"奇书",因为这样一部重要的著作竟然长期湮没无闻,而且被称为"伪书",连孔孟之乡的人们也很少知道这部书。

《文化大观》:《孔子家语》是一部什么样的书?

杨朝明:《孔子家语》,又名《孔氏家语》,或简称《家语》,是一部记录孔子及孔门弟子思想言行的著作。近几十年来,我一直十分关注《孔子家语》研究。《论语》的价值当然不可小觑,要知道,"半部《论语》治天下""天不生仲尼,万古长如夜"之类的说法,绝不是前人的梦呓。然而,《孔子家语》更生动翔实地记录了孔子及孔门弟子的思想言行,同样具有极其重要的价值。新材料的不断问世,打开了人们的学术视野,也看清楚了《孔子家语》成书问题的真相。《孔子家语》资料珍贵,卷帙丰富,把人们带入中国早期思想认识的新境界。经过长期的研究,我越来越坚信,《孔子家语》的价值绝不在"四书"之下,完全可以称得上"儒学第一书"或"孔子文化第一书"。

仅就孔子的生平而言,《孔子家语》就可以补充《史记·孔子世家》的许多内容,《孔子家语》中有多篇文献涉及孔子的家世、早年、从教、为政、

---

① 许民彤:《总书记要"仔细看"的儒学书籍》,《人民日报·海外版》,2013年12月20日。

周游、临终等事迹，其中涉及孔子财富观的资料比比皆是，将这些材料与其他相关文献参验合观，对孔子思想的认识就有了更多的凭据。

《文化大观》：请您讲讲《孔子家语》与《论语》的联系与区别。

杨朝明：《孔子家语》是关于孔子言论以及相关资料的一种汇编，作为历史文献材料，它和《论语》是完全一样的。孔子长期从事教学，留下了很多的遗说，这些遗说都是孔子弟子所做的笔记。孔子去世后，大家汇集、编辑、传播孔子学说，为了更好地表达孔子的思想，选出了一些材料编成了《论语》，剩下的那些材料集合而成为《孔子家语》。《孔子家语》与《论语》两部书实际上性质是一样的，由此可见《孔子家语》的重要性。

从资料的厚度上讲，《论语》16000 多字，《孔子家语》是《论语》字数的 3.578 倍。

在形式上，《论语》是精心编排的语录体，《孔子家语》却有故事情节，有对话场景，汇集了孔子的大量言论，再现了孔子与弟子、时人谈论问题的许多场景，还有经过整理的孔子家世、生平、事迹以及孔子弟子的材料。与《论语》相比，《孔子家语》内容更加丰富，具体而又生动，且首尾完备，提供了更多的学术信息，展现了更为真实、更为丰满的孔子形象。

我每次读到《孔子家语》，都被《孔子家语》的价值深深震撼。比如说我们对于《论语》的很多误解，在里边竟然几乎都有答案。比如说《论语》里边有一句话："民可使由之，不可使知之"，很多《论语》版本翻译成："老百姓可以让他那样做，没有必要让他知道为什么，这显然是愚民政策。"但是在《孔子家语》里边，有："君子莅民，不可以不知民之性，而达诸民之情。既知其性，又习其情，然后民乃从命矣。"对比可见，《论语》中的话，好像是愚民，而《孔子家语》中说的是重民。其实这里就是一个标点错误。如果没有《孔子家语》，那么《论语》的标点错误很难被发现，像这样类似的问题有很多。《孔子家语》中的文献资料纠正了不少传世文献的错误，更是激活了一批被人们长期误认作"伪书"的著作，夯实了孔子儒学研究的基础，为今天人们认识孔子、儒学与中华古代传统文明打开了一扇全新的窗户。

美好的生活需要财富支撑
财富之路上不能迷失方向

《文化大观》：在孔子看来，我们应该怎么看待财富？

杨朝明：在《论语》中有这样的表述，叫作"子罕言利"。"罕言"并不等于不言，更不等于孔子反对别人"言"。孔子很少言利，不是排斥利，而是强调追求财利的正当性，合理性。正如《论语·述而》记孔子所说："富而可求也，虽执鞭之士，吾亦为之。如不可求，从吾所好。"所谓"执鞭之士"所做的工作，在当时应该是一种地位较低的职业。但孔子认为如果财富可以通过努力而获得，即使是这样的职业，自己也愿意去做。

在《孔子家语·致思》中，有这样一段话：

> 孔子曰："季孙之赐我粟千钟也，而交益亲；自南宫敬叔之乘我车也，而道加行。故道虽贵，必有时而后重，有势而后行。微夫二子之贶财，则丘之道，殆将废矣。"

自从季孙氏送孔子千钟粮食，他又把它转送给了交往的朋友，从这以后孔子和朋友的交往更加亲密了。孔子想见老聃而西观周，南宫敬叔帮孔子得到车马。孔子在周历观郊庙返回之后，弟子四方来习，孔子的主张得到了更好的推广。无论"交益亲"还是"道加行"，都离不开"财"。

《文化大观》：从孔子的视角来看，财富对人生有怎样的意义？

杨朝明：优裕的生活环境能给我们追求道义提供更有利的条件，而我们在追求理想和事业的过程中也可以创造财富，为自己营建更好的生活环境，二者相辅相成。

孔子认为，"富而好礼"是一种很高的修为。孔子提倡人们不只要遵守礼的规范，还要达到仁、义、善的境界。人生的境界再提高一个层次，就是"博施于民而能济众"，孔子认为能给老百姓很多好处又能周济大众，可以说是达到了"圣"的境界。这都是要有物质财富作支撑的。

《文化大观》：人应该如何求取财富呢？

杨朝明：美好的生活需要财富支撑，人人也都有对"富与贵"的向往，但在追求财富的路上不能迷失了方向。

在《孔子家语》中，相关的论述就有很多。例如《相鲁》篇记载，孔子在做中都宰的时候，"制为养生送死之节"，制定了使老百姓生有保障、死得安葬的制度。这些养生送死的礼节具有多方面的意义，其中就有节约用度的意义。

孔子还采取措施，抑制和约束不合理取财之类的行为。《相鲁》篇记载：

> 鲁之贩羊有沈犹氏者，常朝饮其羊以诈市人……有慎溃氏者，奢侈逾法；鲁之鬻六畜者，饰之以储价。及孔子之为政也，则沈犹氏不敢朝饮其羊……慎溃氏越境而徙；三月，则鬻牛马者不储价，卖羔豚者不加饰。

以前，鲁国有个名叫沈犹氏的羊贩子，常常在清晨上市前给羊灌水，用欺骗手段赚取更多金钱；还有个叫慎溃氏的人，生活奢侈超出了规定；鲁国卖六畜（马牛羊鸡犬猪）的人常有欺瞒顾客和哄抬物价的行为。孔子为政之初，就实施举措，羊贩子沈犹氏不敢再给羊灌水，慎溃氏迁离了鲁国。孔子当政三个月后，卖牛马的不再哄抬物价，卖猪羊的也不再欺瞒顾客。于是，中都"政化大行"，兴起忠信之风。

据《孔子家语·贤君》篇记载，齐景公适鲁向孔子问政，孔子答曰："政在节财"；在《孔子家语·辩政》篇的记载中，孔子则明确指出了"奢侈不节以为乱"的现象；在《孔子家语·入官》篇的记载中，孔子有"奢侈者，财之所以不足也"之说。孔子反对奢侈、滥用财富的行为，认为应节约用度，约束不合理的取财行为。所以《孔子家语·儒行解》有孔子"儒有不宝金玉，而忠信以为宝"的说法。

求财本能与"为人之义"的冲突如何化解？

《文化大观》：人都有追求财富的本能，孔子怎么看待人性？

杨朝明：从某种意义上讲，儒学是关于人的学问。孔子创立的儒学直指人心，思考人的自然性与社会性的关系。

《孔子家语·礼运》记载孔子说：

> 何谓人情？喜、怒、哀、惧、爱、恶、欲，七者弗学而能。何谓人义？父慈、子孝、兄良、弟悌、夫义、妇听、长惠、幼顺、君仁、臣忠，十者谓之人义；讲信修睦，谓之人利；争夺相杀，谓之人患。圣人之所以治人七情，修十义，讲信修睦，尚辞让，去争夺，舍礼何以治之？

什么是人情？喜、怒、哀、惧、爱、恶、欲，这七种感情是不学就会的；什么是人义？父亲慈爱，儿子孝顺，兄长和悦，弟弟友爱，丈夫守义，妻子顺从，长者仁惠，孩子听话，君主仁慈，臣子忠诚，这十种叫做人义；讲究信义，重视和睦，这就叫做人利；彼此争夺，相互厮杀，这就叫做人患。圣人之所以能治理人的七情，得十义，讲究信用，重视亲睦，崇尚辞让，摒弃争夺，就是用礼来治理。实际上，孔子就是基于这样深刻的对于人性与人的本质的认识，形成了礼的思想，强调了礼的功能在于"济变""弥争"。儒家谈"人之所以为人者"，谈"人之所以异于禽兽者"，就是从"为人之义"的角度切入，所以人应当遵道而行、循礼而动。

孔子又说："饮食男女，人之大欲存焉；死亡贫苦，人之大恶存焉。欲、恶者，人之大端。人藏其心，不可测度，美、恶皆在其心，不见其色，欲一以穷之，舍礼何以哉？"（《孔子家语·礼运》）人都有追求财富的本能，尤其春秋时期，在各诸侯国之间战车的轰鸣声中，在打制铁器的繁忙景象中，人们对军功、权势和财富的追求被刺激了起来，而为了这种追求，违背礼义和道德的事情常有发生，引出了尖锐的社会矛盾。这些深深地震撼了当时的思想家，促使人们进行深入的思考。

孔子深刻思考人性，认为作为自然的人都会向往经济上的富足，这是"人情"；但人毕竟是社会的人，人必须思考作为"人"的存在意义，这就是"人义"。

求财不能无原则
以道致富，以义致利

《文化大观》：追求财富应该遵循什么样的原则？

杨朝明：面对财富，人人可得，人人应得，是不是怎样得到都值得赞赏？孔子断然回答：不。

追求财富应该按照一定的规则，这个规则就是"道"。孔子倡导以道致富，以义致利，这就是俗话说的"君子爱财，取之有道"。如果不是以合于道义的方法获得的，什么样的富贵也不能接受。那种不合道义的富贵，对我们就像一片浮云，要和它挥手告别。

孔子极力强调富应立足于"道义"，《论语》中多处明确这一点，诸如"见得思义""见利思义""义然后取"。面对利益的诱惑时，要先考虑是否符合"道义""礼义"的要求，符合才能够接受。

《文化大观》：在孔子看来，什么样的财富观是可耻的？

杨朝明：孔子认为，财富"不以其道得之，不处也"。追求财富不择手段，通过损人利己，损公肥私来获取财富是可耻的，是不符合"道"或者"义"的要求。

孔子还认为，如果一个国家政治昏暗，却有人既富且贵，这是可耻的。因为这样的富贵值得质疑：来路是否正当。如果一个国家政治清明，政策恰当，却还有人穷困不堪，就只能归根于自己的不努力，这也是可耻的。

国家政治清明，鼓励人民通过努力工作，从而拒绝贫贱，取得富贵。

英国古典经济学大师亚当·斯密在其名著《国富论》中提出，这个世界不会去尊敬一个没有竭尽全力追求财富的人，但只要他不是借助于卑劣行为和不公正就能获得财富的话。对照孔子的财富观，两位伟人面对财富时的态度是惊人的一致。

面对不断膨胀的欲望
于内在筑起"礼"的堤防

《文化大观》：俗话说欲壑难填，面对不断膨胀的欲望，应该如何进行克制？

杨朝明：孔子认为，富与贵人人都希望得到，追求富贵天经地义，每个人都有这种权力。然而，追求利益不能"好恶无节"，必须于内在筑起"礼"的堤防，以"仁义"进行约束，预防物欲横流。所以《孔子家语·礼运》说：

> 礼之于人，犹酒之有蘖也，君子以厚，小人以薄。圣人修义之柄、礼之序，以治人情。人情者，圣王之田也，修礼以耕之，陈义以种之，讲学以耨之，本仁以聚之，播乐以安之。

意思是说，礼对于人来说，就好像酿酒要有酒曲一样。君子因为遵循礼制品德会更加淳厚，小人因为违背礼制品德会更加浅薄。圣人修治义的根本、礼的秩序，用来治理人情。

《文化大观》：在致富过程中，哪一点最为重要？

杨朝明：在致富的过程中，诚信是最重要的。诚信是君子的必备品质之一。《孔子家语》中多次提到了"信"的重要性。如《孔子家语·儒行解》中的："儒有忠信以为甲胄"，儒者把忠信作为铠甲。

《儒行解》篇中还有两段话对诚信的重要性进行了阐述：

> 儒有居处齐难，其起坐恭敬，言必诚信，行必忠正。道途不争险易之利，冬夏不争阴阳之和。爱其死以有待也，养其身以有为也。

意思是说，儒者的起居庄重谨慎，坐立行走恭敬，讲话一定诚信，行为必定中正。在路途不与人争好走的路，冬夏之季不与人争冬暖夏凉的地方。不轻易赴死以等待值得牺牲生命的事情，保养身体以期待有所作为。

> 儒有不宝金玉，而忠信以为宝；不祈土地，而仁义以为土地；不求多积，多文以为富。

这句话的意思是，儒者宝贵的不是金玉，而是忠信；不谋求占有土地，而把仁义当作土地；不求积蓄很多财富，而把学问广博作为财富。

二、"安贫乐道"与"富而好礼"
以精神生命的升华从容面对人生境界

"富而好礼"
人不应止步于基本财富欲求的满足

《文化大观》：财富的欲求问题基本满足以后，人应具备哪些品质？

杨朝明：孔子认为"贫而无谄，富而无骄"是起码的道德准则。孔子曾说富贵后能做到谦逊敬让不骄傲，这是对富人基本的道德要求，也是容易做到的。孔子认为这还做得不够，应该更上一档次达到"富而好礼"的境界。我们注意到，这里用的是"好"字。"富而好礼"就是提倡人们不仅要遵守礼的规范，还要达到仁义善的境界，需要有更高层次的品德修养。

《文化大观》：为什么要"富而好礼"呢？

杨朝明：孔子认为，一个人如果富有而不喜欢遵守礼制，是要遭殃的。孔子的弟子南宫敬叔的故事可以说明这一点。南宫敬叔是孔子弟子中几个少数贵族子弟之一。

《孔子家语·曲礼子贡问》记载了这样的故事：鲁国的南宫敬叔因为富有而得罪鲁定公，出奔卫国。卫国国君请求鲁定公允许敬叔回国。南宫敬叔回国以后，满载着财宝朝见定公，以求恢复官职。孔子听说此事后，说："如果像这样使用财货行贿，丧失了官位还不如快点贫穷好。"当时子游正陪侍在一旁，询问道："为什么这么说呢？"孔子说："富而不好礼，殃也。"

南宫敬叔是因为富有而丧失了官位，但又不改正。所以孔子担心他将来有祸。敬叔听说以后，立即赶到孔子家里，向孔子请教。从此以后，敬叔遵守礼制，并把财货施散给百姓。

《文化大观》：如何做到富而好礼呢？

杨朝明：孔子倡导把追求财富与实现社会公利联系起来，孔子既肯定对私利的追求，更主张将财富的追求有所升华，将个人对一己财富的追求提升到人类社会的更高境界。

要实现"富而好礼"的社会，孔子认为必须通过教化。孔子师徒周游列国到卫后曾有一段对话，弟子冉有问一个国家人口兴旺后该怎么办？孔子提出了"庶矣""富之""教之"的观点，体现了先富后教思想。

"独富"不是真正的富贵

《文化大观》：人在富贵之后，应该如何合理消费和运用财富？

杨朝明：关于财富的消费，尽管当时人们有各种各样的观点，但孔子立场鲜明主张"节用"。

孔子甚至把这一点提高到了治理国家的原则中。他认为治理一个具有千乘战车的国家，节约费用、仁爱他人是重要的方面。他认为国家再大，也应当节约用度，不可奢侈浪费。

即使是对于极为重视的礼，孔子都提倡节俭。孔子说："礼，与其奢也，宁俭"，也就是说，礼虽然重要，但也不能奢侈浮华。对于一般的礼仪，与其铺张浪费，宁可朴素节约。孔子重视礼，所看重的是礼的本质意义，而不是表面的形式，形式显然表现着内容，但不一定讲排场，比阔气，应当在不违礼伤义的前提下注意节约。例如，礼帽一般用麻料来织成，传统的礼就是如此。但孔子时代，人们都用丝料，这样会节俭一些，孔子也赞同大家的做法。孔子非常喜欢弟子颜回，师徒二人的关系就像父子那样，但颜回去世以后，孔子的学生们坚持厚葬，孔子同样也不赞同。

孔子还认为在富裕时就要想到贫穷的处境，一定要施舍。在《孔子家语·三恕解》中，孔子讲"有思其穷则务施""有而不施，穷莫之救也"。富有的时候不施舍，等到贫穷时，就没有人会救助你了。因此孔子鄙视那种"独富独贵"的行为，认为只有自己一个人富贵，不是真正的富贵。

《文化大观》：就是说，孔子反对"独富"，倡导共同富贵。

杨朝明：孔子反对少数人的财富过分积聚，主张共同富贵；也反对个人富裕之后对周围的人们不闻不问，认为这不符合"君子"人格的要求，所以孔子说："独贵独富，君子耻之。"（《孔子家语·弟子行》）只求独自一人富贵，君子认为这是可耻的。孔子的弟子澹台灭明就做得很好，他不仅"贵之不喜，贱之不怒"，地位高贵的时候不自喜，地位低贱的时候又不怨怒，他还十分注意考虑百姓的利益，注重自身行为廉洁。

孔子洞悉社会动乱的根源在于财富分配不均。他看到，当时的统治者贪得无厌，利用权力，无端占有大量财富，这样就会带来极大的恶果。例如，季氏"富比周公"，却还到处搜刮。社会财富也许永远没有"取之不尽，用之不竭"的时候，无论财富的消费和分配如何的合理，社会总有富有和贫穷之分，总有贫富差距。春秋时期的贫富对立相当尖锐，为缓解这种对立，孔子除了提出财富分配要"均无贫"，更倡导人们积极、努力地追求精神财富。

"贫穷"与"富贵"
以精神生命的升华从容面对人生境界

《文化大观》：圣贤是儒家的人格追求，圣贤对待财富的境界如何？

杨朝明：在孔子思想中，人在人格上都是平等的，但孔子希望人们放大格局，尽力提升自己的素养。在孔子和早期儒家的语境中，有大人、小人，君子、小人，中人以上、中人以下，有生而知之者、有学而知之、有困而学之者、有困而不学者。在《孔子家语·五仪解》中，孔子还把人分成庸人、士人、君子、贤人、圣人各类。毫无疑问，圣贤是儒家的人格追求。以至于后世有"不为圣贤，便为禽兽；莫问收获，但问耕耘"之类的说法。

在对待财富方面，贤人的境界是"富则天下无宛财，施则天下不病贫"，自己富有了，人们就不积私财；广施德泽，使天下之人不担忧贫困。圣人的格局自然更高，在孔子心目中，圣人"德合于天地，变通无方，穷万事之终始，协庶品之自然，敷其大道，而遂成情性"（《孔子家语·五仪解》）。圣人的光明如同日月，教化天下如同神明，能协调万物的自然本性，广布道艺从而依照万事万物的自然规律来成就它们。所以《孔子家语·三恕解》记孔子有"有而不施，穷莫之救也"之说；《孔子家语·弟子行》记孔子有"独富独贵，君子耻之"之说。

孔子回到鲁国后，住在鲁哀公招待客人的馆舍里，哀公问他"儒者的行为"，孔子是这样讲的："不求多积，多文以为富。"（《孔子家语·儒行解》）儒者不追求多积累钱财，把提高自己的素养作为财富，而且"君得其志，民赖其德，苟利国家，不求富贵"，军民都依赖他的德、志，不以追求自己的富贵为目的。

《文化大观》：对于处于贫穷境地的人来说，应该怎么看财富？

杨朝明：对于处于贫穷境地的人们来说，孔子更提倡达到一种"贫而乐"的境界。

东汉郑玄理解"贫而乐"是"乐谓志于道，不以贫为忧苦"，南朝梁经学家皇侃在《论语义疏》中认为"乐"字下佚失或省略了"道"字。郑、皇注解可谓一语中的，把握了孔子思想的核心。我们可以联系孔子对君子的定位来理解。君子应该做到"食无求饱，居无求安"，并且应"谋道不谋食""忧道不忧贫"，有理想、有志向的君子，不会总是为自己的吃穿住而奔波的，君子不要求吃得太饱，也不要求住得太安逸，而应该一心一意地谋求道义。

那么孔子所谓"贫而乐"，不是越穷越高兴，越穷越光荣，而是即使处在贫苦中还能乐于学道、弘道。可见孔子倡导安贫乐道的人生观，认为不能一味追求物质生活的享受，而更应重视精神生命的升华。即使有志于道的士人，如果他们"耻恶衣恶食"，以自己穿破旧的衣服、吃粗糙的食物为耻，也"未足与议也"，不值得再与他们谈论道了。

孔子曾说自己："饭疏食、饮水，曲肱而枕之，乐亦在其中矣。"（《论语·述而》）吃粗糙的食物、喝凉水，枕着胳膊当枕头睡觉，乐趣也在其中，如果和后面的一句"不义而富且贵，于我如浮云"合起来看，这里的乐趣应该是在于追求道义。

财富求而不得该如何？
寻"孔颜乐处"

《文化大观》：如果财富求而不得，该怎么办？

杨朝明：孔子曾形容自己，吃糙米，喝冷水，枕着胳膊睡觉，也能"乐在其中"。财富如果不可以求得，那就做自己喜欢的事情。孔子周游列国期间到处碰壁，他没有怨天尤人、低迷消沉，而是积极面对。即使在陈蔡绝粮的穷困境遇中，弟子们身心疲惫不堪，他也等闲视之，仍然弹琴唱歌。这就是孔子提倡的安贫乐道的人生观。

孔子看多了社会上的因贫而生怨、因怨而生恨、因恨而起乱的现象，认为贫穷却不去奉承、谄媚是最基本的道德要求，贫穷还没有怨恨，心平气和，就比较难做到了，因而也显得尤为可贵。

《文化大观》：《孔子家语》也提到了孔子的弟子，它们的财富观是怎样的？

杨朝明：如果整体观照《孔子家语》，就会发现该书也有《颜回》篇，专门记述颜回的言行。

文中记载颜回认为治国者应该"不穷其民力"，就像驾车者"不穷其马力"。统治国家者如果敛财无度，就会出现严重后果。在颜回看来，"人穷则诈，马穷则佚。自古及今，未有穷其下而能无危者也"。人走投无路则会诈骗，马筋疲力尽则会逃走。从古至今，没有使手下人陷入困穷而他自己没有危险的。

　　颜回、子贡都是孔子最得意的门生，他们的财富观与孔子所提倡的不谋而合。孔子曾连连称赞颜回的贤德，认为颜回居住在简陋的小巷里，一竹筐饭食、一瓢凉水，别人都忍受不了那种清贫的忧愁，颜回却不因此而改变自己的志向和乐趣。在这种环境中，颜回勤勉好学，对仁德的追求却丝毫也没懈怠，能将心思长久地不离开仁道，处处以仁为意。这与孔子的"乐在其中"是一致的，孔子甚至说在这方面自己都不如颜回。后人苦苦追寻的"孔颜乐处"，当在他们的财富观中得到答案。

三、从关于社会和谐的学问中发掘自身真正的财富

各正性命，各安其位
才能真正有公平与公正

《文化大观》：孔子将中华文明的精髓传承于后世，并形成了自己的思想，孔子的理想是怎样的？

杨朝明：孔子的理想是"大道之行，天下为公"，《孔子家语·礼运》记载了孔子的政治追求：

> 大道之行，天下为公，选贤与能，讲信修睦。故人不独亲其亲，不独子其子，老有所终，壮有所用，矜寡孤疾，皆有所养。货恶其弃于地，不必藏于己；力恶其不出于身，不必为人。是以奸谋闭而不兴，盗窃乱贼不作，故外户而不闭。谓之大同。

从孔子的论述中不难看出，作为孔子的大同理想，"天下为公"的"公"说的是人的公共意识和公德意识，从人能"群"的意义上，从社会的动态发展意义上，"公"还具有一定的公正和公平意义。

《文化大观》：为什么公平、公正如此重要？

杨朝明：儒家讲"正"。何为"正"？有学者从文字结构上解释"正"为"守一以止"。"一"就是整体，"止"就是作为整体中一方面的自身缩影努力的方向。人而知止，就能定静安虑，就能有得。所以人能各正性命，各安其位，各尽职分，才能真正有公平与公正。因此它是一个从认知到实践的过程。

《孔子家语·五刑解》记载了孔子很精彩的论述。

孔子曰："圣人之设防，贵其不犯也；制五刑而不用，所以为至治也。凡民之为奸邪、窃盗、靡法、妄行者，生于不足，不足生于无度。无度则小者偷惰，大者侈靡，各不知节。是以上有制度，则民知所止；民知所止，则不犯，故虽有奸邪、窃盗、靡法、妄行之狱，而无陷刑之民。"

孔子所创立的儒学正是关于社会和谐的学问，《淮南子·要略》说："孔子修成、康之道，述周公之训，以教七十子，使服其衣冠，修其篇籍，故儒者之学生焉。"司马迁《史记·周本纪》说："成康之际，天下安宁，刑错四十余年不用。"孔子所修、所述者，无非就是让人们知其所止，有公平公正意识，有明确的社会性意识。

《文化大观》：要想做到公正、公平，社会管理者应该具备什么样的素质？

杨朝明：孔子的财富观与其社会管理思想紧密相连。据《孔子家语·大婚解》记载，孔子说：

"人道政为大。夫政者，正也。君为正，则百姓从而正矣。君之所为，百姓之所从。君不为正，百姓何所从乎？"……孔子对曰："夫妇别，男女亲，君臣信。三者正，则庶物从之。"

人们要更好地取得财富，更合理地支配财富，都需要强调一个"正"，而这一切，关键都在于为政者。我们可以说，广义的"为政"就是社会管理。

那么，社会管理者应该具备什么样的素质？"为政以德""政者正也"就是答案。哪些人是"为政者"？有德有位之人是"为政者"，"为政者"首先应该是社会精英，但社会精英并非单一评价标准。

作为中华经典的核心著作，《论语》在培养是非观、荣辱观方面作用重大。1914年，辜鸿铭先生在所著《中国人的精神》中说："孔子全部的哲学体系和道德教诲，可以归纳为一句，就是'君子之道'。"《论语》之学是君子之学，《孔子家语》与之性质相同，当然也是如此。"君"就是领导者，而领导者应该是有德者。有德者在其位，在其位者有其德，这才能"为政以德"。领导者的"名副其实"首先是要有德。

《文化大观》：儒家伦理如何运用在经济与社会发展中？

杨朝明：儒学注重以"君子之道"濡染时代精英，社会要健康发展，就必须有一大批走在时代前列的人，这些人所思所行一定要明理知义，引导世人遵道而行、循理而动。这就需要将儒家伦理，包括经济伦理、社会伦理和文化伦理发扬光大，只有这样，经济与社会才有可能稳步发展。孔子的思想特质也在于此，《孔子家语》所彰显的根本精神就在于此。

"藏富于民"
只有合理分配财富，才能实现社会的和谐

《文化大观》：要想达到"老有所终""矜寡孤疾，皆有所养"的目标，统治者应该如何分配财富？

杨朝明：孔子认为对于统治者来说，不用担心财富少，而应担心分配不均；财富分配平均了，就无所谓贫富了。

在孔子所处的时代，有严格的等级制度，而等级就意味着权势和财富，因此孔子倡导的平均是在各个等级之内实行，不可能实现各等级之间的一刀切、"大锅饭"。实际上，这也是很难推行的。当时社会上尤其是统治者利用职权，超越等级，无端地占有财富，这种事例比比皆是。孔子深深地洞悉历次社会动乱无不是因社会财富的贫富不均而引起的，只有财富分配合理了，才能实现社会的和谐。而孔子提出的各种富民措施目的在于实现社会的和谐。

《文化大观》：孔子提出了哪些富民措施呢？

杨朝明：人人都有追求财富和利益的本能和权利，国家也应当为百姓的富足提供保障和支持。在孔子眼中，使百姓富裕是执政者的首要任务。为此孔子费尽心思，提出各种富民措施。

在《孔子家语·王言解》中，孔子与曾子谈到"不劳不费"的"明王之政"说：

> 政之不中，君之患也；令之不行，臣之罪也。若乃十一而税，用民之力，岁不过三日，入山泽以其时而无征，关讯市廛皆不收赋，此则生财之路，而明王节之，何财之费乎？

这段话中，孔子提出了几条"生财之路"：实行十分之一的税率，民众服劳役一年不超过三天，让百姓按季节进入山林湖泊伐木渔猎而不滥征税，交易场所不滥收赋税。在孔子看来，圣明的君主节制田税和使用民力，怎么还会浪费财力呢？孔子谈王天下之言，论王道，将"生财之路"与"政之平"联系起来，也是孔子"均平"思想的体现。

《孔子家语·好生》记孔子说："地有余而民不足，君子耻之；众寡均而人功倍己焉，君子耻之。"政通人和，聚集民众，大力开发土地，才能聚起来财富。

要使百姓富裕，除了倡导低税率外，孔子认为执政者必须"因民之利而利之"，引导百姓使他们有利可图，才能做到"惠而不费"，使百姓得到实惠，这才是"不费"，否则就是最大的浪费。"吊其民而不夺其财"，做到抚慰百姓，不侵夺他们的财产。

《文化大观》：从孔子提出的富民措施来看，孔子认为百姓富足才能国家富足。

杨朝明：是的。好的环境倡导人们积极地创造财富，只有百姓富裕了，国家才能富强，国君才能富足。《孔子家语·贤君》记载了鲁国的国君问政于孔子，向孔子讨教如何治国的故事。

一次，鲁哀公向孔子请教为政之道。孔子回答说："政之急者，莫大乎使民富且寿也。"孔子认为为政最急迫的，没有什么比使老百姓富足和长寿更重要的了。哀公接着说："怎样才能做到这一点呢？"孔子说："减少劳役，减轻赋税，百姓就会富足。"哀公说："我想按您说的去做，可又担心我的国家因此而贫困。"孔子说："《诗》云：'恺悌君子，民之父母。'未有子富而父母贫者也。"

孔子将民与国的关系比喻为子与父母的关系，认为从来没有儿子富足，父母贫困的现象，以此比喻百姓富裕了，国家就富强了，国君就富足了；没有百姓富裕而国家贫弱、君主贫穷的道理。这就是孔子"藏富于民"的思想。

唯德能润身
发掘自身真正的财富

《文化大观》：孔子为什么会提出这样的财富思想？对我们树立正确的财富观有何启发？

杨朝明：孔子这一财富思想与他的哲学观密切相联系。

据《孔子家语·六本》记载，孔子读《易》，至于《损》《益》，喟然而叹。孔子说："夫自损者，必有益之；自益者，必有决之。"他又说，"博也天道，成而必变。凡持满而能久者，未尝有也。"所以孔子讲：

以富贵而下人，何人不尊？以富贵而爱人，何人不亲？发言不逆，可谓知言矣；言而众向之，可谓知时矣。是故，以富而能富人者，欲贫不可得也；以贵而能贵人者，欲贱不可得也；以达而能达人者，欲穷不可得也。

在孔子看来，身处富贵而待人谦恭，谁会不尊敬你呢？身处富贵而和人友爱，谁会不亲近你呢？说出的话没人反对，可以说懂得该说什么话；说话时众人都拥护，可以说知道说话的时机。所以凭借富有能使别人富裕的人，想贫穷都不可能；凭借尊贵能使别人尊贵的人，想低贱都不可能；凭借仕途发达能使别人发达的人，想困穷都不可能。

正如《大学》所说的"富润屋，德润身"，儒家的工商伦理特别强调社会责任担当，强调"以德为本，以财为末"，说"有德此有人，有人此有土，有土此有财，有财此有用"。《大学》所说的"明明德"其实就是唤醒人的善性，彰显人性的光辉。儒学强调用明德引领时代风尚，在孔子儒家观念中，社会需要的担当者首先是引领者。

传统的"大学"是大人之学，是培养能起表率作用的担当者。也就是说，儒家"大学"之道就是关于明德向善、培养引领者的学问。

颜炳罡：

　　山东临沂人，1960 年生。复圣公颜子第七十九代孙。现为曲阜师范大学乡村儒学研究院院长、曲阜师范大学特聘教授、山东大学教授、博导，山东省文史馆馆员。

　　主要社会兼职有国际儒学联合会理事、国际儒学联合会学术委员会委员、中华孔子学会副会长、中国哲学史学会常务理事、山东周易研究会副会长等。

何以守财？

——"复圣"颜子的"贫"与"富"

真正的财富是什么？金钱是否能长久伴随人的一生？

当把财富当成人生赛场的终极目标时，大多数人都不曾思考过隐藏在财富背后的问题。在物质欲望蓬勃的时代，精神的匮乏成为普遍现象。

儒家有这样一位人物，在孔子三千弟子中，独占了诸多"唯一"：好学、"不迁怒，不贰过""闻一知十""其心三月不违仁""独知孔子圣也"……作为孔子最为赞赏的学生，颜回被称为"复圣"。不仅历代文人学士对颜回推尊有加，历代帝王也多次封赠，就连"孔颜乐处"的境界亦是士大夫终身所追求的。尽管颜子以"安贫乐道"著称，但他却给我们留下了宝贵的精神财富。

我们为什么要从复圣颜子的角度看财富？"安贫乐道"与"孔颜乐处"是何种精神境界？颜子的精神对我们守住财富、安顿精神有何启发？颜炳罡教授从颜子财富观的视角对此话题进行了解读。

一、精神富足的典范——"复圣"
精神财富是物质财富的保障

精神的富有比物质财富更根本，更基础

《文化大观》：说到儒家的财富观，有几位代表人物不得不提，尤其是被称为"复圣"的颜回，您认为从颜回身上，我们能汲取到财富智慧吗？

颜炳罡：谈到财富，人们首先想到的是物质财富的富足。当代有些富豪物质财富虽然很富足，但精神财富比较贫乏。当然，古今中外，也有精神非常富足，但物质生活在世俗人眼里却非常贫乏者，孔子最得意的弟子颜子就是典型代表。孔子的弟子中，除了颜子以外，与颜子相似的人物就是原宪。

《文化大观》：颜回以安贫乐道著称，如果谈论"财富"这个话题，是不是他的同学子贡更具代表性？

颜炳罡：对普通人而言，是这样，但我个人认为颜子更有代表性。

《文化大观》：为什么您认为颜子的财富思想更有代表性？

颜炳罡：因为财富不仅仅是物质财富，不只是金钱、股票、房产、田地，精神也是一种财富，一种无形的财富，如在韩国、日本等地，他们称文化遗产为文化财。

我们一般解释"财"，多指金钱、财物等物质方面的财富。对于古人而言，财富不仅仅包含以金银财宝为代表的物质财富，心灵富足、精神富有比物质财富更根本，更基础。天下至尊、至贵、至富的是精神、是灵魂，颜子就是精神富足的典范。

《文化大观》：为什么精神财富这么重要？

颜炳罡：物质财富是流转的、可分的，财富分享者越多，每人所得越少。即使是不动产也是这样，比如房产，古人称"千年房屋百易主"。流转的财富只会越分越少，而精神财富永远与你同在，分享的人越多，精神财富就是越多。

"复圣"是精神富足的典范

《文化大观》：为什么说颜子是精神富足的典范？

颜炳罡：先说几个颜子身上最有代表性的称号吧。

他是孔庙"四配"之首，孔门"四科十哲"之首，七十二贤之首，三千弟子之冠，唐太宗称他为"先师"，唐玄宗称他为"亚圣"，元文宗至顺元年（公元1330年）加封其为兖国复圣公。他是孔子最喜爱的学生，也是唯一与孔子并称"孔颜"的弟子。明代王阳明称"颜子没而圣人之学亡"，颜子在儒家学派的地位不言自明。

《文化大观》：颜子为什么被称为"复圣"？

颜炳罡：如果"亚圣"有次于圣、不及圣的含义的话，那么"复圣"的意思就是就圣人的再现、圣人的复活。

东汉时期就有学者以"亚圣"称颂颜子。历晋、宋、梁、陈、隋诸朝大都以孔子为"先圣"，颜子为"先师"。唐、五代、宋皆称颜子为"亚圣"。到元朝，元文宗觉得"亚圣"还不足以显示颜子的特殊地位，改封为兖国复圣公，这是对颜子的最高封赐。在孔庙的四配中，复圣颜子在首位，至今没有改变。

孔子弟子三千，大概只有颜子才能完全"契合圣心"，这是颜子之所以为"复圣"的重要缘由。

人如果放弃了"仁"
多大的房子也安顿不好生命

《文化大观》：这么说，颜子是可与孔子比肩，能够称贤称圣的人，他有什么特别之处？

颜炳罡：圣而凡，任何圣人，首先是凡人，任何凡人，都具有圣性。

颜子是个寻常人，是个凡人，更是圣人。他之所以能在青史留下千年美名，因为他是孔子众多学生中唯一一个能做到"其心三月不违仁"的。

有很多学生曾向孔子请教什么是"仁"，孔子对颜回的回答是最为丰富、圆满，也最为经典的。

> 颜渊问仁。子曰："克己复礼为仁。一日克己复礼，天下归仁焉。为仁由己，而由人乎哉？"颜渊曰："请问其目。"子曰："非礼勿视，非礼勿听，非礼勿言，非礼勿动。"颜渊曰："回虽不敏，请事斯语矣。"
> （《论语·颜渊》）

孔子不仅回答了什么是"仁"，又主动说出一旦做到了"克己复礼"这四个字，那么天下间的人都会赞许他是仁人，并进一步解释道，为仁不是一种道德绑架，是一种自主的选择，做仁人不是别人逼迫的，而完全取决于自己。选择过这样的生活即仁的生活，那么你就显得尊贵、富有。

人如果放弃了"仁"，找多大的房子也安顿不好你的生命。

《文化大观》："三月不违仁"是很难做到的一件事吗？

颜炳罡：回答这个问题，首先要清楚怎样做才算"不违仁"。

孔子给"仁"定了明确的要求——克己复礼，具体表现为"非礼勿视，非礼勿听，非礼勿言，非礼勿动"，就是让自己日常生活中的言行举止都合于"礼"。当然，颜子"其心三月不违仁"，不仅仅是言谈举止的行为规范，更是心不违仁，在内在精神上完全契合、不违仁。

《文化大观》：这里的"礼"是不是类似于我们今天说的行为规范？

颜炳罡：是的。"礼"的规则不难，靠的是人的自觉与坚持，其心三月不违，就难。所以孔门弟子那么多，优秀者也不过"日月至焉而已"，偶尔才能做到。

《文化大观》：有没有能表明颜子之仁的故事呢？

颜炳罡：在孔子周游列国，陈、蔡绝粮期间，子贡费了许多周折买回一石米。颜回与子路在破屋墙下做饭，有灰尘掉进饭中，颜回就取出来自己吃了。子贡在井边远远看见了，就很生气，以为颜回偷饭吃，便跑去问孔子。

孔子说："我相信颜回是仁人已不是一天两天了，即使你这样说，我仍然不会怀疑他。这里边必定有缘故。"于是，孔子把颜回叫到身边说："日前，我梦到先人，大概是想启发帮助我。你把做好的饭食端进来，我将祭奠先人。"颜回对孔子说："刚才有灰尘掉进饭里，留在锅里不干净，丢掉又太可惜，我就把它吃了，不能用来祭奠了。"

人要对当下负责
当下即是永恒

《文化大观》：颜子的仁是随时随地体现在日常生活中的。

颜炳罡：颜子一生，活得安静、从容、自在，无论身在哪里，都始终能十分清晰地认真对待当下的生活。他用自己的一生体证着"素位而行"和"当下即是"的儒家基本精神。

《文化大观》："当下即是"怎么理解？

颜炳罡：儒家认为人要对当下负责。

很多事情是没有办法重来的，所以说，当下就是永恒。我们的每一个瞬间过去了，就永远消失了。这个意义告诉我们什么呢？生命的庄重，庄严。我们要对生命中的每分每秒负责。

《大学》中有个例子能够很好地反映"当下即是"的精神：

> 《诗》云："邦畿千里，惟民所止。"《诗》云："缗蛮黄鸟，止于丘隅。"子曰："于止，知其所止，可以人而不如鸟乎！"

"知止"就是知道自己的生命应当安顿在哪里。一只小黄鸟尚且知道找寻一个山丘的角落进行栖身，人难道就不清楚哪里才是自己生命的安身之所吗？《大学》又讲"知止而后有定，定而后能静，静而后能安，安而后能虑，虑而后能得"，人只有"知止"，方能让自己在当下的困境中觅得平和，进而内心才能在宁静、内省中生发智慧，找到解决问题的方法，从而在丰满理想与骨感现实之间的持续冲突中，诗意地栖居于人世间。

为什么唯独颜子能深契圣心？
以"圣心"推知"圣心"

《文化大观》：通过您的讲述，我们不禁对颜子的生平事迹感到好奇，到底怎样的一个人，才能对儒家的学问践行得如此扎实。

颜炳罡：颜子的父亲颜路是孔子的早期弟子，所以，颜子十三岁就成了孔子的学生。

颜子刚入孔门时，在弟子中年龄最小，又沉默寡言，有人便觉得他有些愚钝。那段时期，颜子的忠厚与内向，掩盖了他的聪颖善思，就连孔子一时也难以断定颜子的天资怎么样。

经过一段时间的深入观察和了解，孔子才说："吾与回言终日，不违，如愚。退而省其私，亦足以发，回也不愚。"（《论语·为政》）颜子天资极聪慧，就连能言善辩的子贡也坦言不敢与颜子相比，子贡自认为能"闻一以知二"，而颜子却能"闻一以知十"。

颜子不仅聪敏过人，还虚心好学，因而能深度认识到孔子学说的博大精深。颜子曾这样评价孔子：

> 仰之弥高，钻之弥坚。瞻之在前，忽焉在后。夫子循循然善诱人，博我以文，约我以礼，欲罢不能。既竭吾才，如有所立卓尔。虽欲从之，末由也已。（《论语·子罕》）

也因此，有人这样评价颜子："颜渊独知孔子圣也。"（《论衡·讲瑞》）在孔子的言传身教之下，颜子的学问与德行日益增长，形成了高洁的人格特质。

《文化大观》：颜子有怎样的志向呢？

颜炳罡：儒门一个很有名的故事，叫"农山言志"。

有一天，孔子和子路、子贡、颜子在农山游览，孔子让几个学生谈谈各自的志向和心愿。子路的志向是率领军队攻城略地，子贡的志向是通过斡旋交战国之间，凭其辩才让交战国免除战争。颜子说，他的志向是："得明王圣主辅相之，敷其五教，导之以礼乐，使民城郭不修，沟池不越，铸剑戟以为农器，放牛马于原薮，室家无离旷之思，千岁无战斗之患。"（《孔子家语·致思》）没有战争之祸，没有亲人之间没有离别之苦，人们各安其居，各遂其生，教化大畅，礼乐文明。

颜子心怀天下，有平治天下之志，他以天下苍生为念，不以个人的财富为怀。

《文化大观》：颜子的身上有一种常人少有的精神。

颜炳罡：颜子身上体现出两个最重要的精神，一是好学精神，二是奋斗精神。

《文化大观》：孔子在《论语》中多次称赞过颜回"好学"。

颜炳罡：是的，三千弟子中，颜子是唯一一个得到这种高度称赞的，要知道孔子是不轻易夸人的。孔子一生只赞叹两个人好学，一个是他自己，另一个就是颜子。

对常人来讲，不好学，何以增加财富？

《文化大观》：颜子的奋斗精神怎么理解？

颜炳罡：孔子说颜子："吾见其进也，未见其止也。"（《论语·子罕》）这是说，颜子每天都很努力，每天都在进步，孔子从没见他停止过奋斗的脚步。

颜子的上进不只是"好学"，他是知行合一的，前面我们说他珍惜当下，做好当下就是一种表现。此外，颜子随孔子周游列国时，条件艰苦，但十多年始终不离不弃，坚守在老师的身边，这也体现了他的奋斗精神。

大多数人对颜子的印象是"一箪食，一瓢饮，在陋巷"，颜子不是整天在茅屋里，饿了吃点粗粮，渴了喝点生水，如此"乐道"，颜子是这样的人吗？他不是。他有平治天下的远大志向，他想要建立一个没有战争的社会，他的理想跟孔子一样想要构建大同社会，所以在成就圣贤的路上，他要不断进取、奋斗。

二、安贫乐道无关贫富
超越富贵与贫贱的比较链条

> 颜子并不穷
>
> 道无关贫穷与富有

《文化大观》："安贫乐道"确实是颜子身上最重要的标签之一，他之所以选择"安于贫"，是不是出于无奈，才必须借助精神的力量来对抗现实？

颜炳罡：并不是。要明白以下几点：

第一，颜子的家庭条件并没有那么差。

第二，颜子不过是素位而行，"穷不失义，达不离道""处贫乐道"而已。

第三，"贫穷"并非颜子"乐道"的条件，道无关贫穷与富有。

第四，以颜子的聪明才智，他不以贫穷与富有为怀，他已超越贫与富、贵与贱，如如不动，这才是颜子的境界。

《文化大观》：那么，颜子的家庭条件究竟怎么样呢？

颜炳罡：颜子虽然生活条件不富足，但他并非通常意义上的穷人。

《文化大观》：史料有相关的记载吗？

颜炳罡：颜子的相关记载可以从《论语》《礼记》《孟子》《荀子》《史记》《孔子家语》《庄子》等经典中找到。

至于颜子的家庭状况，《庄子·让王》的记载可以参考："回有郭外之田五十亩，足以给飦粥；郭内之田十亩，足以为丝麻；鼓琴足以自娱；所学夫子之道者足以自乐也。"这是说颜子在城内、城外都有田地可以种粮，闲暇时间还有雅兴弹琴，他跟着孔子学习仁道，并不是为了做官发财，而是为了"自乐"，也就是追寻一种生命的快乐与和谐。这样一个选择做真实的自己，随个人意志去做人生选择的人，我们能说他"安于贫"只是无奈之举吗？

处贫乐道
真正的君子无论富贵还是贫贱都能安然自得

《文化大观》：一般都以"安贫乐道"来形容颜子，为什么您用"处贫乐道"呢？

颜炳罡："安贫"有甘心于贫贱的意思，但颜子看待贫困，并不存在"甘心不甘心"的问题。因为对于物质条件的改善，不是追求他的目标，那不是他的人生理想。他活着不是为自己而活着，而是为人类而活着，这才是圣人的人生意义。

说他"处贫乐道"指的是，他无论处于怎样的境遇中，都能保持自得其乐。这就是《中庸》所说的"君子素其位而行""素富贵，行乎富贵；素贫贱，行乎贫贱……君子无入而不自得焉"，一个真正的君子，无论处于富贵还是贫贱，任何一种状态下，他都能做到安然自得，这是很了不得的修养。

《文化大观》：颜子的内心是真的快乐吗？

颜炳罡：颜子的快乐是一种发自内心的乐。我们知道，颜子对外在的生活，持一种超脱、豁达的态度，也就是说，他的心境不以外在的物质条件为转移。他的信念很纯粹，笃信夫子之道。他的追求也很简单，用毕生躬身践行夫子之道。他有足够强大的个人意志，支撑自己专注于"仁"道，不随境迁，不因念转，所以他的心是自由的，一个自由的人也是拥有真正快乐的人。

《文化大观》：很多人基本的物质目标还没有实现，如何做到安贫乐道呢？

颜炳罡：我主张，人要有最基本的物质财富的保障，这是人格尊严的底线，最起码要幼有所长，老有所养，病有所医，居有其所。在基本的物质财富得到满足的前提下，再谈处贫乐道。如果基本的物质生活没有保障，那生活对人的考验就更大了，人生也更容易出现很多危机。

颜子的精神告诉我们，处在任何境遇下，都要以一种积极的心态去看待问题。如果处在贫困的状态下，一时无法改变，那你怎么来对待它呢？是乐呢？还是苦呢？有的人面对这个压力，可以乐观面对，有的人就乐不起来，每天焦虑，很痛苦。有些时候，即使愁眉苦脸，唉声叹气，问题也不能解决。既然问题不能解决，那么该选择哪种心态去面对当下？我们就可以从颜子那里得到启发，无论何时何地，都要把乐观、达观、积极向上的一面展现出来。

贫富与尊卑
都是人类在互相比较的链条中产生的

《文化大观》：颜子也要养家糊口，仅凭"处贫乐道"，他便能超越"骨感的现实"了吗？

颜炳罡：前面我们说到，颜子的家境并没到捉襟见肘，吃了上顿没下顿的地步。与那些富有的人相比，可能他的饮食比较简单，用具比较粗糙。在这样的生活中他能安闲自得，用西晋玄学家郭象的话来说就是"自足其性"。在基本的物质生活得到保障的前提下，颜子不让自己陷入个人欲望的无限链条的追逐中。

富有，贫贱，尊贵，这些都是人在相互比较的链条当中产生出来的，没有比较，就没有这些东西了。颜子已经超越了跟别人进行富贵与贫贱的比较。

《文化大观》：“比较链条”如何理解？

颜炳罡：以房子、车子作比，当一个人买到了一百平的房子时，可能就觉得别人二百平的大房子更好；当他买了十万的车时，又觉得别人五十万的车更棒……在这样的比较中，人当然很难快乐。

当代的年轻人之所以容易产生内心的焦虑，一个很重要的原因，是他们被卷进了这个比较链条的追逐中而不自知。

颜子已经完全超越、看透了在这种链条追逐下，在无穷无尽的物质攀比中，永远没有自己。颜子清楚什么才是自己人生的追求，什么才是活着的真正意义，这其实就是“孔颜乐处”。

三、苦与乐的精神斗争
"孔颜乐处"是士大夫的精神追求

> 对中国人生活态度的影响
> "孔颜乐处"比"孔孟之道"更加普遍和深入

《文化大观》："孔颜乐处"是一个典故吗？

颜炳罡：寻"孔颜乐处"是中国古代尤其是宋代以来许多士大夫的精神追求。如果说孔孟之道支撑起来的是中华民族核心价值观的话，那么"孔颜乐处"就是中国历代文人雅士、知识分子活下去的勇气和自我满足的幸福感，也可以说是一种道体的呈现方式。

在几千年的儒家文化传统中，"孔颜乐处"对中国人生活态度的影响甚至比"孔孟之道"更加普遍和深入。

《文化大观》：它出自哪里呢？

颜炳罡：《论语》中有两段话合起来就是我们今天所说的"孔颜乐处"。

> 子曰："饭疏食饮水，曲肱而枕之，乐亦在其中矣。不义而富且贵，于我如浮云。"（《论语·述而》）
> 子曰："贤哉，回也！一箪食，一瓢饮，在陋巷，人不堪其忧，回也不改其乐。贤哉，回也！"（《论语·雍也》）

据史料记载，宋代大儒周敦颐，就是我们熟悉的《爱莲说》的作者，他在教育程颢、程颐两兄弟时，让他们"寻仲尼、颜子乐处，所乐何事"，"孔颜乐处"最早成为一个学术概念就来自这里。

《文化大观》：那应当怎样理解"孔颜乐处"呢？

颜炳罡：所谓"孔颜乐处"，其实是一种人生境界，一种处世的态度。

就对中国知识分子的影响而言，"孔颜乐处"一点都不亚于"孔孟之道"，而人们在研究儒学的时候往往会忽略这一点。

在儒家的谱系当中，除了孔子就是颜子。我们可以先思考一个问题，为什么颜子在孔门中的地位那么高？

《文化大观》：为什么士大夫要追求"孔颜乐处"呢？

颜炳罡：这个"乐"实际上是中国的知识分子所追求的一种崇高的精神境界和精神修养。不为五斗米折腰的陶渊明就有颜子之乐。陶渊明住在"而无车马喧"的茅庐中，尚能自得其乐，这是因为他"心远"，心境高远自然就不需要外在的荣誉和标签来装点自己，这是"孔颜乐处"的一种表现。

其实年轻人特别需要这个东西，"孔颜乐处"能让他们浮躁的内心沉淀下来。

"孔颜乐处"乐在何处？

《文化大观》："孔颜乐处"的"乐"指的是什么？

颜炳罡：乐在精神处，而不是在外在的物质财富。

我认为周敦颐对这个问题的解释最通透。在《通书》中，他有这样一段话："夫富贵，人所爱也，颜子不爱不求，而乐乎贫者，独何心哉？天地间有至贵至爱可求而异乎彼者，见其大而忘其小焉尔！"这里的"大"与"小"也就是孟子的养"大体"和"小体"，"大体"就是心灵，是本性，"小体"就是耳目之官、形体。周敦颐接着说："见其大则心泰，心泰则无不足；无不足，则富贵贫贱，处之一也。处之一，则能化而齐，故颜子亚圣。"心灵舒泰，内心充盈，没有任何亏欠，所以富贵贫贱是一样的。

《文化大观》：儒家很注重精神之"乐"吗？

颜炳罡：孟子讲"君子有三乐"。梁漱溟先生发现，翻遍《论语》找不到一个"苦"字，"乐"字则随处可见，如《论语》首章即讲"学而时习之，不亦说乎？有朋自远方来，不亦乐乎"。梁漱溟先生认为，对于得道之士，人生通体是乐；对于没有得道的人，人生处处皆苦，事事皆苦。

那么，儒家为什么不讲苦，一直讲乐？孔子周游列国、四处碰壁，苦不苦？颜子箪食瓢饮，在陋巷，苦不苦？没有苦，只是乐。如此，他们为什么还能乐得起来呢？因为苦与乐是相对的，这个相对链条中，永远是苦，没有乐。但得道之士，本性自足，通体是乐，超越了这个比较链条，没有苦。生命是畅达的，一切都是自自然然，因而他是"无入而不自得焉"（《中庸》），何苦之有？

《文化大观》："得道之士"仿佛是我们普通人只可仰望但难以触及的一种境界。

颜炳罡：如果觉得"得道"这种境界的调子太高了，不适合我们普通人，那可以用最朴素的思维想想：一个人有苦恼，不正说明他的生命还在跃动，说明他对生活还有期待吗？相比在瘟疫、战争等天灾人祸中无端丧命的人，还有苦吃，还能为他人服务，何尝不是一种福报，一种乐？

以真实的人物举例，凡·高一生曲折坎坷，他被穷困、疾病缠身，好不容易在绘画中找到心灵的栖息地。讽刺的是，生前他的作品无人问津，死后却被捧上神坛，卖出高价。他苦不苦？

当然，这还不是最苦的。我国明代有个画家叫徐渭，他"一生坎坷，二兄早亡，三次结婚，四处帮闲，五车学富，六亲皆散，七年冤狱，八次不第，九番自杀"，写诗自述"天下事苦无尽头，到苦处休言苦极"。徐渭不仅苦，还是罕见的"极苦"。既然那么苦，为什么还要活着呢？其实，人的一生有不同的生命体验。欢欣与泪水，都是生之常态。对一些人来讲没有苦难的折磨，哪有人的成长，正是"没有几番寒彻骨，那有梅花扑鼻香"。用孟子话说，这是"天降大任"。

《文化大观》：做到孔颜之"乐"，成为"精神的贵族"，人就能克服残酷的现实吗？

颜炳罡：立足现实世界，人们所思考的，归根究底是人的价值在哪里，生活的价值在哪里，或者生命的意义在哪里等诸类问题。用老百姓的话来说，什么是我活下去的力量。有的年轻人会说，现实生活的窘迫，让我连活下去的勇气都没有。如果反问一句，既然你连死都不怕，还能怕活着吗？人活着，就有对生命的绝对价值和永恒意义的追寻，由一切向外看转向内求诸己，那便是让人内心强大的精神支柱。

"孔颜之乐"可以言说吗？

《文化大观》：我们该如何去体会"孔颜之乐"？

颜炳罡："孔颜之乐"重不在言说，但也不能不言说，永远处在缄默状态，反而永远搞不懂什么是"道"之缄默。

道友的切磋，互相的阐发，心灵的契合，这是"道"之缄默。不说，我懂得，你懂得，他懂得。所以说"莫逆于心，相视而笑"，就是不言之教。

同时，"道"要发用。我觉得不发用，只向内用功，是不对的。所以要以身显道，以身行道。要将道运用于我们的人伦日用当中，风和日丽是道，狂风骤雨也是道，富贵利达是道，贫贱忧戚也是道，道的意义在心灵之安适，而不在形体之舒适。

四、庄子眼中的颜子
颜子思想境界的道家化

儒家与道家的思想碰撞

《文化大观》：您所讲的"道"似乎有点像道家的思想？

颜炳罡：在先秦时代，儒家与道家的分判并没有后人那么明确，也有不少学者认为，庄子是颜氏之儒的后学。我们看《庄子·大宗师》和《庄子·人间世》当中，有很多孔子和颜子的对话，其中出现了影响中国千百年来的两个哲学观念，一是"心斋"，一是"坐忘"。"心斋"与"坐忘"，大概就是"道"之缄默。

《文化大观》：颜氏之儒是怎样的学派？

颜炳罡：孔子去世之后，战国时期，儒家分为八派，分别为子张之儒，子思之儒，颜氏之儒，孟氏之儒，漆雕氏之儒，仲良氏之儒，孙氏之儒，乐正氏之儒。

颜氏之儒就是以颜子为代表的。也有学者认为颜氏之儒不单指颜回，还包括颜浊邹等。

颜子在世时是带过学生的，他通过讲学授徒，传授儒学六经，以及协助孔子整理古代典籍，逐渐扩大了自己的影响，形成了自己的学派。

颜子的境界高于孔子吗？

《文化大观》：《庄子》是怎么描写颜子的？

颜炳罡：《庄子》共三十三篇，就有十几篇提到了颜子。

《庄子·大宗师》中描写了颜子三次拜见孔子，对孔子说自己的进步。

颜回说："我进步了。"孔子问道："你指的进步是什么呢？"颜回说："我开始忘掉仁义了。"孔子说："好，不过还不够。"

过了些日子，颜回又见到孔子，说："我又进步了。"孔子问："你的进步指的是什么？"颜回说："我开始忘掉礼乐了。"孔子说："很好，不过还是不够。"

又过了几天，颜回再次见到孔子，说："我又进步了。"孔子问："你的进步指的是什么？"颜回说："我可以'坐忘'了。"孔子听后大吃一惊，急忙问："'坐忘'是什么？"颜回答道："忘掉了自己的身体，抛弃了自己的聪明，摆脱形体和智慧的束缚，与大道浑然一体，这就叫'坐忘'。"孔子说："与万物浑然一体就没有偏爱了，与万物一起变化就不会偏执了。你真的成为贤人了！我愿意追随你。"

很显然这是以老子思想解孔子，为学日益，为道日损。忘仁义，忘礼乐，最终忘掉自己，与道合一。

《文化大观》：从这段叙述来看，颜回的境界比孔子还要高了。

颜炳罡：在庄周的笔下，颜子的境界高于孔子。《庄子》一书所呈现的颜子精神境界让孔子感到十分吃惊，甚至自感不如颜子。从这里我们也可以理解为什么孔子对颜子是那样爱护、赞赏。颜子去世之日孔子有天丧之痛。

《文化大观》：可以说庄子是颜子的后学吗？

颜炳罡：我觉得庄子对颜子的思想进行了进一步的发展。庄子把颜子的思想境界道家化了。

历史学家郭沫若先生认为《庄子》中有些话是颜氏之儒的传习录，历史学家童书业先生也认为"心斋""坐忘"是颜氏之儒本有之意。

五、如何守住财富？
假如颜子活在今天

《文化大观》：回到颜子与财富的话题，假如颜子生活在今天，他会视金钱如粪土吗？

颜炳罡：包括孔子在内的儒家士子，从来都不反对物质财富，他们反对的只是不义之财。

《文化大观》：颜子如果活在今天，他会很有钱吗？

颜炳罡：颜子如果生活在今天，他一定有办法成为有钱人。颜子与孔子一样，是他所在的时代顶级聪明的人。所以，如果颜子活在当今中国这样一个太平时代，那他绝不会是一个为衣食而感到苦恼的人。如果有机会凭借才能和智慧得到符合道义的财富，那他为什么要拒绝呢？

由于颜子生活在礼崩乐坏、天下失序的时代，那个时代的知识分子唯一的出路就是去做官，没有别的方式来实现它的价值。另一个致富途径是去经商，他并不想通过发财来实现自己的价值。

对颜子而言，财富对他不是能不能获得的问题，而是愿不愿意获得的问题。

守不住的财富
来也匆匆，去也匆匆

《文化大观》：当代年轻人获取财富的选择性越来越多，您怎么看待许多人倾向于选择"一夜暴富"的赚钱方式？

颜炳罡：财富的获得是或然的，不一定是必然的。"一夜暴富"的往往是意外之财。一个人如果没有道德修养，没有精神支撑，那这意外之财就来得容易，去得也快，只会获得一时快乐。这些财富对一些人来说，也可能带来祸害，因为他的道德修为不足以支撑他掌握这种财富。

《文化大观》：如何才能守住财富呢？

颜炳罡：靠偶然的机遇发了大财，后来会如何？可以考察一下有多少靠彩票发大财的人，现在生活得怎么样。靠小聪明，即使获得财富，也守不住财富。

要想守住财富，首先有高尚的德行。一些大企业家在取得一定成就的情形下，他们都特别乐于去做慈善。

另外，"积财千万，不如薄伎在身"。

《文化大观》：这句话出自哪部典籍？

颜炳罡：这是南北朝时期颜之推的《颜氏家训》里面提到的一句谚语。这句话告诉我们，财富不是永恒的，财富会失去，但技艺会与人永远同在。保持像颜子一样好学、奋进、安然的精神，不断增长自己的才干，假以时日，你一定能得到与自己的德行相匹配的那份财富。

《文化大观》：颜之推是颜子的后人吗？

颜炳罡：颜之推是颜子的三十五世孙。《颜氏家训》是颜之推创作的家训，是颜之推记述个人经历、思想、学识以告诫子孙的著作。

德行，修为是财富的根本。《颜氏家训》特别强调要提升自己的能力："父兄不可常依，乡国不可常保，一旦流离，无人庇荫，当自求诸身耳。"《颜氏家训》也不只是针对颜氏后代的，对整个中国社会也有重要影响。

将精神安放在"仁"的境界
平衡物质财富与精神财富的关系

《文化大观》：一个人在基本的物质生活都得不到保障的境遇下，如何平衡物质财富与精神财富之间的关系？

颜炳罡：如果一个人正处在基本的物质生活都得不到保障的焦虑中，那他首先要思考的问题，其实不是我要怎样挣大钱，而是理性反思当下的困局是什么原因造成的，怎样应对当下的困难才是最合理的。

或许放下一些无意义的执着，尝试给人生做点减法，人生通道里的障碍就会少一些。面对现实，人应该少一些虚妄的念头，坦诚面对自己的人生，应当且必须对自己诚实。

在物质需求得到基本满足的情况下，建设自己的精神世界，对于守住现有的物质财富，甚至获取更多的财富，只有好处没有坏处。

《文化大观》：网上有一种说法"活着我就已经竭尽全力了"，您怎么看？

颜炳罡：现代人确实活得挺累、挺烦，挺辛苦，但烦、累、苦的根源在哪里？在于不知止，缺乏生命不同阶段进行休息、调整、变轨的平台与决心。《大学》讲"知止而后有定，定而后能静，静而后能安"，颜子就实现了这个"安"，安适之安，内求于己的心安之安！

《文化大观》：怎样才能做到活在当下、安于当下呢？

颜炳罡：我们说安顿、安身，这里的安身不是指安放人自然肉体的身，而是安顿人的灵魂，人应知道自己的灵魂家园在哪里。

《文化大观》：人该如何找到自己的灵魂家园呢？

颜炳罡：灵魂家园就是让自己的灵魂安身的地方。孟子提出"居仁由义"，"仁"就是我们的精神家园。将精神安放在"仁"的境界中，是最好的选择。这是人最安适、人的精神最满足的一种生活状态。

《论语·里仁》说："里仁为美。择不处仁，焉得知？"以前人们解释"里仁为美"，认为是选择有仁德之风的地方居住。其实，也可以将"里"当作动词，"里仁为美"便可以解释为把人的生命放在"仁"的境界中，才是最美好的选择。如果不把生命安顿在"仁"的境界中，那这个人怎么能算聪明呢？所以，真正大智慧的人，一定是大仁德之人。

颜子精神不过时
唤醒对每一个个体生命的自觉

《文化大观》：颜子精神对人们应对现实压力有什么启示呢？

颜炳罡：人的一生会迎来无数遭际，有时面临贫贱，有时面临富贵，这是任何一个人在成长过程中必不可少的环节。

颜子精神的现实意义就是告诉人们，处在任何一种人生境遇中，都应练就"素其位而行"的能力。比如，当面对养老、养娃、房贷、车贷等诸多压力时，在焦虑中拼命挣钱，不如在自得其乐中顽强奋斗。如果在基本生活保障满足的前提下，我不主张拿命去换钱，不要有了几万就想着几十万，有了几十万又想着几百万,几百万又想着几千万……要懂得自足其性是一种智慧,"止足"是一种自觉。实际上,无论任何时候,任何一种处境中,颜子精神都是在唤醒对每一个个体生命的自觉。

《文化大观》:通过您的解读,我们大概能推知为什么颜子在历史上没有惊天动地的丰功伟业,也没有给后人留下经典著作,却如此受到后人推崇的原因。

颜炳罡:是的,颜子的一些特质与成就,我们在前面的论述中都有涉及,我认为大概可以总结为以下三点:

第一,"太上立德"的典范。众所周知,"立德""立功""立言"是中国人的"三不朽",即三种具有永恒意义的人生追求。这一追求早已获得了全民族的高度认同并转化为中国人评判人生价值大小的标准。中国人认为,要做事,先做人。任何惊天动地的伟业,任何洋洋洒洒的鸿篇巨制与做人相比,都是次要的、都是末,做人才是根本。孔门三千弟子中,只有颜子具备"不迁怒,不贰过""三月不违仁""择善固执之"等优良品德。他是孔门人格的榜样,立德的楷模,是"三不朽"追求中"太上"之追求。

第二,"尊师""好学"的榜样。颜子对孔子的尊重不仅仅体现在"夫子步亦步,夫子言亦言,夫子趋亦趋"的行为模仿中,更体现在对孔子之道的领悟以及对师说的坚持上。孔子受困于陈蔡时,许多学生对孔子之道表示怀疑,颜子仍然坚信孔子之道之所以行不通,是执政者的问题而不是孔子之道的问题。颜子尊师,孔子爱生,孔颜关系是千古以来师生关系的典范。作为好学的典型,是颜子受到人们推崇的又一缘由。

第三,生活态度与人生境界是受到后人推崇最重要的原因。颜子有大志,更有大才,他有自己的治国方略和政治理想。然而,生活在政治黑暗、天下无道的时代里,他毅然从热闹场中退出来,真正落实和实践孔子"用之则行,舍之则藏"的人生理想,这是一种勇气,也是一种担当。两千多年来,黑暗时代比光明时代的时间长，即使是在治世，失意的知识分子也比得意的知识分子多，颜子的生活态度为后世处于无道时代的知识分子尤其是失意的知识分子辟出一个存在意义的精神世界。[1]

无论任何时候，任何状态，颜子的精神，都是不过时的，是历久弥新的。

---

[1] 颜炳罡：《自强不息 厚德载物，唯颜子当之》，《新校园·文化大观》，2018 年第 12 期。

杨朝明：

山东大学特聘教授。

国际儒学联合会副理事长、中华孔子学会副会长。全国政协委员。先后担任曲阜师范大学《齐鲁学刊》编辑、孔子文化学院院长、历史文化学院院长，孔子研究院院长，尼山世界儒学中心副主任。

出版《周公事迹研究》《鲁国历史与文化》《儒家文献与早期儒学研究》《出土文献与儒家学术研究》《孔子家语综合研究》《儒学精神与中国梦》《论语诠解》《孔子家语通解》《孔子之道与中国信仰》《从文化自知到文化自信》等。

会经商的"外交官"子贡

——"儒商鼻祖"如何从孔门诞生

世人皆知儒学是一门关于"仁"的学问，仿佛与生财之道毫不相关。而"儒商"的鼻祖却偏偏从孔门弟子中诞生。

子贡是孔门弟子中最具传奇色彩的一个人。他在《论语》中被提到 57 次，仅次于排名第一的子路；他经商有道，乐善好施，被司马迁列为富翁排行榜的第二名；他通权达变，屡次化解了外交礼宾场合中的艰涩处境；他辩口利辞，以一人之力将春秋末期的国际局势重新洗牌。

更与众不同的是，他不仅有济世的理想和情怀，更有济众的本领和实力。

他以商养儒、以儒促商，留下"端木遗风"流芳百世。

子贡是如何从孔门弟子中脱颖而出，成为"儒商"鼻祖的？杨朝明教授从子贡的特点、在孔子门下接受的教育、子贡的生财致富之道以及儒商精神的传承等方面对此话题进行了解读。

一、"儒商"鼻祖，会经商的"外交官"

受到太史公垂青，会经商的"外交官"

《文化大观》：子贡是孔门弟子中较为特殊的一个人，我们发现，惜字如金的司马迁在《史记》中，用了两千字记述子贡的生平活动。司马迁为何对子贡如此垂青？

杨朝明：我在读《史记》时，也发现了这一不寻常的现象。在《史记》中"亚圣"孟子、"后圣"荀子分别仅有 200 多字的记述，连"道圣"老子也不过 400 多字。这种书面的强烈反差激发了我的兴趣。

子贡复姓端木，名赐，子贡是他的字，是春秋时期的卫国人。子贡位列孔门十哲，名属七十二贤，他最广为人知的身份是孔子的弟子，比孔子小 31 岁。除此之外，他在政治和商业领域的身份地位及成就更令人瞩目。在《论语》中，子贡被提到了 57 次，仅次于排名第一的子路，可见他非常好学，经常围在孔子身旁请教。

司马迁在《史记》这样描述子贡："七十子之徒，赐最为饶益。"子贡是孔门弟子中最富有的人，他也是当时的商人中学问和道德素养最高的一个，后人把他称为"儒商的鼻祖"。

《文化大观》：子贡的哪一方面特点最为引人注目，司马迁着重描写了子贡的哪些事迹？

杨朝明：子贡不仅是一个商人，他还是一个外交能力非常强的人。司马迁在《史记·货殖列传》中写道："子贡结驷连骑，束帛之币以聘享诸侯，所至，国君无不分庭与之抗礼。"意思是说：子贡乘坐四马并辔齐头牵引的车子，携带束帛厚礼去访问、馈赠诸侯，所到之处，国君与他只行宾主之礼，不行君臣之礼。子贡在各国的影响力对孔子得以名扬天下也起到了助力作用。

司马迁还洋洋洒洒用了 1800 字详细记述了子贡的一项事迹。

子贡当过鲁国、卫国的国相，经常参与国际上的政治活动，是一个卓越的政治家、外交家。子贡最辉煌的政治事迹，莫过于在各国斡旋，救鲁国免于危亡。

鲁国是孔子的故乡，有一次齐国要进攻鲁国，孔子派子贡前往齐、吴、越、晋、鲁五国游说，解救鲁国。子贡临危受命，最终他凭借出众的智慧和口才，以一人之力保全了鲁国，且将五个国家的命运全部改变，甚至将春秋末期的国际局势重新洗牌。司马迁感叹："子贡一出，存鲁，乱齐，破吴，强晋而霸越。子贡一使，使势相破，十年之中，五国各有变"（《史记·仲尼弟子列传》）。可见，子贡是一个口才极佳、能力很强的人。

"儒商"鼻祖，孔门弟子中的首富

《文化大观》：您怎么看子贡？子贡身上还有哪些特点？

杨朝明：子贡是孔子最为得力、特殊的弟子之一，他资质聪慧、能言善辩、办事通达，多次在孔子危难之际助其解围，处理鲁国艰涩的外交。

孔子弟子三千，贤者有七十二人，在德行、言语、政事、文学等方面都有很多杰出的弟子。子贡就是"言语"方面的代表人物。孔子曾说："不学《诗》，无以言。"《诗经》在当时的社会中有着重要的社会交流功能，而子贡就是这方面的佼佼者，他曾灵活运用《诗经·卫风·淇奥》中"如切如磋，如琢如磨"的诗句，对孔子的问题作出了回答。

而子贡值得人们注意的另一个最直观的原因就是子贡是孔子少有的会经商，而且经商非常成功的入室弟子，并被后世誉为"儒商"的鼻祖。

《文化大观》：怎么定义"儒商"呢？

杨朝明：对儒商的定义，学术界存在不同见解，综合众家之说，我们认为，

"儒商"有广义和狭义之分。

从狭义说,是指以儒家学说作为行为准则的商人。从广义说,是指熟习中华优秀传统文化,兼收儒家、道家、墨家、法家、兵家之长的商人。需要指出的是,儒商的内涵与外延的含义都是与时俱进的。

"商儒"相对于"儒商"来说,是个新的词汇,指经过长期学习,成为有"儒"性的商人,它强调先商后儒的过程。于是有人说,子贡就是个集'商儒'和'儒商'于一身的人。他能由一个普通的商人变为闻名于天下的儒者,成为孔门儒商第一人。这种观念混乱了"儒商"的概念,虽然它是由"儒"和"商"这两个独立的词汇组成,但"儒商"的概念不是"儒"和"商"的简单相加。从子贡经商、从师学习的事迹就可以知道,儒商是用儒家的理论去指导经商,用经商这个手段去践行儒家理论,是将儒性和商人完全糅合在一起,你中有我,我中有你。

孔门教育成就了儒商子贡

《文化大观》:子贡是什么时候开始经商的?

杨朝明:关于子贡经商问题的讨论,首先我们要从他的出身谈起,如《韩诗外传》《尸子》等书中所说:"子路,卞之野人也。子贡,卫之贾人也。皆学问于孔子,遂为天下显士。"由此,我们可以推断子贡并不是官宦人家,否则史书不会如此记载。另外,我们还可以推知子贡在入孔门之前,应该已经是商人了。

至于他的家世如何,古书并未留下记载。根据子贡早年经商的说法来推断,他的家族可能会比较富足,因为经商是要资本的。据说子贡的外公是蘧伯玉,蘧伯玉和孔子是至交好友,孔子去卫国,大部分时间都住在蘧伯玉家里。

《文化大观》:子贡是什么时候拜孔子为师的?

杨朝明:一种说法是子贡18岁(周敬王十七年,公元前503年)游学鲁国时，拜孔子为师。当时孔子在鲁国已有很大的名望，收徒已不少。

另一种说法认为，在鲁定公十五年（公元前495年，孔子周游至卫）春天以前，即在他25岁以前，就已经拜孔子为师。这与第一种说法并不矛盾，指示出子贡入孔门的最迟时间，此时子贡更加成熟，从商的可能性也相对更大。《左传·定公十五年》有一段关于邾子朝鲁，子贡观礼的记载。这是关于孔子与子贡的比较早的记载，由此人们推断至少在此事之前，子贡就应该拜孔子为师了。

《文化大观》：您认为子贡为什么拜孔子为师呢？

杨朝明：商场竞争是残酷的，当时诸多诸侯国仍以"工商食官"为主，自由的商贸活动并不发达。子贡非官宦子弟出身，不会以官商的身份去经营自己的产业，在经商中会遇到很多困难。要克服这些困难，就应学会与官商及一些达官贵人、诸侯国君的礼仪。这可能是促使子贡拜孔子为师最直接的原因。

通过《史记·货殖列传》："子贡既学于仲尼，退而仕于卫，废著鬻财于曹、鲁之间"的记载，我们知道子贡入孔门后，并未终止经商的活动。

《论衡·讲瑞》中还讲了一段关于子贡和孔子的记载，值得我们多加思考：

> 子贡事孔子一年，自谓过孔子；二年，自谓与孔子同；三年，自知不及孔子。当一年、二年之时，未知孔子圣也，三年之后，然乃知之。

我们从中可以觉察到子贡入门时有些自视清高，刚入孔门时的子贡能言善辩、办事通达、经商有道，与当时政治不得意的孔子相比，子贡感觉自己棋高一筹，所以才会有此自命不凡的语言与举动。后来，子贡才明白孔子的高明之处。

《文化大观》：也就是说，子贡能成为儒商鼻祖的原因，与孔子的教诲是分不开的？

　　杨朝明：有很大的关系。子贡大概在 25 岁以前入孔门求学，此后随孔子学习了 25 年，直至孔子去世。在这二十多年的时间里，孔子对子贡进行了一场"成人"教育，的的确确影响到了他的经商活动，更为重要的是，子贡能真正地将孔子对君子人格的要求运用至经商之道中。

　　《文化大观》：何谓"成人"教育？

　　杨朝明："成人"的含义不仅仅是指人的年龄、体能和智能，更重要的是它的道德内涵，指人具有别于"禽兽"的社会性，具有行使人事的能力。

　　在孔子看来，"成人"首先是具有知识的人，他应该对社会有着最起码的认知。有一次，颜回向孔子请教"成人之行若何"，孔子回答说："达于情性之理，通于物类之变，知幽明之故，睹游气之原。若此可谓成人矣。既能成人，而又加之以仁义礼乐，成人之行也。"（《孔子家语·颜回》）也就是说，"成人"应当通达人类本性的原理，通晓各类事物的变化，了解各种物象产生的缘故，洞察风云变化的根源。你想想，这是多么高的要求！可见，一个人先有了知识，具备了成人的素质，然后再给他施以仁、义、礼、乐的教化，这样他才能拥有为人之德行。

　　子贡自幼聪颖，反应敏捷，又有才有艺，当他跟从孔子学习的时候，已经具备了基本的行事能力，但可能在儒家所规定的"仁义礼乐"的道德修养方面还有待提高，所以他需要接受孔子的"成人"教育。

二、"富比陶朱"，子贡的生财之道

子贡的财力不比范蠡差

《文化大观》：我们一直说子贡很有钱，但并不清楚子贡的财力究竟是什么状况。您可以简单介绍一下吗？

杨朝明：用富可敌国形容子贡的财力丝毫不为过。《史记》说他"家累千金"，有人根据汉代墓地出土的文物测算，千金放到现在是以"亿"来计算的财力。这一点在很多典籍中都能得到印证，比如《论衡·命禄》记载"白圭、子贡转货致富，积累金玉"，《论衡·知实》说子贡"善居积，意贵贱之期，数得其时，故货殖多，富比陶朱"，陶朱公就是范蠡，《史记》载范蠡的财力"财聚巨万"，据此足见子贡之富。

子贡的生财之道

《文化大观》：子贡是如何致富的？

杨朝明："生财有大道"，子贡的钱财是他自己经营有道得来的。《论衡·命禄》有明确记载曰："白圭、子贡转货致富，积累金玉，人谓术善学明。"告诉我们，子贡的生财之道是"术善学明"，就是善于经营，学有所用。

子贡具有敏锐的判断力，善于猜测行情，能够及时了解市场的运转情况，并迅速做出反应，周转货资。这从"赐不受命，而货殖焉，亿则屡中"（《论语·先进》）与"子贡好废举，与时转货赀"（《史记·仲尼弟子列传》）都能看出来。

《文化大观》：您可以结合一些具体事例讲讲子贡经商的才能吗？

杨朝明：据说子贡从小就具有很强的判断能力。有个故事说，子贡小时候和家人外出游玩，不小心走丢了，但他又不认识回家的路，这时其实他很害怕，但为了避免被坏人看出来，聪慧的子贡保持镇定站在原地，任谁前来和他说话也不搭理。过了一会儿，他看到一个面容亲善的老人家走过，就立马追上去，经过一番央求，果然老人将他安全送回了家。

多么危险的处境，就被机灵的小子贡轻松化解了！可见，子贡从小就具有很强的识人能力。善于观察、判断力强、勤于思考都是身为商人必备的素质，孔子也对子贡的聪慧睿智进行了充分的肯定，他认为子贡能够"告诸往而知来者"（《论语·学而》），他听到过往的事就能预知未来，说明洞察力非常强。

《文化大观》：看来子贡所受的家庭教育很好。在商业竞争中，谁如果眼光精准，对行情的走向有预知能力，大概他就能立于不败之地了。

杨朝明：子贡还真当过一回"预言家"。《左传》记载了一个子贡"观礼"的故事，一次，邾国的君主隐公到鲁国朝见鲁定公，子贡刚好在旁边观礼，他看到邾隐公拿着宝玉给定公看的时候，高仰着头，态度非常高傲，而定公接受时却低着头，态度谦卑得很反常。由此，他评价道："以礼观之，二君者，皆有死亡焉。夫礼，死生存亡之体也。……高仰，骄也，卑俯，替也。骄近乱，替近疾。君为主，其先亡乎！"（《左传·定公十五年》）

通过邾国和鲁国两位国君"反常"的行为，子贡预测到两个国君都即将迎来死亡，而身为主人的鲁定公，可能会先出事。结果四个月后，鲁定公就去世了。孔子知道了这件事后，把子贡批评了一通，因为他希望子贡能改掉妄议他人是非的坏毛病。但由此也能看出他的预言能力之精准。

《文化大观》：子贡是如何将他精准判断的能力应用在商业中的？

杨朝明：具体事迹暂未见史料记载，但民间流传着一些子贡经商的故事。据传有一年，吴国和越国的大军远征北方，为了御寒，吴王夫差在民间强征丝绵，导致丝绵短缺，价格一路走高。子贡看到这一商机后，便前往各国收购丝绵，然后贩卖到吴国，由此赚到一大笔钱。还有一个传说，是说孔子去世后，子贡为了追忆老师，便用木头雕刻孔子像，后来被前来祭拜的诸侯将相见到后，他们都表示想拥有一个留作纪念，聪敏的子贡于是又发现商机，他招募工匠生产了一批孔子的雕像，由此又获得一大笔收入。虽然这些都是民间传说，未必确实发生过，但其所传达的子贡善于发现商机的才能一定是不假的。

《文化大观》：子贡还有哪些特质对于经商有助益？

杨朝明：另外，子贡有务实、勇于开拓的精神，这种精神对经商是弥足珍贵的。史书中曾记载这样一个事情，孔子周游列国被困于陈、蔡之间，依然弦歌不废，态度积极乐观。孔子先是找来弟子子路问话，询问自己的理论学说何以至此？子路自己感到非常困惑，认为是孔子自身的原因。之后，子贡又被叫进来回答同一个问题，子贡说："夫子之道至大，故天下莫能容，夫子盍少贬焉。"（《孔子家语·在厄》）子贡明了老师学说的博大精深，但也深知当时的社会条件是无法实现孔子这一理想的，故而劝说孔子降低一下自己的标准以适应世道。理想的目标做了调整，虽不如从前高远，但却可行。这个事例清楚地表现出子贡的人生态度中讲求实际的务实精神。

《论语·八佾》也记载了类似的一件事情，其曰："子贡欲去告朔之饩羊。子曰：'赐也！尔爱其羊，我爱其礼。'"子贡的务实精神体现得非常鲜活。

三、儒商的精神特质从何而来？

《文化大观》：从子贡身上是否可以提炼出一些儒商的特质？

杨朝明：是的，子贡的很多特质是被后世儒商所传承的。

首先是与人交易、交往诚实有信。经商最重要的是讲诚信，孔子讲"人而无信，不知其可也"，子贡始终将孔子的教诲贯穿于做人、做学问、经商的全过程中。

有一次，子贡问孔子怎样治理好一个国家，孔子回答"足食""足兵""民信"，此三者都非常重要。子贡是个特别爱刨根问底的人，他听到老师的回答后，又问道："如果逼不得已要舍弃其中一条，应该去掉哪条？"孔子说："去兵。"子贡再问："如果再去一条，只留一条呢？"孔子说"去食"，并且强调"自古皆有死，民无信不立"。（《论语·颜渊》）在儒家看来，诚信不仅是一个国家的立国之本，也是经商的立业之本。

许多商人会为了获取更多利益，对商品的性能和功效夸大其词，通过虚假宣传吸引人前来购买，这种现象在现代的商业环境中尤为严重。子贡深知诚信在经商中的重要性，他谨记老师"己所不欲，勿施于人"（《论语·颜渊》）的教诲，恪守老师说的"言必信，行必果"（《论语·子路》），由此才能纵横于国际贸易中，得到"儒商鼻祖"的美名。

《文化大观》：秉持诚敬之心，对子贡在商业活动中拓展人脉资源也很重要吧？

杨朝明：是的，孔子还专门教导子贡与人交往之道。可能因为子贡在经商、外交中常与人来往，所以孔子在他问什么是"仁"的时候，也不忘教导他，每当前往一个国家时，要敬奉那些大夫之中的贤者，结交士人中的仁人，正所谓："工欲善其事，必先利其器。居是邦也，事其大夫之贤者，友其士之仁者。"（《论语·卫灵公》）子贡听了老师的话，在商业场合与人打交道时遵循君子之道，这无疑为他积累了一批优质人脉。

《文化大观》："端木遗风"就是这么来的吗？

杨朝明：是的，"端木遗风"就是指子贡遗留下来的诚信经商的风气。子贡善货殖，成为民间信奉的财神，他的"君子爱财，取之有道"之风，为后世商界所推崇。

富而好礼、俭奢有度的财富观

《文化大观》：后世儒商还从子贡那里传承了怎样的财富观？

杨朝明：子贡富而不骄、俭奢有度的财富观值得后人学习。如在《论语·学而》中，子贡向孔子请教：

> "贫而无谄，富而无骄，何如？"子曰："可也；未若贫而乐，富而好礼者也。"子贡曰："《诗》云：'如切如磋，如琢如磨'，其斯之谓与？"子曰："赐也，始可与言《诗》已矣，告诸往而知来者。"

子贡的请教中透着自己为富不骄不躁的态度。孔子看到子贡的进步感到欣慰，引导他向更高的"贫而乐，富而好礼"的境界提升。孔子还夸奖子贡可以综合一些情形，推知未来的形势走向。这对子贡准确把握市场行情，"与时转货赀"，有潜移默化的影响。

另外，子贡曾问孔子管仲与晏子谁贤的问题："管仲失于奢，晏子失于俭。与其俱失矣，二者孰贤？"（《孔子家语·曲礼子贡问》）通过管仲过奢，晏子过俭的事例，使子贡借鉴前人的教训，形成了自己俭奢有度的财富观，这是中庸思想在俭奢中的体现。

《文化大观》：孔子所说的"富而好礼"的境界，子贡有没有做到？

杨朝明：子贡在听到老师关于"富而好礼"的教诲时，以《诗经》中的语句表达了自己对"富而好礼"的理解，师生对对方的意思都心领神会。孔子一生对礼极为推崇，在礼方面，他对学生的要求也非常严格，如"不学礼，无以立""非礼勿视，非礼勿听，非礼勿言，非礼勿动"等。子贡虽然富可敌国，但他从不骄横恣肆，终其一生都以礼作为自己的行为准则。

博施济众，财富回馈于社会

《文化大观》：这还涉及财富的运用问题。

杨朝明：是的，这就讲到了儒商的另外一个特质：博施济众。

子贡"家累千金"，但他并不吝啬，"以财发身"拿钱救济百姓，其行可谓有仁有义。他曾问过孔子："如有博施于民而能济众，何如？可谓仁乎？"（《论语·雍也》）子贡向孔子询问"博施于民而能济众"是否可谓之"仁"一事，说明他想以自己的方式践行"仁"，将钱财广泛地施予民众，做一些慈善事业，当他自己富裕了，也希望别人可以富足，"推己及人""独乐乐不如众乐乐"，不正是如此吗？

《文化大观》：孔子对此如何评价？

杨朝明：孔子非常赞赏啊，他回答说："何事于仁！必也圣乎！尧、舜其犹病诸！夫仁者，己欲立而立人，己欲达而达人。能近取譬，可谓仁之方也已。"（《论语·雍也》）孔子认为这种胸怀已经不仅仅是"仁"，而能达到"圣人"的境界了！或许正因子贡经常与人为善，乐善好施，所以无论平民百姓，或是达官贵人都愿意支持他的生意。

  《吕氏春秋》记载了子贡赎奴的故事：子贡赎回这个鲁国人后，按鲁国的法律规定，他可以去国库领取赎金，但子贡并没动过"回本"的念头。这种做法不仅显示出他很富足，也说明他是个有善心、讲仁义的商人。

  《文化大观》：据说子贡在物质方面为师门付出了很多？

  杨朝明：是的，子贡曾大力支持孔子和弟子们周游列国的活动。据《孔子家语·在厄》记载："孔子厄于陈、蔡，从者七日不食。子贡以所赍货，窃犯围而出，告籴于野人，得米一石焉。"在孔子厄于陈、蔡最困难的时期，正是子贡倾囊而出解救大家，他突围而出，将携带的钱财拿来购买乡间农夫的粮食，解了大家的燃眉之急。后来子贡又前往楚国求救，楚昭王兴师动众迎接孔子，师徒一行人才得以脱身。

四、何以在众多官商中立于不败之地？

"分庭抗礼"的待遇，与国君平起平坐

《文化大观》：子贡的生意做得有多大？在当时处于怎样的位置？

杨朝明：后来，子贡的生意越做越大，不仅仅局限于小规模的自由市场，还赢得了官宦人家的喜爱，史书有记载："子贡结驷连骑，束帛之币以聘享诸侯，所至，国君无不分庭与之抗礼。"（《史记·货殖列传》）

《文化大观》："分庭抗礼"在当时是种什么样的待遇？

杨朝明："分庭"就是把庭院分作两部分，"抗礼"就是平等之礼。所谓"分庭抗礼"就是形容子贡到了各国，诸侯国君不仅对他以礼相待，且与他平起平坐，更有甚者，如越王勾践不仅会亲自驾车迎接子贡，还对他行过叩拜之礼。可见子贡的声望之高，生意之大，这些史料也足以说明子贡是个非常成功的商人。

《文化大观》：很多人在达到这种成就与地位的时候，就容易变得目中无人。

杨朝明：但子贡却非凡夫俗子，即便如此，他也依然保持着对老师和同学的尊重与谦逊。有一次，孔子与子贡讨论，问他与颜回谁更加优秀。虽然子贡的地位和财富远在颜回之上，但他并未因此骄傲自大，他谦虚地回答孔子："赐也何敢望回？回也闻一以知十，赐也闻一以知二。"（《论语·公冶长》）子贡认为颜回听到一件事，就能推知十件事，而自己只能推知两件事，所以他不敢与颜回比肩。子贡这种谦逊、不狂傲的自知，是非常难得的。

在众多官商中立于不败之地，源于孔门之"儒"

《文化大观》：在商业以"工商食官"为主的时代，子贡作为一介平民，何以取得如此大的成绩？

杨朝明：除了他能言善辩，善于观察市场行情，务实，深知经商之道之外，想来子贡可以在众多官商中立于不败之地的原因就是子贡的"儒"。

跟随孔子学习，不仅可以学到进出官宦之家的礼节。而且由于长期受孔子的熏陶，子贡对仁、礼、义、利等都会有更深层的认识，这些心得体会让子贡散发出不同于一般世俗商人的气质。否则，国君不必与他"分庭抗礼"。子贡也不会在交易完成后有积极宣扬孔子学说机会，故而司马迁评价说："夫使孔子名布扬于天下者，子贡先后之也。"（《史记·货殖列传》）

《文化大观》：子贡能够取得如此成就，说到底与老师孔子，与儒家思想的影响是分不开的。

杨朝明：是的，子贡与孔子的感情非常深厚，而且子贡能够深刻认识到孔子的高明与厚重在哪里。

当时，鲁国有一个叫叔孙武叔的人诽谤孔子，子贡说道："无以为也！仲尼不可毁也。他人之贤者，丘陵也，犹可逾也；仲尼，日月也，无得而逾焉。"（《论语·子张》）意思就是别人的贤德好比丘陵，还可超越过去；仲尼的贤德好比太阳和月亮，是无法超越的。虽然有人要自绝于日月，对日月又有什么损害呢？只是表明他不自量力而已。

后来叔孙武叔在朝廷上对大夫们说："子贡比仲尼更贤。"子服景伯就把这一番话告诉了子贡。子贡说："拿围墙来作比喻，我家的围墙只有齐肩高，别人可以看到屋内摆设的美好状况。老师家的围墙却有几仞高，如果找不到门进去，你就看不见里面宗庙的富丽堂皇，房屋的绚丽多彩。能够找到门进去的人并不多。叔孙武叔那么讲，不也是很自然吗？"

子贡在孔子的指导下，道德修养得到了不断的提高。孔子去世后，孔门弟子服丧三年后"相诀而去"，只有子贡在老师孔子的墓旁守了六年，可见其对老师的情义。在孔子的教导之下，子贡以自己的方式践行着仁、义、信、中庸、推己及人等道德品质，并将其逐渐融入自己的价值观、人生观之中，打破了人们"为富不仁""慈不经商"的观念。子贡"儒商"的形象树立起来了。

张克宾：

    哲学博士，现为山东大学易学与中国古代哲学研究中心教授、博士生导师，山东大学齐鲁青年学者。

    兼任《周易研究》编辑，中国周易学会常务理事、副秘书长，《学衡》辑刊编委等。

    主要从事易学与中国哲学的研究与教学工作。

解读王者之书中的财富密码

——从"大道之源"《周易》"探"财富之道

有没有一种"道"能通往所有的道路？有没有一部经典能解答各个领域的问题？

"穷则变，变则通，通则久""富有之谓大业，日新之谓盛德""积善之家，必有余庆，积不善之家，必有余殃"……这些闪烁着智慧光芒的语句就出自被称为"大道之源"的《周易》。

作为中华民族最古老的经典之一，《周易》有着"群经之首""王者之书"等诸多称号，是集中国智慧之大成的作品，广泛而深远地影响了中国几千年的政治、社会和文化发展。《四库全书总目》这样给《周易》定位："易道广大，无所不包，旁及天文、地理、乐律、兵法、韵学、算术，以逮方外之炉火，皆可援易以为说。"其中饱含的智慧跨越几千年的时间线，仍未衰减，无论是体悟天地大道，还是求取功名富贵，都能从中找到方向。

孔子讲"居则观其象而玩其辞，动则观其变而玩其占"；唐代政治家虞世南说"不读《易》不可为将相"；文学家苏轼说"抚视《易》《书》《论语》三书，即觉此生不虚过"；德国哲学家黑格尔说："《易经》代表了中国人的智慧。就人类心灵所创造的图形和形象来找出人之所以为人的道理，这是一种崇高的业。"……

今天的我们应该用一种什么样的态度对待财富？如何运用《周易》智慧去获取财富？通过学习《周易》，我们该如何生财、理财、用财，树立怎样的财富观？张克宾教授带领我们走进《周易》，解读财富密码，探求财富之道的答案。

一、不轻传的"大道"
财富智慧如何从天子走向百姓

简易和变易的世界下，财富也是流变的

《文化大观》：《周易》被称为"群经之首"，是儒家的重要经典之一，《周易》是怎么谈财富的？

张克宾：《周易》讲变化，"易"有几个意思，一个是变易，变化。再一个就是易简，即简易。还有一层就是"不易"，即不变。在这样一个简易和变易的世界的背后还有一个不变的东西。

这个"变"讲究"消息"，消中有息，息中有消，有往有来。"息"是休养生息的"息"，而不是休息的"息"。有消有长，有盈有虚，这是天道。它强调与时偕行，与时俱进。在这样的视野下，我们可以来看财富的问题。财富也是处于流变中的，有消有长，有增有减。它不是恒久不变的，而且它有客观的变化规律，不以人的意志为转移。从具体内容上看，《周易》中没有讲述多少我们现代意义上的关于财富的问题。

一部传承数千年前中央朝廷智慧的典籍

《文化大观》：为什么这么说呢？

张克宾：这是时代导致的。

"六经"都是孔子之前的文献，是周代以及周代之前的王公贵族所用，是中央朝廷的典籍，不是普通老百姓能接触到的。

所以这些经典所关切的问题是典章制度，谈论的都是国家治理和人文教

化，也就是政治意义上的家国天下的和谐有序，而不是社会财富和个人财富问题。因为在那个时代，物质财富不是靠个人努力和奋斗就能够获得的，是由出身与权势决定的。身为贵族，家里就有相应的资产和土地。那个时代，个人的商业行为是很有限的，森严的等级制度已经判定了财富的保有量。

"六经"中有政治层面理财致富的内容，但没有关于个人层面发家致富的内容。而真正致力于财富经营的"商人"在古代社会是长期被边缘化的群体。

《文化大观》：《周易》是一本什么样的书？

张克宾：从发生意义上看，《周易》是一部卜筮之书；从内涵意义上看，其意蕴精微广大，乃天人之学；从历史发展来看，它自身有一个学术品格转换、提升、发展的历程。

《文化大观》：也有人称《周易》为《易经》，我们怎么称呼它比较合适？

张克宾：《周易》是本名，这个名曾出现在《左传》里。

《易经》，是孔子将《周易》《诗经》等书确立为儒家的经典以后，才称作《易经》。后来又有《易传》，"传"就是解释"经"的。但是《易经》文本从汉代开始，它传下来的都是经传一体的。就是说你买一本《周易》的书，它都有"传"的内容。所以这就导致讲《周易》包括"经"和"传"，讲《易经》呢，也包括"传"。我们为了做一个简单的区分，当强调不包括传文的时候，我们就说"《周易》古经"。

《周易》古经包括卦爻画和卦爻辞，而"传"则包含《彖传》上下篇、《象传》上下篇、《系辞传》上下篇、《文言》《说卦传》《序卦传》《杂卦传》，共七种十篇，称之为"十翼"。

《文化大观》：卜筮是怎么一回事？

张克宾：《易》之道寓于卜筮之中。占卜活动，依托于万物有灵论的世界观和原始思维模式，是原始先民把握世界的一种方式。《周易》是卜筮发展到一定阶段的产物。

卜与筮不同。卜是用龟甲或兽骨进行占问，而筮是通过蓍草数目的运算来求卦，由卦而断吉凶。一根蓍草就是一策，所谓"决策"就是指运蓍成卦以占决吉凶。如以今天的眼光看，超理性的决策是卜筮，合理性的卜筮是决策。

卜筮的目的在于决疑，古人讲"无疑不占"。通过卜筮来明进退取舍，从而趋吉避凶。卜筮有它的符号，就是卦爻画，有它的文辞，就是卦爻辞。卦爻画与卦爻辞共同构造了一个互相诠释的开放的意义世界。要理解卦爻的意思，也要结合卦爻画呈现的卦象，通过卦象来理解卦辞，也要通过卦辞来认识卦象。所以这二者是互相诠释的关系，在互相诠释中形成它的思想和意义。

虽然是卜筮语境下的文辞，但其中蕴含丰厚的德性精神和人文智慧。孔子讲仁德，追求人生和社会的德性内涵。孔子做《易传》的时候开始自觉地将易从卜筮之用中超拔出来，对其中的德义思想加以诠释和凸显。德义，简单地说就是人文德性价值观念。

经典向下转移
从天子走向百姓

《文化大观》：《周易》是如何走向民间的？

张克宾：春秋以后，周代体制衰解，礼坏乐崩，上层的政治和贵族文化走向腐朽，而底层士大夫开始崛起，不再靠贵族血统而谋事，而是靠知识和才能谋事，文化和经典也开始向下转移。

在那个时代，普通老百姓是没有途径学习的，学校都是贵族学校。孔子就是在这种环境中出现的代表性人物。孔子倡导在民间办私学，有教无类，确实是划时代的伟业。

《周易》本来是掌握在周天子手中的，由中央朝廷掌管，地方的诸侯国还没有。鲁国因为是周公的封地，地位比较特殊，有中央的一些文献。进入春秋时期以后，周的礼乐制度解体，整个社会面临转型。像孔子这样的没落贵族，有机会接受到教育，开始靠个人的奋斗和努力争取新的成功。也就是到这个时代，知识下移，普通人通过学习、奋斗能够成就功和名。商汤宰相伊尹，包括周代姜子牙等人，都不是普通老百姓，也不是靠个人奋斗提升阶层的。

《文化大观》：关于财富的话题也是在这之后才开始谈的吗？

张克宾：是的。落实到财富问题上，《论语》里就开始谈了，因为个人可以通过努力得到大量财富了。孔子的弟子子贡就是代表，他是一个杰出的商人。

《论语》中就记载了孔子关于富贵问题的认识："富而可求也，虽执鞭之士，吾亦为之。如不可求，从吾所好。"

进德修业，德义比卜筮更重要

《文化大观》：《论语·述而》记载孔子晚年表示："加我数年，五十以学《易》，可以无大过矣。"《周易》真的能够指导人以致一生没有大的过错吗？

张克宾：这是孔子晚年才认识到的。

孔子周游列国期间没有达成自己的政治理想，晚年退而删《诗》《书》、正礼乐，赞《易》，作《春秋》。

赞是什么意思呢？赞者，助也，明也。也就对《周易》之意蕴进行揭示和阐发，最终成果就是《易传》。

"韦编三绝"这个成语就是形容孔子读《周易》的勤奋，指孔子勤读《易经》，使得编联竹简的皮绳多次脱断。长沙马王堆汉墓出土帛书《要》中记载了孔子勤读《周易》的情形："夫子老而好《易》，居则在席，行则在橐。"孔子专心学易，达到废寝忘食的地步，在家的时候，把《周易》放在席边，外出的时候，把它放在行囊里。孔子喜欢《周易》到了爱不释手的程度。

《周易》是用于卜筮的书，是求神问卜的书。我们今天一说算卦的，多受到人讥笑，认为这些东西好像是不上台面的。其实孔子那个时候也是这样的。孔子晚年爱好《周易》，子贡就质疑道："夫子它日教此弟子曰：'德行亡者，神灵之趋；知谋远者，卜筮之繁。'赐以此为然矣。以此言取之，赐缗行之为也。夫子何以老而好之乎？"意思是说："老师您以前教导我们：没有德行的人才趋近神灵以求保佑，缺乏智慧的人才频繁占卜以求吉顺，学生对此深以为然，可是为什么老师您老了又却喜欢起《周易》来了？"

这也是孔子早年教导子贡的，也是被他们广泛接受的，有智谋的人可以把问题想清楚，自己就可以下决断，不必进行占卜。孔子后来提出："我后其祝卜矣，我观其德义耳。""予非安其用也，予乐其辞也。"《周易》中有"古之遗言"，孔子看重的不是如何用它占卜，而是观其德义。德义思想从哪里看？就是从卦爻辞里看。

孔子在对《周易》的理解上做了一个转向，由卜筮的趋吉避凶，转向观德义的"进德修业"。所以在这个意义上，我们对《周易》卦爻辞的理解都是在孔子这种"进德修业"思想视野下来认识的。

从《周易》观"义""利"
对事物有益，才是真正的"义"

《文化大观》：《周易》怎么讲义和利？

张克宾：《周易》认为"'利'者，义之和也"，又说"利物，足以和义"，"利"和"义"是相互解释的。《周易》认为义是最高的利，是各种公义、正义的一个融合。而对事物有益有利，这才是真正的义。

古人讲"物"是多个层面的，不仅仅说事物，人、事、物都在其中。"利物"就是对周围的这些人、事、物有好处。对他们有帮助，这才是真正的义。

《周易》反对个人的独富，人要由小我，走向大我，最终追求一个"与天地合其德"的天地大格局。这就是所谓的圣人的境界，是无所不包容，无所不承载。厚德载物是《周易》的一个基本思想。

所以落实到最后，《周易》强调的是进德修业，也就是追求内在德性的提升与外在事业成就并行，而这种事业的成就是基于"利物"的，即对周围的人、事、物，对社会、国家要有利、有义的，而不是局限于个人主义的东西。

传统文化很少像现代社会这样通过个人的角度来立论，而是通过"家国天下"的角度来讲各种成就。《周易》与其他的经典有一个不同的地方，它非常强调个体成就。"乾道变化，各正性命"，每一个事物都能够得其性命之正，则"保合太和，乃利贞"。

让每种事物都能够成为它自身
便是最高的和谐

《文化大观》："保合太和"怎么理解呢？

张克宾："保合太和"这是乾卦《彖传》中的话，就是保持一种最高的和谐状态。故宫的太和殿，殿名就出自这句话。让每一种事物都能够成为它自身，这就是最高的一种和谐。

《文化大观》：类似于我们现在讲的人类命运共同体吗？

张克宾：不只是人类命运共同体的，是宇宙命运共同体。狼虫虎豹，山河大地，花鸟虫鱼，各种事物都能够实现它们自身，那就是最高境界了。

《文化大观》：这是不是也是中国古代政治家所追求的状态？

张克宾：对，这是自古以来最高的追求。为什么《周易》能成为王者之书？因为它有这种宏大的格局和气象，不是一个小民所能够追求，能达到的。

我觉得《周易》和"四书"尤其和《论语》的一个最大的不同，就在于它有一种明确的天地的视野。它是从天道开始讲起的，可以作为人道的一种理论基础。而《论语》读起来很亲切，直接从人心、品行来讲起也很受用。

《周易》首谈"理财"
"财"能聚人，有始更要有终

《文化大观》：《周易》中是否明确讲了关于财的问题？

张克宾：《系辞下》里，确实明确地讲了财的问题。

> 圣人之大宝曰位。何以守位？曰仁。何以聚人？曰财。理财正辞、禁民为非曰义。

"圣人之大宝曰位"就是说，圣人最重要的宝器是"位"，即位置，其实就是上下的秩序。君有君位，臣有臣位，父有父位，子有子位，夫有夫位，妻有妻位。那么"何以守位"，靠的是仁。

接下来又讲"何以聚人"，怎么让人民聚集呢？靠财才能聚集人。如果一个地方一穷二白，想要人口聚集，兴盛发展，是不可能的。只有一个地方富有了，百姓才会聚集。这也是古代一直讨论的问题，即人口的问题。在古代，哪个国家经济发达，哪个国家人口就多，就是这样的道理。

《文化大观》："理财"这个词就是出自《周易·系辞传》吗？

张克宾："理财"这个词可能就是出自《系辞传》的"理财正辞"。

这里的"理财"就是管理财务，管理财产。"正辞"的"辞"不是一般的言辞，是争讼，就是诉讼。《说文解字》就说"辞者，讼也"，"正辞"就是平定争执。有财物就难免有争夺，有冲突。怎么得到一个正确的判定？"正辞"就是能够把这些争执给合适地、恰当地处理了。就像审案子一样，公平公正地审清楚了。

《文化大观》：就是说，处理好争执才能管理好财产。

张克宾："财"和"辞"是密切相关的，有财富的地方往往就有争夺，就有争端。所以《周易》专门有讼卦。

讼卦的前一卦是需卦。需卦有多种解释。《象传》说"君子以饮食宴乐"，表明需是饮食之卦，饮食宴乐就是说开始有饮食上的需求，财富上的需求了。接着就到了讼卦，就有争执了。

《文化大观》：《周易》是怎么看待"理财"这个问题的？

张克宾：在"理财"这个问题上，《周易》非常强调要"谋之于先"，要有良好的开端。

讼卦《象传》说："君子以作事谋始。"讼卦告诉我们谋事谋始，做事时一开始要把事情都讲清楚，规则都讲明白，是非归属都要分清了，这样会避免争讼。像合伙创业一样，没有明确的协议，在分账时就没有依据，就可能会打官司。俗话说"亲兄弟明算账"，不是说事后把账分清楚，而是要事先把账讲清楚。

不只是《周易》，中国古代传统文化中是不提倡诉讼的。讼卦上九爻讲："或锡之鞶带，终朝三褫之。"意思是说也许凭借胜讼获得了很多赏赐，得到了高官厚禄，但是很快就会被剥夺。《象传》说："以讼受服，亦不足敬也。"就是说通过诉讼而受赏官禄，获得一些财物，这也不值得令人尊敬。

《文化大观》：做事要有始有终。

张克宾：《周易》强调终始之道。慎其始，还要续其终。

谦卦讲："亨，君子有终。""劳谦，君子有终，吉。"谦卦六爻皆吉，堪称六十四卦中最吉的一卦。为什么"君子有终"呢？只有君子这样的人才能够很好地将谦虚、谦让的品行持续到终。所以在理财的问题上，《周易》非常强调要谋之于始，同时强调续其终。这就是老子讲的"民之从事，常于几成而败之，慎终如始，则无败事"（《道德经》）。慎终如始，要坚持到最后。

《系辞下》讲："惧以终始，其要无咎，此之谓《易》之道也。"自始至终保持警惕，不敢懈怠，才能在变化多端的世界中免于咎害，这就是《周易》的道理。

二、从一卦一爻中领悟财富之道

家人卦：财富争端源于无"孚"

《文化大观》：《周易》的卦爻辞里头有没有谈论财富的内容？

张克宾：虽然《周易》卦爻辞中没有谈论今天意义上的财富的内容，但也有一些具有启发性的相关表述。

譬如家人卦，就是在讲持家之道。卦辞说"家人，利女贞。"女贞是家道正的关键，就是说家庭主妇要守正，要尽职尽责，要能立得住，这样整个家庭才能稳定和谐。其六四爻辞讲"富家，大吉"，指出家庭财物丰足是非常好的事情。孝养父母、教养子女都是需要一定的物质基础的。

家人卦初九爻说："闲有家，悔亡。""闲"的本义是指圈养牛马的地方，又引申出来防闲、防止的意思，这里就是指有规则，有规矩。治家之首在于有"闲"，首先要有规矩，国有国法，家有家规。

家人卦上九爻讲："有孚威如，终吉。"孚就是信的意思，"有孚"就是治家或者管理家庭财富，家人之间要保持一种互相诚信的态度。夫孚于妻，妻孚于夫，父孚于子，子孚于父，父母夫妇子女间相孚相信，必须以诚相见，没有隔阂不能遮掩，不能隐瞒，更不能欺骗。"威"就是威严尊严，家人之间要保持相互的信任和尊敬。如果失去了"孚"，那么财富越多，引起的争端就越多。

《周易》大有卦也讲"有孚"和"威如"。今天理财金融最讲究的也是"诚信"，都有征信记录。在财富关系之中，《周易》突出强调"孚信"。

无妄卦：不事耕耘则不图收获

《文化大观》：就是说只有实现了内部的和谐，才能处理好财富。

张克宾：家族的富有当然是好事，但要有规则，规矩。如果没规矩，这个"富有"就会出问题。

《周易》反对不劳而获的思想。有一个卦叫无妄卦。我们今天常说到一个词"无妄之灾"，就是出自这个卦的爻辞。无妄卦六二爻讲："不耕获，不菑畬，则利有攸往。"没有耕种就不会有收获，没有开荒就不会有好田地。不事耕耘，不图收获。不务开垦，不谋良田。保持这样一个心态，才有利于去做事。这都说明不能追求不劳而获。

大有卦：即使富有天下也应保持诚信和威严

《文化大观》：最富裕的一种状态是怎样的？

张克宾：前面我们提到了大有卦。"有"就是丰裕、丰盛的意思。

大有卦本意是讲君王的大有，富有天下是真正的大有。大有就是最丰盛，最富裕的一种状态。大有虽然是非常富有，但是到了九四爻，这一卦已经过了一半，事情要有转折了。

九四爻讲："匪其彭，无咎。""彭"就是非常多的意思，"匪其彭"就是说不过盛，这样就没有过错、咎害。《周易》认为富裕至极的状态是不好的，应该保持一个不过盛的状态。

在一个卦中，第五爻是每一卦非常关键、非常重要的一爻。大有卦六五爻也讲："厥孚交如，威如，吉。"就是说用诚信交接上下，威严自显，吉祥。无论是君王和臣子之间，还是父子之间，夫妇之间，都要孚信相交，保持一种威、敬,有序的状态。我觉得从这一点来讲,家人卦和大有卦是相连的,都强调"孚"和"威"。《象传》专门解释大有卦这一爻,说"信以发志也",就是说只有通过信才能使你的志向得以实现。

所以我们今天的理财,包括金融,在财富关系中,突出强调诚信的问题。

屯卦:创造财富的根本目的在用之于民

《文化大观》:获得财富的根本目的是什么呢?

张克宾:《周易》的第三卦叫屯卦。屯卦九五爻讲:"屯其膏。小,贞吉;大,贞凶。"这里的"膏"本是指脂油,这里比喻为财富。财物囤积得少就吉,囤积多了就凶。为什么呢?对于在上位的统治者、管理者们而言,适当地囤积或说占有财富是好的,但过度囤聚,与民争利,就是凶的。《象传》解释:"屯其膏,施未光也。"就是统治者没有把膏泽广泛地施用于民众,光自己享用是不行的,广泛地施惠于民才不凶。

创造财富的根本目的在用之于民。这和《论语》中的思想是一样的。《论语·颜渊》哀公问孔子的弟子有若:"年成歉收,国家备用不足,怎么办呢?"有若回答说:"何不实行十分抽一的税率呢?"哀公说:"十分抽二,尚且不够用,怎么能去实行十分抽一呢?"有若回答说:"如果百姓用度足,国君怎么会用度不足呢?如果百姓用度不足,国君用度怎么会足呢?"所以在《周易》经文中十分强调共享的问题。

小畜卦："不独富"，财富应共享

《文化大观》：《周易》怎么讲财富共享的问题呢？

张克宾：小畜卦九五爻讲："有孚挛如，富以其邻。"富有要能够"富以其邻"，用我们现代的语言来解释，就是通过积蓄变得富有之后也要使邻人富有，你的财富要能够与邻人共享或者你能够带动邻人致富。这里还是讲"孚"。《象》曰："有孚挛如，不独富也。"就是说以诚信相维系，与邻人同富。通过诚信，将两者紧密地联系在一起，然后你就能够使对方也富裕起来。

同人卦：达到至为富足的状态，前提是同人

《文化大观》：为什么要使"邻人"富起来呢？

张克宾：《周易》还有一卦叫同人卦。"同人"是什么意思？古人说"和同于人"，翻译成现在的话就是与人协同，与人形成融通协同的关系。同人卦指出，协同范围的大小决定了事情的发展程度，决定了吉凶成败。

同人卦的卦辞讲："同人于野，亨"，在宽阔的原野和同于人，亨通。用今天的话说，就是人际关系和谐，协作共同体越大越好，即使是普通的民众都能够与你相协调一致，这是最好的状态。

同人卦六二爻讲："'同人于宗'，吝道也。""宗"就是宗室，只限制于自己家族内部的协同，只关心一家之利，这个利就是有害的，这是导致"憾惜"之道。

乾卦：自强不息背后应保持"艰"的精神

《文化大观》：做到"同人"就能够富裕起来吗？

张克宾：同人卦之后就是大有卦。

大有卦是表示最富有的。《周易》认为达到至为丰富，至为富足的这样的状态，前提是同人。能够广泛地与人合作，才能够真正地富有。转化到财富的求取上，就是想拥有更大的财富，就要拥有更多人的协作，这不仅仅是不独富的问题。

大有卦并不是在描述丰足之下的状况，它首先告诫你不能掉以轻心，不能骄奢淫逸，应保持"艰"的状态。大有初九爻讲"艰则无咎"，当达到十分丰盛的境地的时候，应避免骄奢淫逸，保持艰苦奋斗的精神。《周易》第一卦乾卦讲自强不息，就是要保持这样一种"艰"的精神。《周易》多次提到了"利艰贞"，应当在艰难困苦中守持其正，永远保持面对艰难困苦的斗志和危机感。《周易》卦爻辞的意蕴是非常丰富的，非常有辩证精神，考虑得是非常深刻和敏锐的。

节卦：有节度才能亨通

《文化大观》：牢记艰苦奋斗的精神才能行稳致远。

张克宾：《周易》中专门有一"节"卦。"节，亨"，"节"就是有节度，有节度才能亨通，才能行之久远。节卦九五爻讲"甘节，吉，往有尚"，适当节制而令人感到甘美适中，吉祥，往前进发，必定会受到尊尚。

但是卦辞中又说："苦节，不可贞。"这是反对过分的节制。坚持适当的节制是可以的，所以得讲究出入有节。

节卦六三爻讲"不节若，则嗟若，无咎。"如果做事情没有节度，就会陷入哀怨叹息之中。

这也是《周易》在财富问题处理上的一种智慧。

《文化大观》：您讲到的这些卦辞让人对财富之道有更深层次的理解，古人有没有对《周易》的智慧运用得比较好的案例？

张克宾：古代解释《周易》的有一派叫史事宗，这一派借助中国古代历史，以易学的学术框架容纳历史故事，借助历史经验，提供进德修业的经验与教训。史事宗寓历史与哲学、人生教育于周易的卦象之中，进行一种合理的阐释。其特点就是用历史人物和事件来解释卦爻辞的意思。历代有许多擅长此类易学研究的学者，汉唐学者就有以史解易的传统。汉代的经学大师郑玄，就常常以其了解到的上古传说甚至史事来解释《周易》。南宋杨万里的《诚斋易传》、李杞《用易详解》等是这方面的代表作。

三、来自王者之书的教诲
如何生财、理财、用财

《文化大观》：是不是《周易》对财富怎么来的，应该怎么用，去向哪里，有一整套的思想体系？

张克宾：周易哲学是建立在整个天地阴阳的周流变化基础上的，太极生两仪，两仪生四象，四象生八卦。天地万物以阴阳四时的流转为其存在机制，在阴阳四时流转的过程中，万物生息繁衍。

《周易·系辞传》讲"天地之大德曰生"。天地最高的一种德行，就是"生"，生成万物，生化万物。在这个基础上，《周易》提出"富有之谓大业，日新之谓盛德"。天地最高的德行是生成万物，最大的功业是什么？是"富有"。大业就是富有天下，富有万物。"日新之谓盛德"，就是说日日更新，不断变化。虽然太阳东升西落，好像每天都一样，但每天都有新的事物出现。所以从这个角度来说，天地的富有并不是占有多少亩地，拥有多少套房子，收藏了多少珍宝，这不是真正的富有。真正的富有是创造。整个宇宙是天地创造的，天下万物是天地创生的，这是天地最大的富有。如果从财富的角度来理解富有的话，就是最高的财富是来自于天地的，而且这种富有的核心内涵是创造而不占有。拥有无穷的创造力，才是最大的富有。

《文化大观》：从《周易》的角度是如何看世界的？

张克宾：《周易》主要的精神和思想与儒家是基本一致的，和道家也有相应的关系。从大的方面说，它认为世界是变化的，是处在变化之中的。

这样一个变化的世界是怎样的？前面我们提到了"天地之大德曰生"。

这是一个生生不息的世界，通过阴阳的变化、周流，代代相续，不断地生成，不断地创造。所以从《周易》来看，这个世界是一个不断生成、不断创造的世界。这个世界最高的一种德行，最高的价值就是"生"，就是生成天地，创造万物。

人最高的价值——"生"
成就自己，成就他人

《文化大观》：落实到个人身上，最高的价值是什么呢？

张克宾：从我们个人角度来看，最高的价值——"生"，体现在成就自己，成就他人。

这种"生"，到后来被宋明理学家所吸收，将之与儒家的仁爱思想相贯通。孔子讲仁，仁者爱人，这属于人道。人道背后有天道的依据。"仁"背后的天道精神是什么？就是生成。在天为生，在人曰爱。天地生万物的精神，落实到人身上就是爱。爱他人的本质是要成就他人。这就是生，是生成，是创造，而不是限制。让别人屈从于你，受制于你，这不是爱。爱人是要成就人，生成万物也就是成就万物，这就是天道。这样就将天道和人道相融合起来，就是所谓"法天道以立人道"。这是易学"生生精神"与儒家仁爱思想的结合。

道家重"阴柔"
儒家求"阳刚"

《文化大观》：您前面提到了《周易》对道家的影响，从这个角度来看，儒家与道家有怎样的区别？

张克宾：道家认为看到了这个世界不断变化的本质，但它对这种变化持一种消极悲观的态度。有生则有死，有成则有败，有得则有失，这是单个事物存在的必然结局。所以，道家认为拥有再大的功业和再多的财富，最终都会失去。因此，我们应当在变化的世界中，追求自然的状态，追求可持续的状态。老子追求柔，追求静，而不追求动，不追求刚。道家认为人世的生成、创造，以及复杂的社会机构和人际关系等，各种往来之事都是没有终极意义的，最重要的意义就是自然。保持一种自然状态，就是最佳状态。

所以老子推崇小国寡民。很小的一个国家，拥有很少的民众，而且国与国之间老死不相往来，这是最好的状态。你过你的生活，我过我的生活，谁也别打扰谁，日出而作，日落而息。在老子看来，人为什么要往来？往来都是出于利。如果没有那些需求的话，你就会老老实实地待在你的家乡，过一种天然的、质朴的生活。

《文化大观》：道家为什么追求质朴？

张克宾：道家反对刚健奋发的创造，他们认为这些人为的创造使人心都变坏了。财富越多，科技越发达，人的思想越复杂，人心越容易变坏。

庄子讲："有机械者，必有机事，有机事者，必有机心。"庄子反对使用机械，看到一个人在用桔槔提水，他都不赞成。他说人应该直接去提水，用这个机械虽然是省劲了，但是让人生出一种机巧的心。有了机巧的心，就会越来越投机取巧，导致人心不纯，生活不真。事情还没做呢，就先想有什么窍门，有什么捷径，这样是不对的。他认为机械的发展就会使人心越来越复杂，失去其天性。

阴阳的变化体现为一种周期性，是周而复始的。道家认为各种东西发展得再好，最终都要回归它本来的样子。花开得再灿烂，也要败。而且事物最灿烂的时候，也就是其走向衰败的时候。所以道家认为花半开、月半圆的时候最好。道家追求的不是那种创造的刚健，而是一种含蓄的内敛。

《周易》虽然讲"一阴一阳之谓道"，但主要崇尚阳刚之道。所以乾卦讲自强不息，这就是刚健，天行健。《周易》讲刚健，但也要配合"坤"的柔顺之道。

以老子为代表的道家追求以柔弱胜刚强，更多地发挥了阴阳之道中阴的一面。儒家则是追求一种阳刚的、刚健的精神。

《文化大观》：《周易》广受各家推崇，儒家将它列为六经之首，道家把它评为三玄之冠，那么《周易》到底属于哪一家的经典呢？

张克宾：《周易》最初不属于任何一家。《汉书·艺文志》在描述《周易》的成书过程时，称"人更三圣，世历三古"。三圣，即伏羲，文王和孔子。《周易》是西周时候传下来的，传说是文王所作，也可能是文王身边史官写的。那时候还没有儒家、道家。这二者相差四百年的时间。

什么样的经典是大道之源？
《周易》落在道上

《文化大观》：为什么说《周易》是大道之源？

张克宾：春秋时期，孔子整理了"六经"。儒家直接的思想文化资源，就是"六经"。经过孔子的诠释，到了汉代，《周易》就被确定为五经之首，大道之源。其他的经典都是以易为基本原理的。《汉书·艺文志》讲："五者，盖五常之道，相须而备，而易为之原。"《诗经》《尚书》《礼记》《春秋》《乐经》这五经各自反映了"仁义礼智信"五常之道的一个方面。那《易》呢？《易》是五者之源，是"仁义礼智信"五常之道的一个本源所在。用现代的语言来介绍，就是说其他的"五经"是以《易》为原理，为原则确立的，所以《周易》被称为群经之首，大道之源。

《文化大观》：原来大道之源就是从这里来的。

张克宾：对，《周易》地位的最终确立是汉武帝独尊儒术以后的事情。

《文化大观》：《周易》和其他经典的一个最大的不同点是什么？

张克宾：在儒家经典体系的建设过程中，《周易》讲阴阳之道被认为是理论的原则，或者理论原理。《周易》和其他经典一个最大的不同点是什么？其他经典都是讲某一方面的道理，是落实在具体的事上，《周易》则不是落在具体的事和情上，而是落在道上。所以它被视为其他经典的理论依据，就是说它们需要借助《周易》来进行理论论证。

王者之书传递的趋吉避凶智慧：知几明时

《文化大观》：《周易》是大道之源，古代君王会运用《周易》去治国吗？

张克宾：是的。汉代的易学家将《周易》视为"法天地以设政教"的王者之书，王道政治秩序只有通过效法天道的秩序性才能建立和实现。

《周易》反映的都是一些基本原理，由八卦的变化所体现。这种智慧，凝结到一个核心的命题就是"知几"。"几"就是一种征兆，一种事物发展将要产生，还没有产生的一个征兆，或者苗头。"知几"的意思是预见，看出事物发生变化的隐微征兆。把握变化之道最关键的就是能不能把握住事物变化的苗头，在别人都没有觉察到的时候，在这种潮流没有形成的时候，你认识到将来这东西要成为潮流，就是"知几"。

《文化大观》：从我们追求财富的角度来讲，也应做到"知几"吗？

张克宾：只有"知几明时"才能真正做到趋吉避凶，才能真正立于不败之地。《周易》有几卦都讲这一点。比如我们前面提到的与时偕行。

人生有不同的时间段，时代的发展也有其时代特性，要契合人生不同阶段的发展，把握时代的特性，才能够真正地取得成功。

有些人做的事情，好像是违背潮流的，但是后来成功了，原因就在于他能够把握住"几"。在多数人认为不符合潮流的时候，他认识到这个事物将来能发展，看到了事物未来发展的一个"势"，这也是一种前瞻性。

《文化大观》：在君王治国方面有没有一些较为典型的例子？

张克宾：治国方面有很多，主要是思想上和价值观念上的指导。

唐太宗时期著名的贞观之治，年号"贞观"就来自于《易传》，"天地之道，贞观者也"。这个观的意思不是观看，是展示、呈现。天地之道无他，就是展现为一个"正"字。政者正也，治国理政也是以正为本。在政治上的"贞观"就是以正道来展示天地之道。任何自然的天道、地道，都是以"正"呈现出来，所以君王治国也应当守持其正。

乾清宫里的"正大光明"匾额，也源于《周易》。正大光明四个字就是作为君王应该遵守的道。作为君王，要行正道，不能行邪道；要胸怀天下，不能自私狭隘；要光明睿智，不能耍阴谋诡计，也不能昏聩无知。

康熙对《周易》非常有研究，因为《周易》和天文、历法、数学、兵法等都有关系。而康熙在这些方面都比较有研究。我们前面提到的刚健精神，康熙称之为忧勤惕厉之道。

《文化大观》：忧勤惕厉是出自《周易》吗？

张克宾：忧勤惕厉不是《周易》中的原话，是从其中总结的，形容勤于政事。

"忧"就是时刻怀有忧患的意识。天子是有无限责任的，整个天下的兴衰荣辱都系在一个人身上，因而需要时刻怀有忧患意识，必须勤政、勤勉，不能为所欲为。"惕"就是时刻要有危机感。这是康熙吸收《周易》的一些精神总结出来的。

《文化大观》：有人说，做生意做到一定程度，就得多看《周易》。《周易》的智慧也能用在企业管理方面吗？

张克宾：对。

《周易》的一个核心思想是知几明时，另一个就是忧患意识。

《周易》第一卦乾卦就讲："君子终日乾乾，夕惕若，厉无咎。"君子整天都勤勉奋进，到了夜晚也不敢有所懈怠，时时警惕慎行，这样，即使面临危险也能免遭咎害。乾卦的六爻整体上都是很好的，只是不同的境遇呈现不同状态，它的核心观点就是讲勤勉和危机意识。

企业家之所以对《周易》比较热衷，就是因为《周易》的思想能影响人的思维和格局，对企业的发展方向起到指引作用。

走向世界：哲学与科学的碰撞

《文化大观》：《周易》对世界有什么影响？

张克宾：《周易》一书开始传入西方国家，据说是在十七世纪，由法国传教士翻译成拉丁文传入西方。后来又有各种德文本、英文本，比较著名的译本有两个，一个是理雅格的英文本，一个是卫礼贤的德文本。

《周易》在国外比较突出的一个影响是对德国数学家莱布尼茨发明二进制的影响。康熙时代有个传教士叫白晋，他来华后受到了康熙的接待。康熙向他请教一些西方科学知识的问题，交流比较多。白晋与莱布尼茨的书信中提到了《周易》的六十四卦，这时的莱布尼茨正在研究二进制的问题。他感叹自己长时间苦思冥想的问题，原来中国早就有了。其实《周易》只是与二进制有相通性，相似性，但由此引起了物理学、生命科学等其他学科的广泛关注。《周易》在欧洲社会上，老百姓群体中也有一定的影响。

《周易》不易学
在"把饭做熟"的过程中领悟财富流变真谛

《文化大观》：《四库全书总目》将易学历史的源流变迁分为"两派六宗"，大众学习《易经》该从哪里入手？

张克宾：两派，就是象数派和义理派；六宗，一为占卜宗，二为禨祥宗，三为造化宗，四为老庄宗，五为儒理宗，六为史事宗。

《周易》不好学。古人说，《周易》本来就不是让普通人学的书。先秦时期，学校教育主要是教诗书礼乐，没有教《周易》的。朱熹曾说："《论语》《孟子》《中庸》《大学》是熟饭，看其他经，是打禾为饭。"朱熹认为"四书"就像是煮熟的米饭，拿过来就能吃，谁去看都能从中吸收营养，而《周易》不同，需先收割庄稼，然后打成米粒，再上锅蒸熟后才能吃，需要好几步。学习《周易》有门槛，需要很多的基础知识做铺垫，也需要专门思维的训练。

《文化大观》：从求取财富的角度来看，普通大众能从《周易》中获得怎样的启发？

张克宾：综合前面我们讲的，我觉得主要有以下几点：

易道主变，"消息盈虚，天行也"，万物在变易流行之中，财富也是在变易流行之中，有消退有消长，非固定不变者也，重要的在于"与时偕行"。益卦讲："天施地生，其益无方。凡益之道，与时偕行。"我们要看到财富的流变性，不以人的意志为转移，既然能够获得，也就会失去。在流变性中，我们应该把着眼点放在如何抓住机遇，保持恒常性上。

易道重和谐，"保合太和乃利贞"，财富之大用在于施之于民，个人之生活所需之外，应"富以其邻"。《周易》强调义利的统一，个人之获利要由小我走向公义，要由私利走向公益，"与天地合其德"。

《易传》将卦爻辞之"事理"上升到"道理"的高度。从天地生生之道的高度来谈"富有"的问题。"天地之大德曰生""生生之谓易"，真正的富有不是占有的多，而是创造的多。

李文文：

　　山东教育卫视孔子大学堂主讲，中央党校《学习时报》专栏作者。

　　著有《问学〈孔子家语〉》《〈论语〉的逻辑》《斯文在兹——〈论语〉讲读》《家国天下——〈大学〉讲读》《浩然正气——〈孟子〉讲读》《中学生读〈论语〉》《小学生读〈论语〉》等。

杨传召：

　　中国文化经典教育专业博士，中国人民大学国学院博士后。山东社会科学院国际儒学研究院助理研究员。

　　著有《〈中庸〉通解》等。

"生财""用财"皆有道

——透过"修齐治平"之书与 "孔门传授心法"探求财富秘诀

中国最好的财富哲学是什么？有人说是《大学》。经济学所有命题，皆须符合什么样的原理？有人说是《中庸》的"致中和"原理。

儒家将人视为与天地之共创者，以创造为使命。创造财富是社会进步的动力，任何理想社会形态的建构都不能背离财富的支撑。在儒家经典中，《大学》与《中庸》是重要组成部分，如果说《大学》是治世哲学，那《中庸》可谓是修身哲学。对于财富这个跨越时代的课题，这两部经典仍然有着重要的指导意义。《大学》不仅讲了如何"修齐治平"，还深刻论述了德与财的关系；《中庸》的思想高度与深度，则体现了儒家财富观的高度与深度。

透过这两部重量级经典，李文文、杨传召两位老师以正确的打开方式，引领我们走进财富人生、走进价值人生。

一、"德本财末"与"贱货贵德"
透过《大学》与《中庸》感知儒家的"财富之道"

德为本，财为末
有德才能进入财富体系的正向循环

《文化大观》：儒家经典中比较有代表性的是"四书"，《大学》与《中庸》是其中两部文字较少却分量很重的经典，这两部经典是否能告诉我们如何处理好财富与道义的关系？

李文文：有一则对联叫作"洪范五福先言富，大学十章半理财"。上联出自《尚书·洪范》，说到"五福"时先说"富"，下联是说《大学》十章中一半是讲理财的。

杨传召：《大学》《中庸》《论语》《孟子》一起合称为"四书"，南宋朱熹首次将"四书"按照修学次第进行了编订。朱熹认为："先读《大学》，以定其规模；次读《论语》，以定其根本；次读《孟子》，以观其发越；次读《中庸》，以求古人之微妙处。"从朱熹对"四书"的评价可见《大学》与《中庸》在儒家经典中所处的位置。

《文化大观》：这两部经典如何看待德和财的关系？

李文文：财富来源的正当性在于"义"、在于"德"。关于美德和财富的关系，《大学》明确地提出"德者，本也；财者，末也"。如果将财富视作一棵树，这棵树需要牢牢地扎根于土壤之中，美德，正是滋生财富的土壤。唯有美德之土壤肥沃，才能源源不断地为财富之树输送营养，使其根深蒂固，枝繁叶茂。

杨传召：《中庸》讲的"贱货而贵德"与《大学》讲的"德本财末"是

一个意思。《中庸》第二十章讲："去谗远色，贱货而贵德，所以劝贤也"，"货"的本义是商品、货物，可引申为钱。这句话的意思是，摒去谗言，远离女色，轻视钱财货物，珍视道德品质，这是劝勉贤人最好的方法。这告诫我们要看重道德，看轻钱财。

《文化大观》：为什么"德"这么重要？

李文文："德"是《大学》经文中的高频词，"明明德""克明德""慎乎德"多处可见。

儒家谈"德"，以满足引导民众的天性为根本。君子临民，平治天下，不可以不知民情民性，既知民性，又习民情，然后可以调动创造的积极性，共建安康社会。那么，大部分人心里都在想什么呢？《大学》云"君子贤其贤而亲其亲，小人乐其乐而利其利，此以没世不忘也"，并引用《诗经》来强调这句话的重要性，是"前王不忘"，先王先圣们自古就重视这句话，今天也不能忘却。

需要注意的是，这里的君子和小人都是从社会地位上而言的，君子说的是领导干部，小人并非特指道德低下者，而是指小民、百姓。对于老百姓来说，大家最关心的是如何过上好日子，过上好日子需要物质基础、财富基础。所以，真正的有德之人是不会忘记这一点的，能够将他人的利益放在心中，时刻想着为他人创利，散财于他人。唯有做到这一点，才有资格聚人、有人，进而有土、有财、有用，进入财富体系的正向循环，走向良性发展的大道。对此，《大学》言"财散则民聚"，将这层意思讲得清澈明朗。当面对具体的财富问题时，以散财来聚人就是有德者的具体行为。

杨传召：《中庸》第十七章讲："故大德必得其位，必得其禄，必得其名，必得其寿。"这里以舜作比，指出像舜这样有大德大仁的人，必然会获得天下至尊的地位，必然会获得厚禄，必然会获得美好的名声，而且必然会获得高寿。

走近"修齐治平"之书与"孔门传授心法"的思维方式

感知儒家的"财富之道"

《文化大观》：《大学》主要讲了什么？

李文文：《大学》原本是《礼记》中的第四十二篇，宋朝的程颢、程颐兄弟俩把它从《礼记》中抽出来，朱熹把《大学》重新编排整理，分为"经"一章，"传"十章。朱熹认为，"经"是孔子的话，由曾子记录下来；"传"是曾子解释"经"的话，由曾子的学生记录下来。

《大学》着重阐述了个人道德修养与社会治理的关系。一般常用四个字概括《大学》的主要内容，即"三纲八目"。"纲"是纲领、纲要的意思，"三纲"说的是儒家的三个核心目标——明明德、亲民、止于至善。

"目"即条目、方法，《大学》的"八目"指格物、致知、诚意、正心、修身、齐家、治国、平天下。我们常说的"修齐治平"就是从这里来的。

在八个条目中，修身是根本的一条，"自天子以至于庶人，壹是皆以修身为本"，从天子到普通百姓，都要把修养品德作为根本。

《文化大观》：《中庸》是一部什么样的书？

杨传召：《中庸》是《礼记》中的一篇，相传出于孔子之孙子思。实际上，今天所见的《中庸》经过了汉代人的编辑，《礼记》编者在子思原著的基础上作了进一步的整理。不少学者研究指出，传世的《中庸》最初很可能并非如此，有的学者认为是由两大部分合成。实际情况可能更加复杂一些，更为准确的表述是：《中庸》是根据子思原作宗旨连缀相关内容而成。

宋代学者称《中庸》是"孔门传授心法"，朱子甚至说自上古圣神继天立极以来，道统之传尽在其中。中庸之道，美妙和谐、辩证深邃，影响着一代又一代的中国人。在"人心"与"道心"，"人欲"与"天理"之间，它就像一道堤坝，起着"坊民之所不足"的积极平衡作用，预防着"人欲横流""好恶无节"对个人和社会的可能破坏。

《文化大观》：如何理解"中庸"？

杨传召：孔子将"中庸"视为"至德"。《论语》记载："子曰：'中庸之为德也，其至矣乎！民鲜久矣。'"可见"中庸"在儒家思想中的重要地位。

《中庸章句》开篇提到了程颐对于"中庸"的看法："不偏之谓中，不易之谓庸。中者，天下之正道；庸者，天下之定理。"

《孟子》开篇提出了"千古一问"：如何对待"义"与"利"的关系。孟子指出："何必曰利？亦有仁义而已矣。"人都有逐利的本能，但是可以肯定，"上下交征利而国危矣"，这是非常危险的。人的自然本能驱使人们眼中紧盯着"利"，于是就会由"人心惟危"导致社会动荡。

怎样"在人的思想中筑起捍卫和平之屏障"，是思想家所共同思考的问题。学会在整体中定位，在更长远的范围、更多维的角度中看待问题，不偏不倚、无过无不及，这是主动以"中庸之道"修行自身的结果。正如《中庸》开篇所说："天命之谓性，率性之谓道，修道之谓教。"人都有"天命"之"性"，但怎样"率性"，如何引导先天的性情，这就是后天的"修"和"教"不可或缺的意义所在。

《文化大观》：为什么在《论语》中，"中庸"远不如"智""勇""义"等其他德目谈论得那么频繁？

杨传召：这实际上源于"中庸"的特殊性。

首先，"中庸"与其他德目并不完全处在同一个序列之中。《论语》以及后世所经常讨论的各种"德行"，是具体场景下具体的一种发心和行动。而"中庸"——以"中"为用、追求中道，是儒家看待万事万物的总的方法论。看起来更为抽象，但普适性则更为广大。因此，虽然看起来儒家可能并非直接的经济学家，儒家直接谈论财富问题的内容似乎也不算太多，但当我们总结儒家对于财富的看法、儒家人物的财富观时，总能看到背后"中庸"作为指导思想之一发挥着的重要作用。

其次，在《论语》中虽然我们看到只一处直接说出"中庸"二字，但"中庸之道"的思维方式却贯穿于《论语》始终，成为儒家思想区别于其他思想的根本特质之一。

《文化大观》：中庸之道的内涵是什么？如何理解？

杨传召：《中庸》直接、详尽地阐释了儒家"中庸之道"的丰富内涵。

"四书"作为一个整体，可以互相印证，通过互相对读，可以发现更多深层次的内容。因此，要点明《论语》《大学》等经典中儒家对于财富问题的表达，更加整体与系统地了解儒家的财富观，决不能绕过《中庸》，决不可忽视"中庸之道"这一儒家总的方法论与思考模式。可以说，越走近"中庸"的思维方式与思想方法，就越接近儒家的"财富之道"。

《文化大观》：《大学》与《中庸》都讲到了修身养性，修身养性与财富的获取是否有一定的关系？

李文文：《大学》开篇就讲："大学之道，在明明德，在亲民，在止于至善。"

如何修身，《大学》讲需"正心""诚意""致知""格物"。这都为后面讲的"生财""聚财"奠定了基调。

杨传召：人知"修"知"教"，就能主动去认识自己，把握个性诉求与社会要求之间的平衡。财富的追求，也要坚守这样的原则。

在《中庸》中，对于我们处理财富问题的智慧俯拾即是。如《中庸》说"君子而时中"，了解自己，规避风险，踏踏实实地做足功夫、做好自己。《中庸》又说："君子素其位而行，不愿乎其外。素富贵，行乎富贵；素贫贱，行乎贫贱……在上位，不陵下；在下位，不援上。正己而不求于人，则无怨。上不怨天，下不尤人。"在自己现有的"位"上做到中正完满，而不是被妄念充斥。又如《中庸》说："或安而行之，或利而行之，或勉强而行之，及其成功，一也。"虽然内在的驱动力、先天的禀赋人人各有不同，但只要能够效法天道，至诚无息，择善固执，距离成功就会越来越近。

二、"生财有大道"
要靠双手去创造财富

生财大道何处求？

财富创造、创生的源头

《文化大观》：从儒家思想来看，财富来源于哪里？

李文文：《大学》以"德"和"财"的关系为主线，详细描述了财富的创生过程："有德此有人，有人此有土，有土此有财，有财此有用。"

美德是滋生财富的土壤，这是因为美德是聚集人的关键。有了人，共建事业平台变得现实可行，进而有财、有用。在农耕文明背景下，财富主要来自土地，土地需要人来耕耘，而人口需要有德之人聚集。君子有德，方可使民众近悦远来。

《文化大观》："有德""有人""有土""有财""有用"之间是什么样的关系？

李文文："有德""有人""有土""有财""有用"，环环相扣，层层递进，勾画出财富创生和使用的全过程。细细品思，纵然商业文明是当今时代的主体，可是要创生财富，同样离不开人；要干事创业，仍然需要聚人。

靠什么聚人呢？唯有以德，方可聚人，人聚则财生。总之，做有德之人是财富创生体系的总阀。

《文化大观》：实现"财恒足"的路径是什么？

李文文：财富，是值得追求的，而财富恒足，更为人们所渴求。《大学》中明确地谈到实现"财恒足"的路径，整体的指导思想在于"生财有大道"。具体的要点是"生之者众，食之者寡，为之者疾，用之者舒"，也就是说，创造财富的人比较多，消耗财富的人相对少，创造财富时力说快行，用度开支时宽舒徐缓。在创造与消耗之间，把握好多与少、快与缓的节奏，如此这般，则"财恒足矣"。

《文化大观》：怎么理解"生"？

李文文：在实现"财恒足"的路途中，无论是"生财有大道"的整体指导思想，还是"生之者众"的具体要点，皆在强调一个共同的观念——"生"。

在甲骨文中，"生"写作"𡉈"，直观地描绘出草木破土而出的形状。"生"的本义指草木生长，引申为生育、出生、生产，也指创造、创生。财富恒足的秘密在于"生"，在于创造。但是，财富不会自己"生"出来，要靠"生之者"，也就是要靠人去创造、创生，这是生财的大道。

生财的"小路"行不通
聚敛比盗窃的危害还大

《文化大观》：既然生财有大道，那么也有"小路"，关于生财的"小路"是怎样的？

李文文：关于生财的"小路"，《大学》中讲到"聚敛"型的财富观。文中引用孟献子的话，旗帜鲜明地反对聚敛财富，严厉批评那些聚敛财富者，指出"与其有聚敛之臣，宁有盗臣"。意思是说，一个国家与其有为国君聚敛财富的大臣，还不如有盗窃国库的大臣。也就是说，聚敛财富的危害要比盗窃国库还严重。

据《论语》记载，孔子曾号召自己的学生们大张旗鼓地声讨弟子冉求，甚至不再承认他是自己的学生，就是因为冉求帮助鲁国的贵族季氏聚敛财富。反对"聚敛"财富是儒家一贯的主张。

《文化大观》：在古代，盗窃国家财富是非常严重的罪行，为什么"聚敛之臣"比"盗臣"的危害还大？

李文文：唐朝政治家陆贽曾谈到百姓、国家、财富三者之间的关系，认为"人者，邦之本；财者，民之心。其心伤，则其本伤，其本伤，则支干凋瘁而根柢蹶拔矣"。相对于君之府库丢失私财而言，因为剥民膏血、聚敛财富而伤及民心、触及邦本，影响百姓创造财富的积极性，这个问题要严重得多。

不难想象，如果自己辛辛苦苦创造的财富却不能享用，而尽被他者侵夺剥削，谁人愿意生活在这样的社会环境中呢？哪里还会有创造财富的热情呢？所以儒家认为靠聚敛发财是旁门左道，最终是发不了财的，要时刻念及生财有大道。这样看，"共创共享"的意识和理念，早在先秦儒家那里就诞生了。

经典在个人身上仍有生命力
要靠双手去创造财富

《文化大观》：结合《大学》经文的本义来看，生财的大道是就国家的财富体系而言的，那么，面向个人，它有怎样的意义和价值？

李文文：经典的妙用在于它根植于生活的土壤，有着举一反三的思维方式，以期润泽每个人。

财富不会自己"生"出来，就个人而言，要坚定地依靠自己的辛勤劳动，需要撸起袖子加油干。说到财富的"聚敛"，在年轻的朋友们看来，也许认为和自己不相关，自己既不做官也不掌权，根本就没有向百姓聚敛的"机会"，也就不存在发生聚敛的可能啦。其实不然，因为时代不同，对经典进行诠释的侧重点也会不同，其举一反三的涉及面也会不同，这恰是经典的生命力所在。

《文化大观》：普通人是不是涉及不到"聚敛"的问题？

李文文：《大学》所讲的"聚敛"，在本义上的确是指官员聚敛百姓的财富，今日的年轻人当然少有这样的"机会"。但是这并不代表人们不生聚敛之心，不行聚敛之事。随着时代的发展，聚敛的对象也发生了变化，由"百姓"变成了自己的"父母"，所谓的"啃老族"不正是这一群体的典型代表吗？当然，这并不是说一家人在财务关系上一定要"一清二楚"，彼此不能互帮互助。只是要强调"生财有大道"，其"大道"就大在"生"，是自己"生"，要靠自己的双手去创造，而不能向他人伸手去要、去敛。

《文化大观》："啃老"既然成为一种社会现象，说明大众中不懂得"生财"的人的确不在少数。

李文文：再读"生之者众，食之者寡，为之者疾，用之者舒"，就个人言之，在创造财富上多行动、多努力，在消费开支上，量入为出，莫被形形色色的消费透支、消费贷遮蔽了心志，如此，则"财恒足"矣。

"以财发身"与"以身发财"
需明了人生价值与财富何为本，何为末

《文化大观》：应该如何去获取财富呢？

李文文：《大学》讲："仁者以财发身，不仁者以身发财。"意思是说，有仁德的人散财使人民富足，以发扬自身的德誉；没有仁德的人牺牲自己的德誉，来增加自己的财富。

"仁者"能正确地认识财富、使用财富，"以财发身"，说的是正用财富的智慧，是仁者的美德。反观"不仁者"，他们奉行"以身发财"，意味着将人生价值与财富本末倒置，是不仁者的行径。

《文化大观》：如何理解"以财发身"？

李文文：以，这里作使用解；发，有发起、发扬、发越、发明的内涵，

寓意着振奋向上的气象；身，代表自身，引申为自身所处的位置，也指生命的价值。"以财发身"讲的是使用财富与修身的关系。财富是工具，提振生命价值是目的。关于"仁者以财发身"，它的本意是讲，在上位的仁人、君子面对财富时，务于施与，正用财富，成就美名。这样的仁者，为儒家所歌颂；"不仁者以身发财"，说的是利用自身职位之便，贪于聚敛、敛财致富的情况。这样的不仁者，为儒家所不齿。

《文化大观》：在当下，人们应当如何做到"以财发身"？

李文文：在今天，"以财发身"的财富观适用于每个人。毫不夸张地说，当下的人们生活在一个有史以来财富状况最为自由的时代。财产安全和生命安全一样重要，是受宪法保护的基本权利。所有人可以依法对自己的财产享有占有、使用、收益、处分的权利。正因为使用财富是如此自由，正确使用财富变得更加重要。再读"仁者以财发身"，真正懂得财富之道的人，知道以财富修身，以财富养道，将财富用在善待他人、提升自己上。最终，将人生的价值安放于完善人格的追求、提升人生的境界，方是正途所在。

《文化大观》："不仁者以身发财"有没有现实案例？

李文文：在新时代往往会有一些新现象，但是"新"的并不见得全然都是好的。比如，"流量乞丐"就是个新名词，说的是在一些网络平台上，以低俗、恶俗、庸俗、媚俗内容，博取眼球、赚取流量的主播或账号。"吸睛即吸金"是"流量乞丐"们的价值观，为了赚钱、赚快钱，面对镜头，不惜"动作走形"，不顾尊严所在。看到这些充斥着恶趣味、吞吐着污言秽语的主播们，他们自甘于庸俗、沉沦于低俗、携带着恶俗，不难想到，这真是"不仁者以身发财"的现实写照。从表面看，好像是财富惹的祸；往深处看，是价值观出了问题。有人非常客观地指出，要铲除滋生"流量乞丐"的土壤，需要解决认识问题、明确价值导向。

违背常理得到的财富，终将失去

《文化大观》：怎样的财富是来源正当而又能长久保持的？

李文文：追求财富是人的天性，儒家对它持肯定的态度。人们向往富贵、厌恶贫贱，孔子对此有着深刻的认识，他也特别坦诚地以自身为例，提出若是可以求得财富，哪怕是做看守市场大门的"执鞭之士"，自己也是愿意的。

在追求财富上，人人都有一颗热烈恳切的心。正因如此，强调财富来源的正当性就更加重要了。在财富欲望的驱动下，"见利忘义"的心会蠢蠢欲动，稍不留意，就会迷失方向。所以，孔子常常叮咛"义以为上""见得思义""不义而富且贵与我如浮云"。

《大学》还讲："货悖而入者，亦悖而出。"违背常理得到的财富，终将失去。这应该是一条历史的经验，而又在现实的生活中被充分验证着，所以得到儒家的信奉与尊崇。现代人所说的"欠世界的，早晚得还"，说的是同一道理。通过坑蒙拐骗等不正当的手段获得的财富是不能长久持有的。

三、"中庸之道"
指引财富"聚"与"用"的智慧

作为至高无上财富的拥有者
舜是"财散则民聚"的榜样

《文化大观》: 在对待财富方面,哪些历史人物是践行中庸之道的榜样?

杨传召:阅读《中庸》能够看到,尤其在第二到第九章的文章第一部分,实际上是以大舜与颜回作为能行"中庸之道"的代表与榜样的。从天下之君、至为富贵的舜,到英年早逝、至为贫贱的颜回,两人在外在的各个方面尤其拥有的财富上可谓是天壤之别了,然而舜与颜回却同为儒家最为推崇的圣贤。二人的人生恰似一体两面,构成了我们面对个人财富问题最好的榜样。

《文化大观》:舜是如何积累财富的?

杨传召:《中庸》描述舜"德为圣人,尊为天子,富有四海之内,宗庙飨之,子孙保之。"舜是社会层面上的天下共主,道德层面的圣人,全天下的财富都能够为他所调动。这种财富、福荫更能超越个体肉身而延伸到子孙后代身上,让他们因为是圣人之后而得到尊重和善待。可以说舜已经走到了人类幸福的最高点。

与此同时,更值得我们注意的是,舜的无上财富的"来路"与"去向",也就是财富的获得与使用。

上古时代以圣为王,舜获得至高无上的财富与荣光的根源在于他至高无上的德行与付出。也正是在这个基础上,天下虽然名义上属于天子舜,舜以及儒家尊崇的诸位上古先王却从来不将其视为私产,横征暴敛、沉溺于享乐。当然舜也就不会因为可能失去天下而忧心不安,更不可能像后来无数被权力、金钱欲望异化的暴君权臣富贾一样,为了维护财富和地位而走向疯狂。

《文化大观》：作为天下最富之人，舜的财富用到哪里去了呢？

杨传召：孔子在与弟子子路、子贡的两次交谈中已经给出了答案。弟子问：修行自己达到至德，从而使得天下百姓都得到好处，使贫弱者得扶持、危困者得救助，这算是很高尚的人了吧？孔子不由得慨叹：这岂止是仁爱有德、高尚所能形容的啊！尧、舜所心心念念、忧虑思考着的，也是儒家的理想，就是能够实现天下如一家、福泽苍生万物呀！

可见，大舜的财富观是将有限的财富继续投入增进同胞的福祉中去。而这样的"付出"，并非消耗而是一种增长，正如《大学》所说"财散则民聚"，换来的是更多的人心的响应与财富的集聚。整个社会的财富在这样生生不息的流转中得以获得更多的增长，财富与资源不再单单是"物"本身，也更加直接地转化为人的幸福。

终生贫苦就没有快乐了吗？
"孔颜乐处"不依赖于物质

《文化大观》：舜是帝王，普通民众应如何对待财富？

杨传召：与大舜完全相反的另一极，则是孔子最为喜爱的弟子颜回。孔门弟子有不少出身寒微，而颜回的贫困在其中是很突出的，甚至有学者推测颜回早亡的原因是长期的营养不良。那么，终生贫苦的颜回，他的人生是遍布痛苦，还是快乐与光明？

这个问题的答案是显然的。孔子对于颜回的称赞我们耳熟能详："一箪食，一瓢饮，在陋巷，人不堪其忧，回也不改其乐。"在后世，"孔颜之乐"更成为形容儒家人生观、价值观的一个固定词汇。周敦颐指导程颢、程颐两兄弟读书，首先让其去"寻孔颜乐处，所乐何事？"孔子、颜回，都不是典型的世俗意义上春风得意的人，但是他们求道的快乐发源于内心而不依赖于物质，因此并不会被现实的财富问题所难倒。颜回、子路这样寒门出身的人，也不会因此而自觉低子贡一头。

以"中"为用
是早期中国先民总结出的生存与治理智慧

《文化大观》：《中庸》对于我们如何认识与处理财富有什么指导作用？

杨传召：细读《中庸》，其中关于人生智慧的启发无处不在，当然也可以具体落实于帮助我们认识与处理财富这一方面的人生问题。《中庸》之中直接地对于财富问题做出阐释、提出原则的，则可以分为公共财富观与个人财富观两个层面。

《文化大观》：公共财富观怎么理解？

杨传召：《中庸》言，大舜有大智慧，他执政能够"执其两端，用其中于民"。"用中"，以"中"为用，实际上是早期中国先民在漫长历史中所总结出的生存与治理智慧，而为儒家所忠实继承。纵使多能多闻的孔子，也有自己不了解的问题和领域，孔子选择了大舜那样以"中"为用的智慧："我叩其两端而竭焉。"（《论语·子罕》）首先明确把握这一问题下完全相反的两极的极端状况，然后依照人性、人的需求与具体境况不断向"中间"去推演一个合适的度，在此基础上来寻求解决办法，而这个"中"不是简单的数理意义上的中间、中点。

对于公共财富，即集体或者国家的财富问题来说，这里的"两端"与"用中"便是把握集体调控与自由市场之间的平衡。

中庸之道如何作用于市场经济？
经济学数百年的发展是《中庸》伟大哲理的小小脚注

《文化大观》：儒家也注重经济和商业吗？

杨传召：在许多人的认知中，儒家强调"士农工商"的等级划分，轻视商人群体；强调重农抑商、重义轻利，轻视商业和市场的价值。然而事实与此截然相反。儒家不仅承认与肯定人类趋利的本性，而且对于市场与商人群体并不存在异于常人的看法，能够认识到商业是人类社会自然而然、不可或缺的组成部分。

即使是倡导"重义轻利"的孟子，在他的理想社会的架构中，也从来不缺少商人、市场、商业社会的部分。士、农、工、商，都是一个健康的良好的社会必不可少的组成部分。甚至是在孟子那里，最早提出了对于垄断伤害自由市场的批判。《孟子·公孙丑上》中记载孟子说：人人都想要富贵，这种自然的趋向是很好理解的。唯一的问题是，有人的富贵想要靠垄断来实现。古时的市集，就单纯是通过交换满足需求的一个场所，国家对于市场的治理也只需要维持基本秩序即可。可就是有"贱丈夫"出现，通过操纵市场来实现垄断，他想要获利就不让其他人获利。而正是因此，国家才在大家的允许下介入，通过征税的方式预防垄断，通过调控保障更多人应有的权益。

另外一方面，儒家的公共财富观还涉及对于集体调控的重视，如"均"的思想、对于井田制的土地制度的思考、强调公平与公正、强调对于弱势群体的慈善与赈济等。

《文化大观》：中庸之道能在市场经济中发挥什么作用？

杨传召：后世古今中外的历史反复证明了，放任自由市场的发展，必然出现无序的大量浪费、垄断与寡头、金钱至上等问题，而依赖集体调控安排一切，则总是事倍功半。设计者疲劳不堪，执行成本完全倾倒在集体身上，但与此同时普罗大众又置身事外，无法有效激发创造财富与资源配置的效率。

在更具体的经济的指标上，更是时时体现着"中庸之道"的逻辑与追求。中国宏观经济学家向松祚在《经济学里的"中庸"——全球金融反思系列》中指出：经济学数百年的发展，一言以蔽之，只不过是《中庸》伟大哲理的小小脚注。经济增速太高不行，太低亦不行；收入分配太平均不行，太不平均亦不行；通货膨胀不行，退货收缩亦不行；完全市场化不行，完全政府化亦不行；税率太低不行，税率太高亦不行；利率太高不行，利率太低亦不行；完全封闭经济自然不行，完全开放经济亦不行；金融不发达不行，金融过度发达亦不行……举凡经济学所有命题，皆必须符合《中庸》首创的"致中和"原理……经济学发展到今天，数学演算复杂非凡，却至今还没有找到上述这些关键的"致中和"指标。

因此，儒家公共财富观的宝贵之处，就在于能够同时认识到自由市场与集体调控这"两端"各自不可替代的价值和偏于一方的极端化所会带来的问题，从而追求在两者之间一种平衡的"中庸之道"。我国关于"效率"与"公平"问题的若干表述，及其根据现实情况而进行的几次调整，本身也是这种儒家"中庸之道"公共财富观的一种现代展开。

从"中庸之道"的角度去观察法家与道家的公共财富观

《文化大观》：其他学派的公共财富观是怎样的？

杨传召：如果了解包括《史记》在内的很多文献，则能够更加清楚地看到，许多人对历史上"重农抑商"的印象，实则来自以法家思想为指导的秦国，以及其后承接秦制、大乱后亟须恢复生产力的汉代初年。

法家的公共财富观是通过"利出一孔"的方法彻底控制人民，除了在统治者那里，百姓没有任何可能的收入来源、没有任何可能的获得褒奖的途径。如此，"奖励耕战"的方针方才能够得到彻底执行。从"中庸之道"的角度去观察，我们便能够清晰地看到，法家在这里走向了依赖集体调控的极端，而简单化地将市场与商人视为敌人。

与此相对的另一个极端，则是道家式的"小国寡民"的公共财富观。这种财富观念虽然能够保证每一分财富、资源都直接地作用于提升每一个具体个体的福祉，但其问题也是显而易见的：缺少集体的调控，无法激发包括市场在内的更高的效率，也更无法作为集体抵御人性恶与外来的冲击。

财富本身即是一种力量
更为重要的是使用这种力量的智慧

《文化大观》：中庸之道的财富观对于今人的启示是什么？

杨传召：第一，以"中庸"的态度对待财富的获得。一方面儒家肯定人人追求富贵的本能与权利，希望人人都能有充足的财富与资源去实现自我；另一方面儒家又鲜明地认识到财富与幸福之间并非对应关系。财富是实现幸福的重要条件，而非必要条件。只瞩目于财富的量的积累，而忘记了财富的意义是带来生命的质的提升，那么我们并不会更加幸福，反而可能沦为物的奴仆。

第二，以"中庸"的态度对待财富的使用。财富本身是一种力量，但儒家认识到使用这种力量的智慧。儒家最讲的"义利之辨"，同样是一种中庸的智慧。财富并非不重要，而是在与德义有冲突的情形下，真正的儒者会选择以德义为先，让德义为财富指引方向。在具体的生活情景中，儒家一方面既不像许多宗教的苦行者一样把素朴甚至痛苦本身作为追求，另一方面也警惕奢靡之风和无端的浪费。注意把握追求德义与个人享受之间的中庸，不去让财富变为外在无聊的标榜，而真正服务于个人与社会的全面发展。

作为孔子所称的"至德"、儒家思维方式总的方法论，"中庸"贯穿于儒家思想的方方面面，影响了中国数千年。读罢《中庸》，回看其他书，如《论语》"贫而乐，富而好礼""不义而富且贵，于我如浮云"，《大学》"富润屋，德润身""国不以利为利，以义为利也"，也将会有更新的体悟。

四、儒家理想蓝图如何构建？
君子以"修齐治平"实现财富价值

《文化大观》：《大学》是"修齐治平"的学问，《大学》财富观的视野体现在哪些方面？

李文文：儒家财富观的整体性视野表现在两个层面：

就空间的广度而言，儒家的财富观所考虑的不是某个人如何发财之事，它的思虑在于如何实现天下国家的整体和谐与发展。《论语》讲："道千乘之国，敬事而信，节用而爱人，使民以时。"（《论语·学而》）《大学》云："国不以利为利，以义为利也。"皆可见儒家财富观的国家视野。可以这样讲，儒家的财富观有着国家本位的特点。这一特点使得儒家重视财富分配的公平性，以维护公平、正义作为国家职责。孔子视制订公平的政策为君上者的要务："政之不平，君之患也"（《孔子家语·王言解》），均平是安定的土壤，不均不平意味着隐患与不安。实现均平、维护正义是儒家财富观的重要内涵，财富应为国家安定服务。

就时间的绵延而言，儒家财富观之所虑远超一时利益，关注于财富的永续发展、正向循环。对此，孔子告诫子夏不要急功近利。子曰："无欲速，无见小利。欲速，则不达，见小利，则大事不成。"（《论语·子路》）孔子认为古代明王的生财之路在于"用民之力，岁不过三日，入山泽以其时而无征"（《孔子家语·王言解》），重视永续发展、正向循环的思维模式使得儒家看重财富来源的正当性。孔子认为财富应该应时而生，靠努力去创造，他说："生财有时矣，而力为本。"（《孔子家语·六本》）孔子反对不义之财，还反对横征暴敛，冉有帮助季氏聚敛财富，孔子号召身边的弟子声讨冉有，"鸣鼓而攻之"（《论语·先进》）。

《大学》财富观本质是谈大人、君子的财富观 "为民谋利" "以德聚民"

《文化大观》：《大学》财富观主要侧重于哪些方面？

李文文：《大学》中的财富观本质在谈大人、君子的财富观。

君子、小人是先秦儒家常谈的范畴。关于君子、小人之分，由于认识的角度不同，有不同的界定：一从地位而言，在上者为君子，在下者为小人；一从道德而言，有德者为君子，君子思仁义，反之为小人。当然，在上位之君子理应是有德之君子，二者并不矛盾。那么，《大学》所言君子，很明显是从地位上而言的，指的是在社会阶层中，处在上位的大人、君子，也就是我们今天所说的领导干部。关于这一点，可以从《大学》的经文中明显看出。

《大学》云："古之欲明明德于天下者，先治其国；欲治其国者，先齐其家……"尽管"天下兴亡，匹夫有责"，但是对于如何治国平天下，仍是大人、君子应当多多思虑之事。《大学》引用了《诗经·淇澳》中的句子来进行论述："瞻彼淇澳，绿竹猗猗。有斐君子，如切如磋，如琢如磨。瑟兮僩兮，赫兮喧兮。有斐君子，终不可谖兮！"《大学》盛赞诗中这位有威仪的君子："有斐君子，终不可谖兮者，道盛德至善，民之不能忘也。"因为君子有威仪盛德，使"民"不能相忘。这里的君子正是相对于民众而言的。《大学》引用《康诰》曰："如保赤子。"引用《诗》云："乐只君子，民之父母。"皆指向于本然意义上的君子，在上位的大人、君子。其实，整部《大学》所谈正是大人、君子、领导干部当有的素养与要求。

《文化大观》：为什么要明确《大学》中的财富观本质在谈大人、君子的财富观？

李文文：因为儒家的学问蕴含着深刻的角色伦理思想。社会由多种角色构成，处于不同地位，担负不同角色，有着不同的素养要求，其行为也各有侧重，贵在各行其位、各当其职。

齐景公向孔子问政，孔子回答："君君、臣臣、父父、子子。"（《论语·颜渊》）孔子所强调的正是关系双方对于自身角色的理解、认知，关乎各自职责的履行及素养要求。儒家看待世界有其独有的眼光，世界由角色构成，形成了互系的关系，人生的意义在于创造，创造由一个又一个的过程组成，在自身角色与关系的情景中找到最佳状态，是产生创造的基础；互系关系的双方对各自角色的深入认知，是诞生价值与意义的土壤。

具体到财富观而言，大人、君子与普通民众对于"义"和"利"的视野、要求及其侧重都是不同的。儒家所谈的任何一个概念、范畴都有其所在的场合、情势、背景，这是言其内涵的基础。只有先分清某一观念是针对谁谈的，某一要求是对于谁提出的，才能从根本上理解该思想的意义与价值，财富观也不例外。

《文化大观》：大人、君子的财富观是怎样的？

李文文：对于大人、君子的财富观，《大学》概括为"德者，本也；财者，末也"，大人、君子当是以德为本，以财为末，还要做到"仁者以财发身"，通俗地讲就是：当官的不要想发财，要用正当礼义引导群众发财。

儒家谈义利之辨，本质上也是在谈公私之辨。公，代表着国家利益、人民利益；私，意味着一己私利。大人、君子身在"公"位，当心是公心，行系民众，以德润身，心广体胖，以日新之盛德，带领民众追求富有之大业，此谓"君子喻于义"。反之，若是身在大人、君子之位，行"以身发财""以权谋私"之事，其所破坏的是最根本的公理法则，与其在公之位背离，那么就会导致"财聚民散""货悖而入者，亦悖而出""争民施夺""小人之使为国家，灾害并至"等后果。

这样看来，大人、君子的财富观是"为民谋利"的财富观，是"以德聚民"的财富观，是"不能与民争利"的财富观，是不聚不敛的财富观，以顾及民众切身利益为中心点，以此立足。反过来说，若是对于百姓的"利"置若罔闻，不管不顾，还期望以道义教人，恐怕是缘木求鱼，南辕北辙，与圣人之道相去甚远。

以"我将无我，不负人民"的境界与情怀
带领人民共创富有之大业
是儒家的理想蓝图

《文化大观》：《大学》如何看待公私利益之争？

李文文：在当代政治哲学中，有着新自由主义与社群主义之争。从利益关系的视角来审视，其本质指向于公私利益之争，指向义利之辨。简单地说，自由主义强调个人利益至上；社群主义信奉公共利益至上论。

那么，《大学》中的财富观倾向于哪种选择呢？《大学》中的财富观有其特殊性。它当然信奉公共利益至上论，这是整个儒家思想的特色，其财富观也不例外。但是，它又强调个人利益，只是对于"个人"有着更清晰的界定，"个人"是就民众而言的。

其实，《大学》中的财富观要实现这样的公私兼顾，有着一个最根本的前提，那就是大人、君子对自身的角色认知和定位。大人、君子身在公位，当是以公心行公事，以"我将无我，不负人民"的境界与情怀，以义为利，以日新之盛德，带领人民共创富有之大业。这是《大学》中财富观的美妙处，也是儒家的理想蓝图。

《文化大观》：统治者如何乐利于民、赢得民心？

李文文：《大学》言："财聚则民散，财散则民聚。"财之聚散关乎民心聚散。儒家的财富观有着国家本位的特点，其深刻之处在于大人、君子在国之位，当是以民为本，聚民生财。换言之，国富以民富为本，这也是"国不以利为利，以义为利"的内涵所在，国之取利不在于直接聚敛财富，在于依托人民。以顾及民众切身利益作为赢得民心的资本，以为民谋利作为根本事业，此是国之"义"，也是国之"利"。

当民心归聚时，意味着激活了国家财富体系中最大的生产力，在生财的

大道上就迈开了至为坚实的一步。《大学》以此构建充满活力、正向循环的国家财富体系，也依此构建永续发展、和谐共生的理想社会。

道德可引领财富与生命的航向
于修道立德者，财富才能真正具有价值

《文化大观》：人们辛辛苦苦获取财富，最终还是为了使用。"有德此有人，有人此有土，有土此有财，有财此有用"，最终也落脚到"用"。那么，如何发挥财富之"用"呢？

李文文：所谓人生一世，草木一秋。作为一个人，应该如何度过自己的人生，如何看待生命的价值？在人生价值的实现过程中，财富又扮演何等角色？这些问题都值得思考。在以《大学》为代表的儒家经典中，我们也能看到，先贤先哲们已经有很多思考。关于财富的重要性，毋庸置疑，不谈钱是万万不行的，可是如果只谈钱，恐怕人生的道路会偏航。《大学》中的财富观根植于儒家的整体思想之中，始终将修身立德置于人生追求的最前方，以道德来引领生命的航向。自然而然，道德也可以引领财富的航向。事实上，唯有对于修道立德者、仁者而言，财富才能真正具有价值。

周海生：

历史学博士，哲学博士后。曲阜师范大学孔子文化研究院副院长、副教授、硕士生导师、乡村儒学研究院副院长。

兼任山东曾子研究会副会长、山东孔子学会副秘书长、尼山圣源书院副秘书长。

主要从事中国传统文化、儒学文献、曾子与曾氏家族文化研究。著有《嘉祥曾氏家族文化研究》《嘉祥曾氏家风》《孝德诠解》《守家训 树家风》等著作，古籍整理著作有《阙里文献考》《论语古训》等。

"宗圣"曾子财富新视界：

以"三省吾身"的修身之道从容面对贫与富

财富观，通常指人们对于财富的态度以及获取财富的途径所持有的观点或思想。从表现形态而言，财富最直观的表现就是"物质"，而人们对待财富的态度，则属于"精神"层面。因此，财富本质上是一个物质与精神相统一的问题。换言之，财富不仅具有物质属性，也具有精神属性。对不同财富的追求和对财富获取方式的选择，体现了不同的人生价值观。

作为孔门"道统之传，独得其宗"的弟子，曾子"上承孔子，下启思、孟"，在儒家学派有着十分重要的传承地位。"吾日三省吾身""士不可以不弘毅，任重而道远""君子将说富贵，必勉于仁也"……这些出自曾子的警句可谓是几千年来无数士人的座右铭。曾子终生念兹在兹并笃实践行的就是孔子所倡导的仁义、孝悌、礼乐教化之道。什么是真正的富与贵？君子如何求取富贵？立身与富贵孰重？如何从容面对贫与富？曾子将儒家的财富观提升到人生价值的高度，为世人正确认识财富开拓了视界。周海生副教授从曾子财富观的视角对此话题进行了解读。

一、君子如何求取富贵？
从勉行"仁"道做起

"宗圣"眼中真正的富与贵：
"仁为富贵"

《文化大观》：曾子是孔门"道统之传，独得其宗"的弟子，被称为"宗圣"，那么在财富思想方面是否也得到了孔子的真传？

周海生：孔子杏坛设教，弟子三千，贤人七十二，受业身通者可谓众多，而曾子与颜子则被后人誉为能契夫子之心传、得道统之正脉。乾隆帝在《御制四贤序》中曾说："颜子得克己复礼之说，曾子与闻一贯之传，亲炙一堂，若尧舜禹之相授受。"曾子笃信孔子之道，坚持"吾日三省吾身"，弘毅笃行，践履不辍，终与颜回比肩，成为备受后世尊崇的"宗圣"。

曾子在儒家道统谱系中的尊崇地位，与其传承儒家薪火、光大孔子遗说密切相关，同时也与其"仁以为己任"的价值追求和恢宏刚毅的人格精神表里相应。而这种价值追求和人格精神在曾子的财富观中极为突显。

《文化大观》：曾子对富贵持怎样的态度？

周海生：从人性的角度来看，喜好富贵、厌恶贫贱可谓人的共性，正如孔子所言："富与贵，是人之所欲也。……贫与贱，是人之所恶也"（《论语·里仁》）。一般人都希望安享富贵荣华的生活，而不愿遭受贫穷困顿的窘迫，这在人生"天性"里可以说是一种最基本的天赋能力。孔子也承认人们求取富贵欲望的合理性，强调"饮食男女，人之大欲存焉；死亡贫苦，人之大恶存焉"（《礼记·礼运》）。

但无论是贪生恶死的生存欲，还是衣丰味美的生理欲，抑或是嫌贫喜富的生活欲，孔子更为关心的是，如何以求仁求义的信念、践行仁道的勇气去节制各种欲望，从而成就人格高尚的君子。正因如此，他一再告诫弟子"饭疏食饮水，曲肱而枕之，乐亦在其中矣。不义而富且贵，于我如浮云"（《论语·述而》）。

正是得益于孔子"君子无终食之间违仁"的教导，曾子提出了"仁为富贵"的主张。《大戴礼记·曾子制言中》记载了曾子对于"富贵"的看法：

> 是故君子以仁为尊。天下之为富，何为富？则仁为富也；天下之为贵，何为贵？则仁为贵也。昔者，舜匹夫也，土地之厚，则得而有之；人徒之众，则得而使之，舜唯以仁得之也。是故君子将说富贵，必勉于仁也。

《文化大观》："仁为富贵"的意思是把"仁"视作富贵吗？

周海生：曾子认为君子把"仁"看作最为尊贵的。在曾子看来，无论是富有天下还是贵为天子都不是真正的富与贵。君子并不是不谈富贵，不追求富贵，重要的在于一个君子应当不以一己之富贵为念，而时时关切天下、心系众生。曾子在此处讲了舜的事例：从前，舜只是一个平民，却能拥有那么广博的土地，还有大量的百姓跟从他，这些都是舜是靠仁得来的。所以说君子要是喜欢富贵，必定要从勉行仁道做起。

再如，伯夷、叔齐"居河济之间，非有土地之厚、货粟之富"，饿于首阳之下，民到于今称之，这是因为他们修明仁德，言行成为天下人的表率。

仁为何能聚财？
将儒家的财富观提升到人生价值的高度

《文化大观》：为什么"仁"能够起到集聚财富的作用呢？

周海生：在儒家的人生哲学中，仁是一切道德的根本，是完全理想的人格。

凡想做君子的人，都必须具有求仁的决心和勇气，而不能仅仅满足于肉体和物质的享受。曾子将儒家的财富观提升到人生价值的高度，为世人正确认识财富开拓了视界。

《文化大观》：曾子自己是否就是"仁"的践行者呢？

周海生：在曾子的心目中，仁义的价值远过于财富与爵位。晋国和楚国都曾聘请曾子去做高官，但都被曾子拒绝。《孟子·公孙丑下》中记录了曾子的一句话："晋楚之富，不可及也。彼以其富，我以吾仁；彼以其爵，我以吾义。吾何慊乎哉？"曾子认为，晋国和楚国的财富，我们是赶不上的。但他凭他的财富，我凭我的仁；他凭他的爵位，我凭我的义，我有什么遗憾呢？"慊"，就是遗憾、不足的意思。有仁有义，生命自然充实饱满、光明磊落，自不会艳羡晋楚之富，而心怀自身财富不足的憾恨之意。

《大戴礼记·曾子制言中》中，曾子这样表态：

> 布衣不完，疏食不饱，蓬户穴牖，日孜孜上仁，知我吾无诉诉，不知我吾无悒悒。

虽然穿布衣、吃菜食，以蓬为户，凿土室为窗，但每天孜孜不倦地追求仁义，不因人知我而欣喜，也不因人不知我而忧愁，"穷处而荣，独居而乐"（《荀子·儒效》），唯心中有仁义，人活得才有价值。

曾子还进一步说：

> 富以苟不如贫以誉，生以辱不如死以荣。辱可避，避之而已矣；及其不可避也，君子视死若归。（《大戴礼记·曾子制言上》）

意思是说，以曲意逢迎得到的富贵不如贫穷而有个好名声，屈辱地活着不如光荣地死去，耻辱可以避开就避开，到了不可避开的时候，君子就要视死如归。

如何面对财富诱惑？
视富贵为权势者的垂钓之饵

《文化大观》：面对财富的诱惑，君子如何坚守自己的德行呢？

周海生：曾子说："鹰鹫以山为卑，而增巢其上；鼋鼍鱼鳖以渊为浅，而穿穴其中。卒其所以得者，饵也。君子苟不求利禄，则不害其身。"（《说苑·谈丛》）曾子在此处用的比喻非常形象：老鹰大雕觉得高山很低，因而在高山上筑巢；鳄鱼老鳖觉得深潭很浅，因而在深潭底下打洞。最终被捉获，是因为它们贪吃饵食。君子如果不贪求名利爵禄，就不会损害自己的身心。

"不安贵位，不博厚禄，负耜而行道，冻饿而守仁，则君子之义也。"（《大戴礼记·曾子制言中》）君子不安居于显贵的职位，也不羡慕那丰厚的俸禄，宁可担着耒耜下田，去力行正道，即使受冻挨饿，依然坚守仁德。

君子"不谄富贵，以为己说"（《大戴礼记·曾子制言下》），不靠向富贵的人谄媚来谋求自己的欢乐，就能从世俗欲望中超拔出来，提升德性，完善自觉性。

《文化大观》：曾子以孝闻名，他如何处理孝亲与财富的关系？

周海生：以孝为本是曾子思想的核心。《韩诗外传》记载了曾子"吏禄娱亲"的故事：

> 曾子仕于莒，得粟三秉。方是之时，曾子重其禄而轻其身。亲没之后，齐迎以相，楚迎以令尹，晋迎以上卿。方是之时，曾子重其身而轻其禄。怀其宝而迷其国者，不可与语仁。窘其身而约其亲者，不可与语孝。任重道远者，不择地而息。家贫亲老者，不择官而仕。

曾子是个大孝子，为了养亲，即使"禄不过钟釜"，他也"欣欣而喜"

去莒国任职。这个时候，他"重其禄而轻其身"，不择官而仕。在亲人去世之后，他"重其身而轻其禄"，哪怕齐、楚、晋等国争相迎聘他做大官，他也不屈身于荣华富贵。之所以如此，就因为曾子视富贵为权势者的垂钓之饵。

曾子的故里——济宁嘉祥现存的一些文物古迹，就反映了曾子孝的思想。如武氏墓群汉画石刻中的《曾子画像赞》："曾子质孝，以通神明，贯感神祇，著号来方，后世凯式，以正模纲。"

曾子为什么杀猪？
内在精神性财富更有价值

《文化大观》：曾子追求的是怎样的财富？

周海生：曾子具有真切的道德意识，孔子称赞他合乎"四德"的要求："孝，德之始也；弟，德之序也；信，德之厚也；忠，德之正也。参也中夫四德者矣哉！"（《大戴礼记·卫将军文子》）在切身的道德实践中，曾子超越了耳、目、口、鼻等外在物质性财富的追求，执着于仁义、诚信、友善等内在精神性财富的追求。

《文化大观》：精神性财富怎么理解？

周海生：我们先来看诚信。

《韩非子》中记载的曾子杀猪的故事，尤其可见曾子将诚信立身置于财富之上的人格力量。

曾子的妻子到集市去，她的儿子一边跟着她一边哭泣。曾子的妻子说："你回去，等我回家后为你杀一头猪。"妻子回来之后，曾子就要抓住一头猪把它杀了，妻子制止他说："我只不过是与小孩子开玩笑罢了。"曾子说："你是不能这样和他开玩笑的。小孩子是不懂事的，要依赖父母，并听从父母的教诲。现在你欺骗他，是在教他学会欺骗。母亲欺骗儿子，儿子就不会相信自己的母亲，这不是教育孩子该用的办法。"于是曾子马上杀猪煮了肉吃。

在物质匮乏的古代社会，猪、牛、羊可谓一个家庭的重要物质财富。但曾子认为，和诚实守信相比，一头猪实在算不得什么。故事虽浅显，而其教义，实为现代人生之必须。

《文化大观》：请您再讲讲"友情"作为财富的重要性。

周海生：曾子非常重视友情，蔡仁厚先生在《孔门弟子志行考述》中称曾子是孔门"最能表现师友风义的人"。曾子交友，倡导"以文会友，以友辅仁"，强调朋友之间相互砥砺以培养仁德。此种同门情深、朋友义重的诚敬精神于财富观上亦有展现。《韩诗外传》载：

> 子夏过曾子，曾子曰："入食。"子夏曰："不为公费乎？"曾子曰："君子有三费，饮食不在其中。君子有三乐，钟磬琴瑟不在其中。"子夏曰："敢问三乐。"曾子曰："有亲可畏，有君可事，有子可遗，此一乐也。有亲可谏，有君可去，有子可怒，此二乐也。有君可喻，有友可助，此三乐也。"子夏曰："敢问三费。"曾子曰："少而学，长而忘之，此一费也。事君有功，而轻负之，此二费也。久交友而中绝之，此三费也。"

子夏过曾子之门，曾子热情款待，相邀入食，子夏说，这也太破费了！而曾子则言"君子有三费，饮食不在其中"，故友相见，把酒言欢，谈何破费？对一个君子而言，少年学习到老年忘记，侍奉君主有功而轻易地背弃，与朋友长期交往而一旦中绝，才是真正的耗费。

曾子还曾讲过与君子交友的好处："与君子游，如长日加益，而不自知也；与小人游，如履薄冰，每履而下，几何而不陷乎哉！"（《大戴礼记·曾子疾病》）意思是说，与君子交往，时间长了每天都有增益而自己感觉不到；与没有德行的人交往，就像走在薄冰上，每走一步都在下滑，能用多长时间而不陷入水中啊。

《文化大观》：在交友过程中有什么需要注意的吗？

周海生：在《曾子·子思子》中，曾子指出了几种不能结交的人："多知而无亲，博学而无方，好多而无定者，君子弗与也。"意思是说，知识多而不能亲自践行，学问广博而没有常道，爱好众多而不能专精，这些都是君子不赞成的。

二、立身与富贵孰重？
"正心"修身方可泰然处之

心态不为财富所左右
需"正心"修身

《文化大观》：曾子如何看待德和财的关系？

周海生：财富是美好的，但拥有财富的人却未必都具有美好的德行。齐景公有马千驷，在他死的那天，"民无德而称焉"（《论语·季氏》）。那些"放于利而行"的富而无德、为富不仁的人，从来不受人尊重。所以孔子强调人不论穷达贵贱，都应当"富而好礼""安贫乐道"，做一个不希利禄、不畏权势、超越个人和群体利害得失的道德醇厚、精神境界高尚的君子。

曾子之学以修身为本，强调内省、修心的修养方法，表现在财富观上，就是"轻富贵，重立身"的德本财末观。

《文化大观》：曾子是如何修身的呢？

周海生：曾子修身特别强调"正心"。

《文化大观》："正心"与财富观的树立有什么关系？

周海生：他认为人有所忿懥、恐惧、好乐、忧患，那么心理状态就会失衡。所以，他告诫世人："富以苟不如贫以誉；生以辱不如死以荣。"（《大戴礼记·曾子制言上》）在功名利禄、荣华富贵面前，人要保持精神、心理的平衡状态，不要贪富、恋富，也不要仇富、嫉富。

曾子以实际行动给出的答案
与其富而畏人，不若贫而无屈

《文化大观》：曾子是个什么样的人？为什么会提出这样的财富思想？

周海生：曾子幼时，家境贫穷。曾子的母亲居家纺织，操持家务，《战国策·秦策》《新语·辨惑》有曾母织布的记载。曾子的父亲耕作农田以维持生计，曾子年少之时，就参与生产劳动，随父亲耕种于故里。从《孔子家语·六本》篇谓"曾子耘瓜"、《论衡·感虚》篇称曾子"出薪于野"、《说苑·立节》篇曾子"敝衣而耕"等记载，我们可以想象到曾子贫寒生活的大概情形。

长期艰苦生活的磨炼，使得曾子养成了弘毅坚韧、安贫不屈的志节。

《孔子家语·在厄》篇记载了这样一个故事：

> 曾子敝衣而耕于鲁，鲁君闻之而致邑焉。曾子固辞不受。或曰："非子之求，君自致之，奚固辞也？"曾子曰："吾闻受人施者，常畏人；与人者，常骄人。纵君有赐，不我骄也，吾岂能勿畏乎？"孔子闻之，曰："参之言，足以全其节也。"

曾子穿着破旧的衣裳在地里耕种，鲁国国君特意赠送封地以助其改善生活。值此进退义利之际，我们当作何种选择？曾子的选择是坚决推辞不接受。与其富而畏人，不若贫而无屈！这不仅是曾子以自己的实际行动为我们提供的答案，更是曾子坚贞志节的写照。

《文化大观》：曾子有哪些特点是值得我们学习的？

周海生：曾子名参，字子舆，是春秋末年鲁国南武城（今山东嘉祥）人。曾子的父亲曾皙是孔子的学生。在曾参年幼时，曾皙就把自己从孔子那里学来的"六艺"知识传授给他。

后来，曾参跟随孔子学习。孔子最初对曾子的评价并不高，《论语·先进》记载："柴也愚，参也鲁，师也辟，由也喭。"孔子认为曾参的特点是"鲁"，这里的意思是反应迟钝，思维不够敏捷。然而曾子还有一个特点是勤学好问，《礼记》中有篇《曾子问》，记述曾子一次向孔子请教就达四十多问。

有一个出自《孝经》的"曾子避席"故事十分有名。有一次，曾参在孔子身边侍坐，孔子就问他："以前的圣贤之王有至高无上的德行，精要奥妙的理论，用来教导天下之人，人们就能和睦相处，君王和臣下之间也没有不满，你知道它们是什么吗？"曾子听了，明白老师孔子是要指点他最深刻的道理，于是立刻从坐着的席子上站起来，走到席子外面，恭恭敬敬地回答道："我不够聪明，哪里能知道，还请老师把这些道理教给我。"

曾子后来凭借着自身的勤奋好学，成为一代大儒。孔子临终时，还把年幼的孙子孔伋托付给曾子。曾子最终把孔伋培养成一代大儒，使得儒家文化得以传承下去，并发扬光大。

贯穿一生的行为准则：
轻富贵、重立身

《文化大观》：曾子立身处世的态度对于我们财富观的树立有何启发？

周海生：于日常待人接物之中，可见曾子立身处世的风貌。轻富贵、重立身的精神，可谓贯穿了曾子的一生。曾子临终易箦，尤可见其道德心灵的常明不昧。《礼记·檀弓上》载：

　　曾子寝疾，病，乐正子春坐于床下，曾元、曾申坐于足，童子隅坐而执烛。童子曰："华而睆，大夫之箦与？"子春曰："止！"曾子闻之，瞿然曰："呼！"曰："华而睆，大夫之箦与？"曾子曰："然。

斯季孙之赐也。我未之能易也，元起易箦！"曾元曰："夫子之病革矣，不可以变。幸而至于旦，请敬易之。"曾子曰："尔之爱我也不如彼。君子之爱人也以德，细人之爱人也以姑息。吾何求哉？吾得正而毙焉，斯已矣。"举扶而易之，反席未安而没。

曾子卧病在床，病得很厉害。听到孩子谈论自己的竹席是大夫用的，曾子突然惊醒，说："这是季孙送的，我因重病在身还未能将它换掉"，并要求儿子将竹席换掉。儿子曾元说："您的病已经很严重了，此时不可移动。等天亮时我便将它换掉。"曾子说："你对我的心意还比不上那个孩子。君子爱人，是思考怎样才可以成全他的美德；小人爱人，是思考怎样才可以让他苟且偷安。如今我还能奢求什么呢？如果我的死能够合乎礼法，此生足矣。"于是，他们便将曾子抬起换席，换过后再把曾子放回席上，还未安置妥当曾子就去世了。

《文化大观》：曾子为什么一定要在临终前易箦？

周海生：曾子没有在鲁国做过大夫，因为箦是季孙所赐，偶尔用之，也在情理之中，但是，假如寝而逝于大夫之席，则不合于礼。因此，曾子在疾病危重之时，仍坚持易箦，真可谓一息尚存，志未少懈，真正做到了"不以生死之变易其所守"，这和曾子力倡的"君子直言直行，不宛言而取富，不屈行而取位"（《大戴礼记·曾子制言中》）的财富观恰相契合。

三、如何从容面对贫与富？
"贵有耻" "安于贫"

求富需要有良好的社会环境

《文化大观》：在曾子看来，应该如何求取财富？

周海生：从社会发展的角度而言，求富理财是人类追求美好生活的基础。孔子不仅称许善于居家理财的卫国大夫公子荆，而且对从事货殖"亿则屡中"的子贡赞扬有加，这反映了孔子对求富的基本态度。当然，孔子对于求富是务实而理性的。所谓"富而可求"，隐含的前提是天下安定、社会和谐。在一个政治清明的社会，我们就应该积极进取，追求财富、创造财富，实现民富国强的理想。

《孔子家语·致思》篇记载了曾子的求富思想：

> 曾子曰："入是国也，言信于群臣，而留可也；行忠于卿大夫，则仕可也；泽施于百姓，则富可也。"孔子曰："参之言此，可谓善安身矣。"

曾子认为，一个人进入一个国家，如果国君的言论能被众多的大臣相信，那么他就可以留下来；如果国君的行为被卿大夫们认为是讲求忠信，那么他就可以在这个国家做官了；如果国君的恩泽施行于百姓，那么他就可以在这里求富。曾子之言，深得孔子赞赏，孔子称赞他是一个善于立身的人。求富，当然最为首要的是满足物质利益的需求，能够"仰足以事父母，俯足以畜妻子，乐岁终身饱，凶年免于死亡"（《孟子·梁惠王上》）。

如何避免误入歧途？
以道致富"贵有耻"

《文化大观》：我们在求取富贵的时候，如何避免误入歧途、迷失自我呢？

周海生：曾子提出了"贵有耻"的观念：

> 君子不贵兴道之士，而贵有耻之士也；若由富贵兴道者与贫贱，吾恐其或失也；若由贫贱兴道者与富贵，吾恐其赢骄也。夫有耻之士，富而不以道，则耻之；贫而不以道，则耻之。（《大戴礼记·曾子制言上》）

人的欲望虽然无穷无尽，但人不能为欲望所牵制、所笼罩，而甘于作欲望的奴隶。孔子曾强调："邦有道，贫且贱焉，耻也；邦无道，富且贵焉，耻也。"（《论语·泰伯》）极力主张富贵之"得"必须"以其道"，否则，以不仁不义的手段获得富贵是耻辱的。

曾子所言，与孔子可谓一脉相承。他所秉持、发扬的仍是孔子以道致富的观念，无论是追求富贵还是去除贫贱，都以是否合乎仁义之道为准绳。曾子强调："君子苟无以利害义，则辱何由至哉！"（《大戴礼记·曾子疾病》）君子如果能不计较利害，那么怎么会有耻辱呢？所以东汉桓宽推崇曾子说："不义而富，无名而贵，仁者不为也，故曾参、闵子不以其仁易晋、楚之富。"（《盐铁论·地广》）这里说的是曾参、闵子骞不去晋国、楚国当官，以仁来求得富贵的事。

富不可求则不强求

《文化大观》：在富不可求的境况下，人怎样才能自处？

周海生：在道义求富的基础上，曾子也尤为关注在富不可求的境况下，人怎样才能自处。

《大戴礼记·曾子制言中》记载了曾子的一句话："君子无悒悒于贫，无勿勿于贱"，意思是说一个有道君子，不要因贫困而忧戚不安，也不要忙于摆脱贫贱。因为成就君子之名所依靠的是仁德，而不在于富贵、贫贱之间。在《大戴礼记·曾子制言下》中，曾子讲了君子如何安处于贫贱之中："君子错在高山之上，深泽之污，聚橡栗藜藿而食之，生耕稼以老十室之邑。是故昔者禹见耕者五耦而式，过十室之邑则下，为秉德之士存焉。"

《文化大观》：曾子是如何践行这一点的？

周海生：曾子作为一个"言顾行，行顾言"的笃实君子，尤其具有安于贫贱的坚韧精神。《庄子·让王》载：

> 曾子居卫，缊袍无表，颜色肿哙，手足胼胝。三日不举火，十年不制衣，正冠而缨绝，捉衿而肘见，纳履而踵决。曳纵而歌《商颂》，声满天地，若出金石。

曾子住在卫国，破旧的袍子连面也没了，面色浮肿，手和脚上都长满了老茧。三天不做饭，十年不做衣，整理帽子而帽缨断绝，提起领子而袖裂露肘，穿着麻鞋而后跟裂开，趿拉着鞋而唱《商颂》，声音洪亮满天地，像出自金石那样清脆。孔子曾称赞颜回"一箪食，一瓢饮，在陋巷，人不堪其忧，回也不改其乐"（《论语·雍也》），不言而喻，曾子亦具有"君子谋道不谋食""忧道不忧贫"的安贫乐道的精神。所以庄子赞叹曾子："天子不得臣，诸侯不得友。故养志者忘形，养形者忘利，致道者忘心矣。"

《文化大观》：曾子的财富观能给我们怎样的启发？

周海生：曾子曾说："君子见利思辱，见恶思诟，嗜欲思耻，忿怒思患，君子终身守此战战也。"（《大戴礼记·曾子立事》）君子遇见利益就要想到由此可能引起对名声的损害，遇到不好的事就要想到由此可能带来的指责，贪恋情欲就要想到由此可能产生的耻辱，生气恼怒就要想到由此控制不住而可能发生的祸患，君子应终生为遵守好这一条而战战兢兢。

曾子为人，敦厚质实，注重躬行，其"仁为富贵"的财富观对遭受物质主义、功利主义、利己主义困扰侵蚀的现代社会有重要的借鉴作用，对矫治嫌贫爱富、炫富斗阔等不良价值取向也有指导意义，尤其值得今人学习。

第三章

儒家财富观的现代应用

岳隆杰：

中共党员，1985 年参加工作，高级经济师。2015 年 6 月至今，任莱商银行股份有限公司党委书记、董事长。

曾任中国人民银行东营、济宁等地市中心支行行长，原莱芜市人民政府党组成员、副市长（挂职）等职务。

如何在"学"与"习"中
实现"修齐治平"

——莱商银行董事长谈儒家智慧与财富增值之道

人生之路有千万条，在通往财富的道路上，往往人潮汹涌。财富之道亦需有道。然而大道无形，如何体悟？

大学之道离不开修身、齐家、治国、平天下，如何将抽象的人生智慧具象化？如何避开财富之道上的诱惑与陷阱，让财富增值的同时让自己的人生增值？我们需要专业人士的指引。

现代经济的核心和实体经济的血脉是金融，金融机构既事关国家经济的稳定，也与我们每个人的生活、工作息息相关。

作为一家地方商业银行，莱商银行在探索金融助力实体经济发展的同时，将文化熔铸于企业灵魂，全力打造客户放心满意的敏捷、普惠、快乐、清廉、价值银行，曾荣获"全国守合同重信用企业""中国银行业文明规范服务示范单位""中国银行业星级服务机构"等荣誉称号，被《金融时报》评为"2020 年度最佳支持抗疫复产中小银行""2021 年最佳服务乡村振兴中小银行"。近年来，莱商银行始终坚持用高质量发展的眼光看问题，用发展的思维解决问题，不仅资产、存款、贷款总额实现了快速增长，而且在促进经济社会发展、保障和改善民生中积极作为，展现了莱商银行的责任担当。

结合多年来对儒家思想的体悟，莱商银行党委书记、董事长岳隆杰从金融系统面临的机遇与风险、银行在财富增值过程中发挥的作用、儒家财富之道对于企业发展的指引作用、大众如何做好财富管理等方面对儒家智慧与财富增值之道进行了解读。

一、金融系统的儒学"氛围感"
在财富诱惑的考验中"学"与"习"

金融系统也需要儒学"氛围感"

《文化大观》：您在金融系统工作多年，是从什么时候开始接触儒家文化的？

岳隆杰：我真正对儒家经典有所了解，是在济宁工作期间。济宁有着浓厚的儒家文化氛围，工作之余，我常常走进孔府、孔庙等儒家文化景点，近距离感受儒家文化的底蕴和魅力。

无论干什么事都讲究氛围，曲阜作为儒家文化的发源地，儒家文化的传播有着得天独厚的优势。曲阜城里的小孩背起《论语》都是朗朗上口，在当地生活工作的普通百姓，也都能诵读《论语》的部分内容。当整个社会从上到下全力去学习、使用、宣传、推广一种文化的时候，就会营造出相应的氛围，人们会不自觉地受到这种文化的熏陶和影响。对于一个单位来说，这样的氛围还需要管理人员去加以引领。

《文化大观》：您印象比较深刻的是哪一部儒家经典呢？

岳隆杰：我对儒家经典著作《论语》的印象非常深刻，特别是 2008 年北京奥运会期间，迎宾语中有五句出自《论语》："有朋自远方来，不亦乐乎""四海之内皆兄弟也""己所不欲，勿施于人""德不孤，必有邻""礼之用，和为贵"。

后来，我在工作期间对孟子的思想有了一些了解。孟子的民本思想，我印象比较深刻，"民为贵，社稷次之，君为轻"。孟子讲重民，延伸到工作中，与现代管理学中"以人为本"的理念是相通的。

《文化大观》：您办公室里悬挂着一幅字："劳谦君子有终吉"，是出自哪里呢？也是营造文化氛围的一种体现吗？

岳隆杰：这是《周易》中的一句话，出自谦卦。"劳谦君子有终吉"，指勤劳而谦虚的君子，将会有好的结果。谦卦是《周易》中与修身养性、为人处世关系最为密切的一卦，无论是在管理方面还是人生修养方面，对人都有很大的启发。

学而时习之
工作中的难题能从书本中找到完美答案

《文化大观》：古人讲"书中自有黄金屋"，看来无论从事哪个行业都离不开经典的支撑和启迪作用。

岳隆杰：这几年读书的人越来越多了，这是个好现象。年轻人可能会更侧重读一些务实的内容，这就造成他们在遇到问题的时候，容易迷茫、不知所措，这个时候就需要给予他们适当的引导。根据多年来积累的经验，我发现工作中遇到的难题，都能从书本中找到相应的答案，特别是一些思想深邃、高屋建瓴、启迪思想的书籍。在具有一定工作经历和社会阅历之后，再回过头去读这些书，会有不一样的收获。

作为银行管理人员，要管理好这个单位，有些观点需要经常跟大家交流。在这个过程中，我发现，单纯靠自己去说教，容易让大家厌烦，效率比较低。所以，从2021年开始，我们组织开展了"管理人员读书班"活动，并选取了全行的精英人才和年轻后备干部共二百多人参与其中。

《文化大观》：这个活动是读书会的性质吗？

岳隆杰：是读书会的性质。大家的反响还是很好的。2021年，我们每个月推荐一本书，每个月由我给大家作导读。基本上是前十天大家读书，中旬我同大家分享书中要义，以及我的一些体会，每次的讲解时间大概是半个小时到四十分钟。

所选书籍涉及的范围也比较广，有习近平总书记的《习近平的七年知青岁月》《之江新语》，也有哲学、管理学、经济学方面的图书，同时还有传统文化方面的经典。

《文化大观》：有什么收获呢？

岳隆杰：这么厚的书，一个月怎么读下来？我跟大家说要注意两点：第一是开卷有益，第二是学会把书读"薄"。

书中的重点篇章，完全可以在工作中、现实中加以运用。比如说，《邓小平传（1904—1974）》这本书中，对于历史问题的处理，书中有一句很经典的话："宜粗不宜细"。拿银行处理的一些历史呆账、坏账来举例，从业务的角度来说，要对相关人员进行责任认定，但从发展的角度来说，责任认定并不能解决资产活化或者争取更大利益的问题。我们更多的是希望从中总结经验和教训，指导下一步的工作。另外，在经济下行期、经济平行期和经济繁荣期，面对不同的环境和政策，也不能用同样的标准来对不同的业务进行认定和研判。

《文化大观》：读书班中有没有读儒家经典？

岳隆杰：有的。我们共同学习了《樊登讲论语》，在这本书的选择上，我们花了很多工夫。讲《论语》的书籍有很多，有一些学术性比较强，大家看不懂，这本书是从应用的角度讲《论语》，比较通俗易懂，所以我们最终选择了这本书。

在这本书的导读过程中，我选用了孔庙外万仞宫墙的图片给大家做解释，意思就是孔子的学问深不可测，我们看一眼就能受益终身。"万仞宫墙"名字的来历，和子贡对孔子的崇敬有关。《论语·子张》记载了子贡对自己老师的赞美："譬之宫墙，赐之墙也及肩，窥见室家之好。夫子之墙数仞，不得其门而入，不见宗庙之美，百官之富。得其门者或寡矣。"意思就是说，如果用房屋的围墙作比，我的围墙只有肩膀那么高，站在墙外很容易看见我家的好东西；但是我老师的围墙却有好几个人那么高，找不到进去的大门，就看不见宏伟的庙堂和房舍，能找到大门而进去的人很少。言下之意是感叹孔子思想、学问、境界的高深。

《文化大观》：您对《论语》和孔子的感触很深。

岳隆杰：古人讲，半部论语治天下。《论语》内容涉及政治、文学、哲学、教育以及道德修养、立身处世等多方面。这部儒家经典之作，每一句都是圣贤智慧的结晶，对我们的学习、工作、为人处世都有重大的意义。

我对《论语》中"礼"和"孝"这两个方面内容关注得较多一些。在孔子所创立的儒家思想学说中，"孝"占有极其特殊的地位，它是孔子以"仁"为核心、以"礼"为形式的道德体系中最重要的内容之一，孔子"孝"的思想以"礼"为形式表现出来。"礼"是古代社会的典章制度，是维护社会统治以及人与人交往中的礼节仪式，是维系社会稳定和谐的纽带。

从《论语》中不难发现，孔子的思想学说，不仅是值得我们了解和研究的中华优秀传统文化，更与当代中国特色社会主义核心价值观有着很多共同、相通之处。今天我们学习和研究孔子思想，应当认识到，孔子学说的很大一部分内容仍然能够指导当代人的思想及为人处世之道。但在某些封建社会特有的礼教上，也有其历史局限性，我们要坚持古为今用，去粗取精，去伪存真。

在导读过程中，我也同大家交流：大家不一定按我的意见去解读，也不一定按樊登说的去解读，大家要读出一些自己的理解来。比如"吾日三省吾身"，这个"三"到底是三次还是多次，你可以把它理解成经常反省。需要反省哪些方面？曾子说："为人谋而不忠乎？与朋友交而不信乎？传不习乎？"你可以反省自己今天有收获吗？收获了什么？哪些地方还存在问题？

《文化大观》：您的这个方法很高明，引领大家从经典中领悟，并获得精神上的滋养。

岳隆杰：我们的企业文化中，很重要的一点就是"善于学习、勤于总结"，这和"吾日三省吾身"一脉相承。我们让大家在读完书之后写心得体会，并通过微信读书圈交流学习体会，互相点赞，互相激励。到了年底，我们精选大家的心得结集成册，反响非常不错。

通过一年的学习，大家感觉学习的节奏有点快，考虑到大家平时的工作都很繁忙，不能让学习成为大家的负担，于是今年我们就放慢了节奏，一个季度给大家推荐一本书。

《文化大观》：如何把在经典中领悟到的智慧运用在生活和工作中呢？

岳隆杰：我们今年给大家推荐的第一本书是《曾国藩：又笨又慢平天下》。曾国藩不是一个天资聪慧的人，但是他最厉害的一点就是，他把"吾日三省吾身"做得非常好，在日记、书信中经常反思自己的错误。曾国藩创建的湘军用"结硬寨，打呆仗"的方法，战胜了太平天国。把基础的工作做好、做扎实，保持定力，不自乱阵脚，这一点对我们很有启发。

我们今年给大家推荐的第二本书是《人性的弱点》，这本书畅销了几十年了，通过栩栩如生的故事和通俗易懂的道理，从人性本质的角度，挖掘潜藏在人体内的 60 个弱点，帮助人们发现自身的内在需求。

书中的小故事都很简单，但又都值得大家去深思。作者从营销学的角度出发，反映出来的又不仅仅是营销客户。拿莱商银行"做客户放心满意的银行"这一企业愿景来讲，我们可以从关心客户、帮助客户，急客户所急、想客户所想的角度，去了解客户的真实诉求，然后围绕着客户诉求去开展工作。如果能更进一步，在客户还未提出问题之前，就能预判问题并帮助客户解决问题，那么就建立了自己的核心竞争力，可以去培养自己的核心客户群。也就是说，我们应该尽己所能，满足客户的极致需求。

客户的极致需求如何满足呢？最直观的，就是要让客户在产品和服务上得到最好的体验，从银行来讲，就是"多快好省"。拿我们的重要客户——中小企业来举例，我们和中小企业是命运共同体的关系。作为中小银行，和中小企业同舟共济，是我们发展的战略方向。这几年，从总行到分行，我们每年都在重要的节点召开企业家座谈会，面对面地了解客户的需求和实际困难，回应客户的相关诉求，征求客户的意见建议，等等，目的就是为了实现"做客户放心满意的银行"。

"利己"与"利他"结合起来

《文化大观》：在您看来，儒家的财富观是什么？

岳隆杰：我认为，儒家的财富观可以从以下三个方面来理解：

一是"富而有德"。儒家财富观提倡"富而有德、义利并行"。《礼记·大学》从"德者本，财者末"理念出发，强调"财聚则民散，财散则民聚"。孔子认为，能够引导百姓致富使天下人不怨恨，引导百姓乐善好施，使天下人不担忧疾苦贫困，这样的人才是真正的贤人。孟子提倡"穷则独善其身，达则兼济天下"的处世之道。

二是"富而好礼"。子贡曾向孔子请教，说一个人能够做到"贫而无谄，富而无骄"怎么样？孔子认为做到贫穷却不巴结奉承，富贵却不骄傲自大算是可以了，但还是不如虽贫穷却乐于道，虽富贵却谦虚好礼。富而好礼更能体现一个人的精神境界。

三是"富而能俭"。儒家素来推崇节俭反奢，孔子一再提倡"温、良、恭、俭、让"五种德性，强调"奢则不孙，俭则固。与其不孙也，宁固"（《论语·述而》）。荀子虽反对墨子式的节俭，却也反复强调人要"恭俭"，提倡力行俭朴的盛德之风。

《文化大观》：您怎么看待"德"和"财"的关系？

岳隆杰：《大学》里有一句话："仁者以财发身，不仁者以身发财。"这句话的意思是，仁义的人以财富使自身获得美好名声，不仁义的人则会贪得无厌，不择手段聚敛财富，甚至不惜以身试法。如果把这句话的含义再延伸一下，我们可以这样理解：仁德之人获取财富，是以自身和社会的发展为己任，赚钱只是帮助自己实现目标的手段而非最终目的；不仁德的人获取财富，是以满足自我欲望为目的，完全为了个人的挥霍和享受。可以看出，仁者利用财富做工具来实现自己的抱负，不仁者则把自己当作获取财富的工具。"以财发身"和"以身发财"的境界完全不同，深刻阐明了两种人不同的财富观和价值观，仁者心怀天下，不仁者更像是自私自利的土豪，变成了财富和利益的奴仆。

以孔子为代表的儒家，倡导将经商与做人结合起来，由此形成了儒商文化。追求财富本无可厚非，但必须生财有道，不发不义之财，拥有财富后更要将"德" 置于"财"之前，用财富实现人生理想，用财富回报社会，而不是任意挥霍或为富不仁。儒商文化所倡导的价值观念和道德规范，体现的是圣贤风度和强者风范，深刻影响着两千多年以来的商业活动。

《文化大观》：作为企业的经营者和管理者，如何才能处理好"义"和"利"的关系？

岳隆杰：我认为"义"和"利"是一个矛盾的统一体。从古到今，从国内到国外，所有成大器的企业家，"义"和"利"都是他们所求的，并且是兼得的。做企业最大的贡献就是盈利，只有盈利才能实现持续经营、才能实现扩大再生产，才能产生社会效益，才能履行社会责任。所以我认为"义"和"利"在最高层次的融合，才能造就伟大的企业。

市场经济最基本的特征是什么？是法制经济做基础。如果没有法制，市场经济就无从谈起。在市场经济之前，各种经济主体之间靠什么生存和发展呢？靠的是诚信。所以说，从某些方面来讲，"义"和"利"具有统一性。如果没有诚信，买卖也就无从谈起。有了诚信，有了"义"，"利"也就来了。

不同境界的人对"利"有不同的解读。现在有些人崇尚精致的利己主义，商业机会主义。我觉得"利己"的"利"，是共利、互利、同利，是更高层次的"利"。在市场经济条件下企业家的理念应该是什么？稻盛和夫推出了一套经营哲学，叫作"利他哲学"，"利"他也是"利"。有些人会说，"利他"最终是为了"利己"，没错，但是为自己的同时，客观上也利于他人。

所以我觉得儒家思想对我们的一些启示和启发，更多的在于把"利己"与"利他"结合起来，做一个对社会、对人民有贡献的人。

《文化大观》：就是说发展经济不能只讲"义"和"利"的其中一方面。

岳隆杰：像颜回那样安贫乐道，纯粹求"义"的人现在有吗？一定是有，但这不是普遍的社会现象。李克强总理在 2022 年召开的全国稳住经济大盘电视电话会议上强调，发展是解决我国一切问题的基础和关键。有些地方明确提出来，经济不发展，什么问题都解决不了。现代社会，没有"义"，无以立；没有"利"，就不会有实际的效果。

从发展经济角度来看，市场经济不姓"资"，也不姓"社"，它是调节经济的手段。我们要看的是市场是否有利于经济发展，是否促进了资源的合理分配和流通。

在与财富息息相关的金融机构
人性频频接受考验

《文化大观》：银行作为与财富息息相关的金融机构，有怎样的特点？

岳隆杰：银行和其他的企业不一样，是"一手托两家"。如果银行不去急别人所急，想别人所想，就没法让客户放心、满意。拿莱商银行来说，如果客户一想到莱商银行，就有一种"找他帮忙咱放心"的印象，"这家银行能替别人着想"，"这是一支守规矩、精业务的队伍"，那么就会认定这家银行是个好的合作伙伴。

银行属于高风险行业，为什么这么说呢？主要是来自贷款和投资的风险。我们在制度和流程设计、部门和人员设置上都做了防范风险的措施，比如说逐级审批、双向审查，以及借助大数据平台核实客户资料等。即使是这样，也不能完全防范风险。

为什么不能呢？因为我们的业务都不是一个人的业务，是需要团队协作才能完成的，只有全体同事都主动合规，才能发挥出团队协作的优势和作用，才能作出恰当的风险评估。所以，利己、利他、互利不能颠倒。

《文化大观》：银行如何防范风险呢？

岳隆杰：从做银行的这个角度来讲呢，现在银行业、金融业也是一个相对高危的行业。为什么这么说呢？我觉得有两个方面：第一，这个行业本身是经营风险高的行业；第二，在这个行业里，人性频频接受考验。

防范风险，就涉及法规法纪这个底线。线这边是纪律、制度、道德规范，线那边是法律规范。可以说，基本上没有比银行的规章制度制定得更规范的单位。哪些该做，哪些不该做，制度中都进行了详细的规定，而且每年都进行补充、修改、完善。但是每年仍有大批的人经受不住考验，为什么呢？就是在慎用权力方面，在财富的求取方面，没有树立好正确的"三观"。

我们不仅有专门的合规管理部门，而且还努力通过合规文化来规范大家的行为。莱商银行提出的合规理念是"令行禁止、照章办事、知行合一、主动合规"。另外，大家还发挥各自的智慧，总结了一些朗朗上口的句子，比如："让合规成为一种习惯""我的合规我负责，客户的合规我尽责，同事的合规我有责"，等等。

可以说，每个制度的背后，都是教训和经验的反思与总结。所以从银行工作者的角度来讲，首先要把自己的"三观"调整好。不能因为一时糊涂，把自己的职业生涯葬送掉。

作为银行工作人员，本来挣的是本分钱，有些人却利用自己手中支配资金的权力，做了超越底线的事情。这种行为不仅给单位造成了损失，也把自己拉进了深渊，银行工作者要养成"懂规矩，知敬畏"的良好习惯。

手握资金大权的机遇与风险
以"清廉文化"化解"双刃剑"

《文化大观》：银行的从业人员天天都要经手大量的资金，可以说他们每天都面临着"利"与"义"的考验。

岳隆杰：所以我们在清廉文化建设方面做了很多工作，将清廉银行与合规文化、企业文化相结合，寓于全行经营管理各个环节。比如说制订下发《关于开展廉洁文化"四进"活动的实施方案》，创办《莱商银行纪检监察简报》刊物，定期举办清廉大讲堂，清廉文化上墙等活动。

为了让党纪、国法、行规入脑入心，我们还编辑了《画说纪律与规矩》，以漫画形式展现清廉文化。通过"党纪党规""职务犯罪""行纪行规"三个篇章，选取银行工作中常见的违规违纪情形83条，让广大员工在欣赏漫画作品的同时，潜移默化地接受廉政教育，不断强化纪律与规矩意识，强化不敢腐的震慑，扎牢不能腐的笼子，增强不想腐的自觉。

此外，我们以儒家文化为切入点拍摄了山东清廉文化建设公益宣传片，力求做到文化养根，清廉铸魂，合力共建山东清廉金融文化，共同守护山东金融政治生态的绿水青山。

开展清廉文化建设不仅仅是为单位树立良好的形象，也不仅仅是保护金融资产安全，更多的是提醒同事们时刻绷紧廉洁自律这根"弦"。

《文化大观》：为什么清廉文化建设在金融系统中的位置越来越重要？

岳隆杰：清廉金融文化是新时代廉洁文化建设在金融领域的拓展和延伸，扎实推进清廉金融文化建设是落实全面从严治党的内在要求。我认为金融系统的激励考核机制是把双刃剑，既能激发人的潜能，也能释放人内心深处的贪欲。

在经济快速发展时期，有效的资金支持是企业发展的必要条件，尤其是民营企业更是如此。在这一过程中，银行的职能作用使得银行可能处于决定企业发展的重要位置，同时也使以贷谋私、以权谋私发生的概率增加。所以，在依据法律对这类人进行处罚的基础上，要从根本上解决这个问题，就要把清廉文化推向长期、推向深入。

"有恒产者有恒心"
企业管理需要"以人为本"

《文化大观》：在企业管理与员工素养提升方面，如何运用儒家思想去带动其发展？

岳隆杰：作为中小银行，莱商银行在管理文化中强调"敬畏法则，尊重贡献，崇尚简单，追求极致"。敬畏法则既是一种要求，也是一种能力。心怀敬畏，主要源于自我管理，不管是法律法规、监管规定还是行内的各项规章制度，都是我们应该遵守的行为规范。宋代理学家朱熹说："君子之心，常存敬畏。"人之所以有君子与小人之分，在于君子对规则有敬畏之心，能照章办事，自律于心，绝不心存侥幸。我们要学会居安思危，增强忧患意识，增强敬畏之心。尊重贡献就是尊重大家的辛勤付出，只要付出了，最终都会在自己的收入和未来发展上得到体现。"简单"就是大道至简；"极致"就是追求卓越。简单做人，简单做事，但只有"简单"还不够，还要有专业的素养，对自己要有严格的要求，要努力追求"极致"。"取法乎上，仅得其中；取法乎中，仅得其下"也是这样的道理。

同时，儒家许多经典著作中对"仁"的解释虽然不完全相同，但是其本质是一致的，即"爱人"。在儒家看来，天地之间只有人是最宝贵的，是万物之灵。可以说，儒家思想本质特征在于肯定人的价值，重视人的尊严。现代企业经营管理越来越强调一个理念——以人为本。莱商银行企业文化的核心价值观是：人本实现价值，始终坚持把培养人、塑造人作为第一要务；把尊重人、爱护人、关心人作为最基本的着力点；努力使全体员工收入合理增长、能力持续提升、个人全面发展；主张"人人都是莱商的形象代言人"。同时，鼓励团队成员在工作中有看齐意识，充分发挥主观能动性，积极学习他人的长处与优点，实现人生价值的最大化。

《文化大观》：除了践行"仁爱"思想，莱商银行在企业管理中还运用了儒家哪些方面的思想？

岳隆杰：儒家经典倡导"礼之用，和为贵"。"礼"在我们的生活、工作中无所不在。新冠肺炎疫情期间，我担心年轻人在居家期间思想上会出现滑坡，我就做了两手准备。

一方面，给大家提供精神食粮，我们提出了"争做现代文明莱商人"的倡议。培育文明行为习惯是精神文明创建活动的重要内容，对于深化莱商银行企业文化内涵、提升良好社会形象、促进高质量稳健发展具有重要而深远的意义。我们从以下几方面向大家倡议：践行社会主义核心价值观，当好现代文明莱商人，维护社会公共文明秩序，传承现代文明精神。

另一方面，我们把上级部门要求学习的内容变成具体化的事项，落实到员工具体的行为规范之中。在《员工文明行为手册》中，我们从政治纪律文明、工作服务文明、交通出行文明、公共生活文明、家庭生活文明等方面做了详细的规定，还将其制作成了漫画手册。最终目的是让文明行为入脑入心，成为根植于内心的修养，无须提醒的自觉，以约束为前提的自由，为别人着想的善良。

《文化大观》：莱商银行的企业文化是怎样的？

岳隆杰：近年来，莱商银行从企业经营管理各方面切入，积极培育和锤炼企业文化，推动自身高质量发展。同时，注重从齐鲁文化及中华优秀传统文化中汲取养分，激发团队更大的能量，初步形成了人人想发展、一心谋发展的良好氛围。

孔子曾说过："人而无信，不知其可也。"（《论语·为政》）诚实守信是我们企业文化的重要内容。在与客户的业务交往中，我们始终把诚实守信放在第一位。我们强调：只要是答应了客户的事情，只要合法合规、风险可控，再难也要做到，相应的成本自己去承担，这也是曾国藩讲的"打掉牙和血吞"。2020年，受新冠肺炎疫情影响，资金紧张一度成为中小微企业面临的普遍困难。莱商银行想企业所想、急企业所急，通过济南慈善总会首期捐款人民币200万元，成为全省城商行最早义捐的银行之一。同时，还在全行发出倡议，倡导全行员工进行爱心捐助，倡导各单位积极联系当地医疗、疾控、公安机关，提供必要的物资支持和金融志愿服务，全力加强金融支持，助力疫情防控工作，全行员工至今累计为抗击疫情捐款34万余元。

针对客户需求，我们专门制订了《关于深入开展"春风行动"，支持企业复工复产的意见》，印发《关于进一步做好疫情防控期间到期贷款续作的通知》，出台支持企业复工复产的17条措施，简化业务流程，放宽续贷期限和利率，落实无还本续贷、到期续贷、应急转贷等政策，不盲目抽贷、断贷、压贷，保证企业融资连续。同时，还择优选取多名业务骨干成立了金融辅导队，按照"问题导向，一户一策"原则，深入企业开展实地调研和金融辅导，打通金融政策落地的"最后一公里"，及时缓解了企业临时性资金周转困难的压力。

《文化大观》：这些举措与儒家思想相契合，从企业内部来看，如何引导员工积极向上呢？

岳隆杰：我们积极在企业内部打造"家"文化，引导大家以行为家，以行为荣。我们鼓励大家去挖掘自己的潜能，前提就是放手、放权、放心、容错，并建立了《莱商银行防错容错纠错办法》作为员工担当作为的机制保障。我们提出的口号是："人人代表莱商形象，一言一行一举一动代表莱商利益。"

去年我们组织开展了"清廉的我，幸福的家"廉洁家书征文活动，让员工给家人写信，调动员工家庭、家人的力量共同奠定全员道德风险防控和廉洁从业的基石。很多同事表示，"要不是行里要求，已经多少年没给家人写信了"。这些信有的是写给自己的爱人，有的是写给孩子，还有的是写给父母。由于现在通信便捷，写信已经离开我们的生活很久了，很多员工在写信过程中对廉洁也有了更深刻的感悟。我们就是用这些工作和生活当中很具体、很实用的方法来提醒大家。

在"家"文化的引领下，员工的价值感、成就感、归属感大幅提升。我们通过制订《莱商银行工会慰问制度》，开展暖心工程，成立职工互助基金与微基金，建立"莱商银行妈妈小屋"，开展"莱商人·莱商情"主题摄影、书法、绘画作品征集评选活动，建设"职工书屋"等举措，以物质补助、精神慰藉和心理关怀，让职工切实感受到家的温暖。

家访也是我们很有特色的一个活动。我每年都要到班子成员的家里去走一趟，同时要求各层级主要负责人必须到员工家中去，同家庭成员进行沟通交流。很多年轻人刚参加工作还没有稳定的家庭，当一个人没有稳定的家庭生活的时候，思想就容易产生波动。这一点可以说是孟子讲的"有恒产者有恒心，无恒产者无恒心"的体现。通过员工家访，能够深入了解员工工作时间之外的思想行为动态，及时帮助员工解决工作生活困难，防范员工行为失范的风险。

我们把这些内容形成了制度，来行里工作就必须接受制度的约束。其实，制度的制订也是督促大家养成好的行为习惯。

二、儒家智慧的古为今用
看银行如何"修齐治平"

经济和金融谁决定了谁？
寻求发展首先应明确自身定位

《文化大观》：从银行的角度，怎样从儒家和传统文化中吸取智慧，履行好自己的社会责任？

岳隆杰：在这方面，银行有一些不同于一般企业的做法。从银行角度讲，我觉得首先自己要有一个合适的定位，就是如何定位经济和金融的关系。

谁决定了谁？谁支撑了谁的发展？明确这个定位后，银行的坐标也就能找到了。经济决定金融。"经济兴，金融兴；经济强，金融强。经济是肌体，金融是血脉，两者共生共荣。"[1]习近平总书记关于金融与经济辩证统一关系的重要论述，明确了金融的功能和定位。

把这个问题明确之后，金融的职能和定位就是必须支持经济发展，尤其支持实体经济的发展。现在国家最需要的制造业、基建，包括老百姓的住宅等信贷资金的刚性需求，金融必须去保障。这种保障不仅仅是促进经济的发展，更是银行业机构讲政治的具体体现，是保障银行资产质量的有效措施。

《文化大观》：为什么银行的定位是支持实体经济而非虚拟经济呢？

岳隆杰：虚拟经济是市场高度发达之后所诞生的产物，它的主要目的与最终目的都是为实体经济服务。如果资金在虚拟经济中来回流通，没有投放到实体经济中，就会造成资金的空转，不仅把整个社会的资金成本拉高了，

---

[1] 许辉：《让金融更好服务实体经济》，《人民日报》，2020年9月3日05版。

对实体经济也起不到任何积极作用。

这也就是为什么党中央和监管部门要求金融机构要回归主责主业、要支持实体经济发展的原因。

为什么让金融机构回归主业？原因在于，资金空转不会对实体经济的发展产生作用，对整个社会也没有帮助。做大做强实体经济，不仅能增加有效供给，还能有效提供就业，保障和改善民生。无论今后经济发展到什么程度，实体经济都是中国经济发展以及在国际经济竞争中赢得主动的根基。作为银行来讲，要把经济和金融的关系理顺，然后去支持实体经济的发展，这一点非常关键。

从银行未来发展的趋势来讲，金融发展要符合经济发展的大趋势。既然确定是经济决定金融，那么作为中小银行来讲，要找准自己的定位。比如说，莱商银行2021年专门在总行成立了"乡村振兴金融部"，以"普惠金融""乡村振兴"为重要抓手，以服务"三农"、助力乡村振兴为强行之源，通过多维度、多层次、多方位举措，充分发挥中小银行的地缘、人缘优势，为乡村振兴持续不断地注入金融活力。借助乡村振兴方面的政策和形势，做好重农工作，我们要真正把根扎下去。

《文化大观》：为什么莱商银行要在农村扎根呢？

岳隆杰：在农村，金融服务还没有普及。作为中小银行，我们把金融业务做到基层，把最好的产品推广到农村，最好的服务提供给农村居民，这不仅是配合国家战略，也是我们将来发展的一种战略选择。在乡村这个市场中扎根，不仅要尽心把自己的业务做好，做扎实，还要把我们决策链条短的优势发挥出来，才能更接地气。

中国将迈入全民理财时代
财富管理未来将成为商业银行的主战场和主赛道

《文化大观》：银行在财富增长的过程中起着怎样的作用？

岳隆杰：目前，中国拥有全世界最大的中等收入群体。随着小康社会的全面建成，中国将迈入全民理财时代，并在未来十年有望成为全球增长最快的财富管理市场。由于财富管理业务本身具备轻资本、高增长等特征，财富管理未来将成为商业银行的主战场和主赛道。

随着我国社会进入到推动全体人民共同富裕的新阶段，客户需求也将随之发生变化。银行作为财富管理的重要参与者，如何应对客户需求和市场趋势的变化，是必须面对的重要课题。在推动共同富裕的过程中，商业银行应该更好地发挥使命和担当，做好财富管理产品的供给侧结构性改革，特别是丰富居民可投资的金融产品，增加城乡居民的理财收入，这也是推动共同富裕的题中之义。

商业银行所提供的财富管理服务，一方面可以满足客户的个人综合金融需求，也能满足客户的家庭、家族财富传承、风险隔离等需求；另一方面还可以通过公司业务、金融市场业务等满足客户的企业投资、融资、信贷等需求。家庭端，商业银行可根据客户的风险承受能力和收益目标，建议客户开展专业化资产配置；企业端，商业银行可满足企业投融资、供应链金融等多方面的综合需求；社会端，商业银行可打破条线壁垒，打通财富管理服务价值链，更好地服务实体经济，助力居民实现美好生活。

《文化大观》：在全球经济一体化及经济金融环境的不确定性等诸多挑战下，银行如何走好财富之道？

岳隆杰：当前，在新冠肺炎疫情影响下，百年变局加速演进，国际局势和地缘政治日趋多变，中国经济面临"三重压力"，金融市场的不确定性和风险挑战进一步上升。但中国经济长期向好的未来发展，依然可期。

　　近年来，莱商银行持续提高政治站位，提升大局意识，全面落实新旧动能转换综合试验区、自贸区、黄河流域高质量发展等国家战略以及国家、省、市各级城市发展规划和重点项目安排，将企业发展融入中华民族伟大复兴的历史潮流，不断加大对制造业、服务业、新兴产业等的资金支持，提升普惠金融、绿色金融、科技金融、乡村振兴等领域的服务力度，创造性地抓好各级党委政府工作部署的贯彻落实，在为全局发展贡献绵薄之力的过程中努力实现自身发展的同频共振。

儒家智慧的古为今用
管理的终极目标是激发人的潜能和善意

　　《文化大观》：从银行家及银行管理者的角度来看，您认为儒家经典中哪些思想和语句有助于银行的长远发展？

　　岳隆杰：一是以儒家思想的"仁"提升团队幸福指数和凝聚力。儒家讲"仁者爱人""克己复礼谓之仁"，就是要引导管理者在管理过程中怀仁慈之心，"严以律己、宽以待人"。多看别人的长处，多看自己的不足，以"和而不同"的态度与别人相处，努力提高员工的幸福感，提升团队的凝聚力。

　　二是以儒家思想的"义"提高工作执行力。孔子说："见义不为，无勇也。"孟子说："羞恶之心，义之端也。"人有正义感，便会努力去实现自己的理想，追求自我价值，甚至以牺牲生命来表现仁义。面对工作中存在的困难，要勇于面对，用雷厉风行的工作作风久久为功，以"踏石留印、抓铁有痕"的劲头善始善终、善作善成，防止虎头蛇尾，切实提高工作执行力。

　　三是以儒家思想的"礼"加强内部团结。孔子云："不学礼，无以立。"儒家文化提倡的"礼"引申到我们的企业文化中，就是要坚持"求同存异，和而不同"的原则，做好与上级、平级、下级的沟通。一个好的领导班子，要善于团结协作。大事讲原则，小事讲风格，遇事多通气，多交心，多谅解，真正做到讲团结、会团结。

四是以儒家思想的"智"提高团队的学习能力。孔子云："智者不惑。"孟子云："是非之心，智之端也。"儒家文化提倡的"智"，引申到企业管理中，就是要我们加强学习，不断提高学习能力。不仅要学习应知应会的内容，提高基础技能，还要学习思维行为方面的内容，改造人生观、世界观、价值观。特别是要结合儒家学说，用习近平新时代中国特色社会主义思想武装党员干部头脑，提高分析问题、判断问题、解决问题的能力。

五是以儒家文化的"信"提高团队诚信意识。孔子说"人无信不立"。如果企业没有诚信，如何让客户讲诚信？因此，倡导、树立诚实守信文化是莱商银行的立行之本。金融机构要言必行、行必果，说到做到；对待客户要诚实信用、不欺瞒、不投机，严禁弄虚作假、浮夸不实，倡导忠诚、实干、担当。

《文化大观》：如何将这些传统文化智慧做到古为今用，落地实施呢？

岳隆杰：银行是国民经济的综合部门，作为银行的管理者，必须提高自己的政治站位。

既然处在重要的位置上，在关键时刻就要站得出来，困难时候就要冲得上去。在2020年疫情刚发生的时候，我们迅速地推出了一系列产品，出台了开通金融服务绿色通道、开通信贷支持绿色通道、加强线上渠道金融服务等多项举措。作为银行的管理者，应该把企业发展的命运，紧紧地和国家的经济战略结合在一起。

这不仅是责任使然、发展使然，也是干事业、带队伍的必然要求。用管理学家彼得·德鲁克的观点来讲，管理的本质或者终极目标，就是激发人的潜能和善意，这跟孟子讲的"人之性善"有共通之处。

此外，还要培育向善的文化。向阳而生、向善而行，学会做一束光，不仅温暖了自己，还能照亮别人。

儒家思想何以助推金融企业文化建设
来自银行的"修齐治平"

《文化大观》：在带领企业取得优异成绩的过程中，儒家智慧给过您怎样的启示或帮助？

岳隆杰：一是儒家文化有利于培养优秀的金融企业文化。儒学的核心是"仁"和"礼"。商业银行作为金融服务业，运作的又是特殊的商品——货币资金，这就要求商业银行在文化建设中要既仁又礼，仁礼结合，融为一体。有了仁的"爱人"之心，才能尽最大可能为每一位客户提供优质服务。有了礼的秩序约束，才能使每一名员工敬畏规则，不越池犯规。仁礼结合，商业银行才能打造优秀的金融企业文化，避免文化缺失引发经营风险。

二是儒家文化有利于增强商业银行的整体素质。儒家文化的传承和发扬可以提高商业银行人员的整体素质。通过读书学习，管理人员丰富了知识，开阔了视野，综合管理能力得到了提升，为打造客户放心满意的"五个银行"提供了坚强的队伍保障。

三是儒家文化有利于提升商业银行的核心竞争力。未来的商业竞争不仅仅是技术上的挑战，更是文化上的挑战。商业银行服务业的特性决定了其竞争力来自综合方面的优势，中国商业银行需要用中国式的智慧启发、教育、培养和管理。因此汲取儒家文化的思想精髓，将儒家文化更好地融入、服务于商业银行发展，有利于增强商业银行的核心竞争力，使商业银行更加高效地发挥其在金融服务中的重要作用。

《文化大观》：莱商银行做了很多公益事业和文化事业，请您结合儒家思想谈谈初衷及影响？

岳隆杰：儒家文化强调"修身齐家治国平天下"，包括两个方面的含义：一是"天下为公"，社会成员都不是孤立存在的，人们应该共同承担社会责任；

二是由个人到家、国、天下，由身修到家齐、国治、天下平，是具有内在逻辑关系的。对于一个企业来说，不仅要追求商业利益的实现，也要关注社会民生，具备社会责任感与家国情怀。

俗话说："金杯银杯，不如老百姓的口碑。"口碑从何而来？一方面是企业提供的产品、服务好不好，另一个很重要的方面，就是企业除了追求利益，是否发挥了本企业、本行业应有的社会作用。企业作为社会的一个单元，把"小我"融入"大我"，发挥自身力量回馈社会，不仅能营造良好的发展环境，得到社会和老百姓的认可，也能够增强员工的荣誉感与归属感，从而有利于企业树立良好的品牌与社会形象，进一步提升企业的竞争力与凝聚力，促进企业的可持续发展。

在加快自身发展的同时，近年来，我们也注重投身民生与公益，主动承担社会责任，主要做了以下几方面的工作：成立慈母基金，救助灾害、救济贫困、扶助残疾人等社会群体和个人；积极参与爱心妈妈活动，为各类处在困境中的儿童提供无偿经济援助和成长关爱，帮助他们快乐健康成长；积极倡导全员参与"春蕾计划""希望工程""圆梦行动""慈心一日捐""救助贫困母亲"以及帮残、无偿献血、爱心驿站、"全国文明城市"创建等民生事业和公益事业；先后捐助贫困学生 2000 余人次，累计向各类公益慈善事业投入资金 3000 余万元。

有句话叫"送人玫瑰，手有余香"，做善事不求回报，是最高层次的善良，也是对心灵的一种净化、修行和提升。

三、从专业角度看财富增值之道

人生要学会算账

财富积累应把时间线拉长

《文化大观》：从专业角度来看，在财富积累方面，大众应该注意哪些方面？

岳隆杰：我觉得有以下几个方面：

第一，学好基本理论。无论干什么，一定要把最基础的东西学好。现在很多观点满天飞，这些观点是不是符合最基本的价值规律，我们要有自己的判断。

第二，财富积累，从银行的经营理念来看，要把时间的价值考虑进去，集腋成裘，复利通常来说更多体现的是时间价值。有些人每个月的零花钱，如果不记账的话，都不知道自己的几千块钱是怎么消失的。举个例子，把时间线拉长，从工作之初算到退休，这个财富并不少，把这个问题想清楚，就会发现这是个大账，你就会珍惜自己的时间和金钱。

第三，专业的金融知识应是现代人必备的基本知识。这些知识，不一定是在哪个时间、哪个阶段用，但是它一定会在整个人生的财富道路上起到重要的作用。

我们谈财富也是在谈人生，时间的价值对人的一生同样重要。有些人就是为了几万元、十几万元，锒铛入狱把饭碗砸了，这就是短期行为和长期收益的典型对比。

从商业银行的经营看财富的增值之道

《文化大观》：作为银行的管理者，您认为大众应该如何做好财富管理？

岳隆杰：商业银行的经营有三个原则：安全性、流动性和效益性，它们是反向关系。

效益性高的投资，流动性一定会差，安全性一定会低，风险性一定会高。效益性是投资的最终目的，既要高收益又要绝对安全，这只能是理想的状态。对我们个人来说，在资产配置中，也应该遵守这样的原则。本金的安全是第一位的，要在损失可以承受的范围内进行投资，兼顾安全性、流动性和效益性。每个人对产品的认知、形势的预判、风险的偏好不同，所以要在自己风险承受范围内，选择合适的金融工具，合理配置个人和家庭资产。

在资产的配置上，标准普尔作为世界金融分析机构，制定了"标准普尔家庭资产象限图"，认为一般家庭应该建立四个账户：一是现金账户，占家庭资产的10%，一般用于短期消费，放在银行活期或者货币基金中；二是保障账户，占家庭资产的20%，一般为意外、重疾等商业保险，解决家庭突发重大开支；三是投资账户，占家庭资产的30%，一般为高收益的股票、基金或房产，但要注意，高收益也伴随着高风险；四是保值账户，占家庭资产的40%，专款专用、保本升值、积少成多，这是一个家庭资产配置比较理想的状态。

《文化大观》：面对客户日益高涨的财富管理需求以及蓬勃发展的财富管理市场，您认为银行如何更好地助力百姓实现财富增值？

岳隆杰：优秀的财富管理机构，应坚持正确的价值观和方法论，并实现业务的系统化推动。在财富管理的价值观方面，商业银行应坚持客户导向，以客户为中心，站在客户的立场，坚持做对的事情。

一是实现全功能财富管理。面对客户日益增长的多元化、高层次投资需求，更需要银行加强财富管理。财富管理不仅仅是投资，而是要把财富管理的功能定位拓展到融资、结算、非金融服务等，为客户提供差异化、个性化、专业化的金融产品和服务，满足不同家庭结构、年龄层次、收入水平、风险偏好的财富管理需要，让客户在基本储蓄与专业投资之间找到更加多样化、更加符合风险偏好的投资选择，促进财富保值增值。

二是维护投资者合法权益。要始终把投资者的利益和财产安全放在首要位置，要通过更细致的工作，准确评估投资者的风险偏好和实际承受能力，把合适的产品销售给合格的投资者。在风险承受能力评估等环节，更要从严把握风险管理要求。同时，重视对投资者的宣传教育，普及理财知识，帮助投资者培育风险意识，树立科学审慎的投资理念、理财产品风险观和收益观，向投资者真实传递投资产品的风险和收益。

三是适应居民养老新需求。近年来，我国人口老龄化问题凸显，加快第三支柱建设、构建符合国情的多层次养老保障体系，是应对人口老龄化的必然要求。银行要积极参与我国养老保障第三支柱建设，通过市场化手段以及差异化产品设计，推出更好的养老金融服务，满足个人对养老金融资产配置以及保值增值的需求，形成安全稳健的个人养老资金储备，助力客户做好退休规划，享受美好生活。

王永胜：

现任山东泰山钢铁集团有限公司党委书记、董事长。

山东省人大代表，济南市人大代表。中共山东省第十届党代表、中华全国工商业联合会第十二届执行委员会执行委员、全联冶金商会副会长、中国金属学会理事、中国钢铁工业协会常务理事、中国特钢协会不锈钢分会副会长、中国金属材料流通协会不锈钢产业分会联席会长、山东省工商业联合会副主席、山东省不锈钢行业协会会长、山东省钢铁行业协会副会长、济南市工商业联合会副主席、济南市企业和企业家协会常务副会长。

获得全国钢铁工业劳动模范、中国不锈钢行业优秀企业家、山东省优秀共产党员、山东省优秀企业思想政治工作者、山东省诚信企业经营者、齐鲁品牌建设名家、山东省用户满意杰出管理者、山东省改革创新人物、低碳山东十大领军人物、山东省循环经济十大年度人物、"影响济南"经济人物等殊荣。国务院政府特殊津贴获得者。

一个支点何以撬动一片区域？

——"中国500强企业"泰山钢铁的家国天下与发展使命

财富之道

儒家说道

384

古希腊科学家阿基米德发现了杠杆原理后曾说："给我一个支点，我就能撬动地球。"

儒家讲，"夫仁者，己欲立而立人，己欲达而达人"，在致富之路上，一个人能否带动一群人？一个支点是否能撬动一片区域？

位于泰山东麓，与孔子故里东西相望，素有"钢城煤都"之称的山东省济南市莱芜区境内，有这样一家集能源、机械、商贸、高科技于一体的民营企业——山东泰山钢铁集团有限公司（简称"泰山钢铁"），拥有50多年的生产经营历史，以"为职工增加收益，为国家创造财富"为企业宗旨。作为全国最具竞争力的400系不锈钢生产基地、山东省唯一一家全流程不锈钢生产企业、山东省不锈钢行业"链主"企业，泰山钢铁以多项专利技术填补国内空白，创造了中国钢铁工业史上的17项第一，连续13年进入中国企业500强。

50余年的生产经营史，每年几百亿元的营业收入，在擦亮"泰山"品牌，交出一份亮眼的成绩单的同时，泰山钢铁引领近万名员工，周边的十几个村庄走上致富之路。

经历白手起家的艰辛，在实体经济领域走出一条高质量发展之路，必然离不开一种强大精神的支撑。山东泰山钢铁集团有限公司董事长王永胜结合中华优秀传统文化从泰山钢铁的发展路径，企业发展背后的文化动力，在世界格局下、共同富裕中的使命担当以及如何带动周边地区走上共同富裕之路等方面，对一个"中国500强企业"的家国天下与发展使命进行了解读。

一、从"中国 500 强企业"看财富之源

得天独厚的区位与文化优势下"500 强企业"的强势崛起

《文化大观》：泰山钢铁是山东省唯一一家全流程不锈钢生产企业，作为一个连续 13 年进入中国企业 500 强的集团领导者，您认为泰山钢铁能取得如此成就，根源是什么？

王永胜：说白了，就是责任心。在责任心和使命感的驱使下，我们一步步走到了今天。泰山钢铁是从一穷二白的下马铁厂废墟上恢复重建起来的，能够发展到今天，得益于"天时、地利、人和"。

"天时"就是改革开放政策的出台。在改革开放政策的指引下，我们开启了补偿贸易先河，筹得了恢复重建的第一笔资金。四十多年来，改革开放不断深化，为民营企业创造了良好的发展环境，促进了企业的蓬勃发展。要说根源，我认为党的正确领导、政策的支持，这是一切发展的根本前提。

"地利"就是地方党委政府的大力支持，以及得天独厚的资源优势和历史优势。莱芜拥有三千年的冶铁史，从汉代到明清，一直是重要的冶炼中心，现在我们发展钢铁也是对历史文化的一种传承。

"人和"是我们拥有一支具有凝聚力、向心力、战斗力的队伍。大家牢固树立"泰钢靠我发展、我靠泰钢生存"的主人翁意识，一心一意、团结一致地建设泰山钢铁、发展泰山钢铁。

《文化大观》：您提到了得天独厚的资源优势和历史优势，能否讲讲这种优势对企业发展的作用？

王永胜：我们的根据地在莱芜，处于泰山山脉和沂蒙山脉的结合处。

莱芜处于齐国和鲁国的交界处，境内有齐长城和鲁长城。在莱芜发生过的几次著名战役，无论是春秋战国时期的长勺之战还是解放战争初期的莱芜

战役都是经典战役。长勺之战就在离我们 30 公里的地方。自古以来，莱芜的位置很重要，孔子在鲁国外交史上取得重大胜利的"夹谷会盟"也发生在这里。

我们这个位置，到泰山直线距离不超过 45 公里，是泰山山脉的一部分，晴天就能看到泰山。我们集团的中心就是九顶雅鹿山，即宫山，也叫矿山。矿山东面、南面是煤矿，北边、西边是铁矿。莱芜自古铜铁等矿藏丰富，莱芜冶铁始于春秋，在全国、全省占有重要位置，汉代就开始设置铁官。

《文化大观》：泰山钢铁就坐落在泰山山脉，这个名字的由来是否也与泰山有关？

王永胜：这就要从泰山钢铁的历史说起。

莱芜曾长时期属于泰安。泰山钢铁原属于泰安地区的钢铁厂，由于管理不善、设备陈旧等问题，于 1981 年停产下马。在莱芜撤县建市之际，我的父亲，也就是泰山钢铁的老书记王守东向新市委提交了《恢复上马炼铁刻不容缓，决心为振兴莱芜经济作出贡献》的报告。在当时，20 世纪 80 年代，国家把精力转移到经济建设上来，曾在莱芜钢铁厂担任高炉车间主任的老书记觉得国家投资这么大，作为共产党员，他有责任把工厂重新恢复起来。

1984 年，莱芜市委市政府下发了《关于成立莱芜市铁厂筹建指挥部的通知》，决定在原钢铁厂基础上筹建成立莱芜市铁厂。在政府没拨一分钱，银行没贷一分款的情况下，为恢复一座 55 立方米高炉所需的 300 万元资金，我们的老书记拿着政府的批文，拎着马扎，背着煎饼，三闯上海、七下江南、五去胶东，开创了"补偿贸易"的先河，得到了恢复生产的第一笔资金。

1994 年，泰山钢铁集团有限公司成立。泰山钢铁之所以以"泰山"命名，其中有位置的因素，依属的因素，文化的因素。"泰山"这个名字，有吉祥、平稳、发展等寓意，也意味着目标、境界、责任、追求，进一步形成了泰山钢铁"产业报国、实干兴邦"的情怀，"世界一流、国内领先"的目标，"不忘初心、勇攀高峰"的信念，"自强不息、艰苦奋斗"的精神，我们已经将泰山内涵融入企业文化建设和生产经营管理的方方面面。

从白手起家到数千人大家庭的建立

《文化大观》：当时遇到了很多困难吧？

王永胜：当时的困难非常多。当时莱芜市委市政府只给了个许可，因为当时政府也困难，没有钱。所以说，老书记是带着一伙人自力更生，艰苦奋斗，白手起家起来的。

从恢复第一个高炉，到第二个高炉，老一辈人在不断创建新的高度。艰难的起步，靠的就是一个责任心。过去，王进喜说："宁肯少活20年，拼命也要拿下大油田！"我父亲就讲："宁可少活20年，也要把钢铁搞上去。"我们从小到大，由弱到强，从过去单一的炼铁，到后来的炼钢，轧钢，热轧，冷轧，不锈钢，产业链越来越长。

越是困难的时候，我们的战斗力、凝聚力、责任心、艰苦创业的劲头就越凸显。我们是一支朴素的、坚强的队伍，同事之间的关系是比较朴素而亲切的。我们这几个大厂区就像一个大家庭一样，追求一种其乐融融的、愉快的、朴素的感觉。一直以来，我们众志成城，克服困难往前走，就是这样一步步走过来的。

《文化大观》：一个团队凝聚起来所产生的作用是非常强大的。

王永胜：老书记从做思想政治工作的实践中总结出一句很生动的话，叫作"锅不热、饼不贴"。2000年6月24日的《人民日报》第1版以《一位共产党员和六千人的"大家庭"》为题进行了专题报道。

我们的职工对公司有较深的感情，这种凝聚力，很多厂子都没有。原来厂里有一两千职工，我父亲能把大家的名字都叫出来。多年来，不少普通职工到我家串门已成了习惯。父亲在家里专门准备了暖水瓶和十几个小"马扎"，每天晚上要沏上两三壶茶。职工有什么话都喜欢跟他说，谁有什么困难他都一一记在心头。

我们制定了完善的制度，领导班子双向考核，党政同责，一岗双责。书记要参与生产经营，厂长也要负责思想政治工作。懂思想政治工作的厂长可以当书记，懂专业的书记可以当厂长。大家很融洽地在一起，为了一件事奋斗。

今年新冠肺炎疫情期间，我们两个厂区封闭运行，我们有自己的医院和保卫，可以自己做核酸，不需要到处跑。书记、厂长带领党员干部逆行于一线，哪里需要去哪里。我们整个队伍是一起经历了风风雨雨的，就是在朴素的生活中，平平淡淡的一种相互的关心。

企业家首先要懂哲学

《文化大观》：企业的发展主要采取了怎样的发展战略呢？

王永胜：几十年来，泰山钢铁一直坚持"党的领导、思想政治工作、企业管理、科技进步"四轮驱动发展战略。

党的领导和思想政治工作是"前轮""方向轮"，是指导我们思想的。不管形势怎么变、结构怎么调、机制怎么转，泰山钢铁始终奉行"泰山钢铁姓党"，坚持党的领导不动摇。

企业管理和科技进步，是我们的动力轮。技术革新是我们推动企业发展的动力。我们有37项国际专利，400多项国家专利。这都是这么多年不断积累，积淀的结果。

此外，一支能够吃苦，能够团结奋斗的队伍，是我们的财富。

《文化大观》：为什么泰山钢铁这么重视党建工作？

王永胜：我们是一家由党建引领的，具有鲜明红色文化特色的企业。

我父亲是部队转业回来的，他过去在基层连队干过基层指导员，在军队机关做过理论教员，在那里接受了系统的教育，理论功底深厚。他对国家和民族的感情是融化在血液里面的，他一直喜欢别人称呼他为"王书记"。

我们现在有 1304 名党员、3 个党总支、22 个党支部，先后荣获了全国非公企业双强百佳党组织、山东省基层党建工作示范点、山东省思想政治工作优秀企业等荣誉。我们要求党员干部要深入群众当中，在各方面都要走在前面。我们经常评选先进党支部和优秀党员，并经常给予一定的物质奖励。党员不光有责任，还要有荣誉和奖励。

《文化大观》：作为生根在齐鲁大地的企业，泰山钢铁在管理企业的过程中是否运用了儒家思想？

王永胜：儒家文化，是我们中国人从小就耳濡目染的。儒家文化是中国文化的主流，儒家崇尚"仁"和"礼"，倡导尊老爱幼，与人为善，就是要建构一种秩序。现在讲的温良恭俭让的素养，是过去农村最朴素的教育，是我们中华民族基本的行为道德规范。

泰山钢铁毗邻儒家文化发源地，孔子也曾在莱芜观礼，儒家思想已经深入人心。以人为本、以德为先、以诚为重、以和为贵，都是儒家文化的主张。经营企业，管理理念和行为方式要处处体现出儒家仁民爱物的思想。

我父亲经常给我讲历史，他也深受儒家文化的影响。如何为人处世，怎么做个好人，这些朴素的理念都是在成长过程中生成的。

《文化大观》：老书记是如何运用儒家思想管理企业的？

王永胜：我父亲从很小的时候就有家国情怀，他刚刚毕业就报名参军了。我奶奶给我讲，我父亲上进心很强，读课本把书本记得烂熟。村里老人就说他："你不是念书，是吃书啊。"

学习是一辈子的习惯。我父亲有一个爱好，就是逛书店。跟他出差的人都知道，在办完公事后，他都要去书店里买上一大堆书。有一次，省报社的一位记者问他："一位企业家首先应懂哪些知识？"他不假思索地说："首先要懂哲学吧！"他曾在笔记本上写道："只有文化才会孕育出比物质和资本更强大的力量，才能造就更大的文明进步。"三流企业靠制度，二流企业靠标准，一流企业靠文化。只有先进的文化才会使一个企业永远立于不败之地，繁荣昌盛。

我父亲吸取儒家思想、毛泽东思想与西方管理理论，创造了以泰山钢铁精神和五条姿态为主旋律的管理理念，提出了"以人为本，既出钢材又出人才"的理念，大力实施"人才强企"发展战略。

以文化凝练企业精神，铸造职工灵魂

《文化大观》：泰山钢铁精神怎么理解？

王永胜：泰山钢铁精神有十八字：忠诚、诚实、合作、高效、创新、拼搏、文明、有序、活泼。

不管是泰山钢铁精神还是五条姿态，都是对员工行为的引导和规范，其中首先强调的就是忠诚、诚实、合作。在儒家思想中，诚信是伦理道德的核心，泰山钢铁在几十年的发展历程中，始终将诚信作为行动的指南。

《文化大观》：泰山钢铁是如何践行诚信等优良的传统美德的？

王永胜：儒家讲"人无信不立"。泰山钢铁有着50多年的历史，历来讲大局、识大体，始终坚持守法诚信经营。

2008年，泰山钢铁投巨资建设的60万吨不锈钢工程正需要大量资金补给之时，作为莱芜银河纺织的担保单位，我们承接了银河纺织公司所欠贷款，至今已连本带息代其偿还超过20亿元。

作为山东省不锈钢行业协会会长单位，泰山钢铁联合90多家不锈钢企业，正在努力将山东打造成中国江北规模最大、竞争力最强的不锈钢核心省份。正因多年来对泰山钢铁精神的践行，泰山钢铁先后被授予AAA级信誉企业、全国守合同重信用企业、山东省文明单位。

《文化大观》：您现在管理企业的模式是否也受到了家风传承的影响？

王永胜：是的，泰山钢铁在企业发展的新时期提出了"学习、实践、创新、提高"的理念，强调学习是基础、实践是关键、创新是引擎、提高是核心，这是我们经过两代人的薪火相传，立足企业发展过程中的实践经验总结出来，也是我们当前立足新时代，加快实现高质量发展的方法路径。

《文化大观》：泰山被称为"群山之祖，五岳之宗"。您曾提到要打造走出国门的"泰山品质"，"泰山品质"如何理解？

王永胜：古人讲："山莫大于泰山，史亦莫古于泰山。"我们讲"泰山品质"，就是在精益求精中追求卓越，将泰山钢铁的产品做到极致，让泰山品质如泰山一样坚不可摧、令人瞩目。

《文化大观》：文化是企业的灵魂，如何打造企业文化软实力？

王永胜：一个企业要凝聚人心，需要以文化铸造职工的灵魂。

在文化建设方面，我们始终坚持"人的因素第一"，常年开展民主管理、劳动竞赛、技术比武、小改小革等传统的群众性活动。通过平时的培训教育，领导干部的以身作则，逐渐形成了良好的企业文化。

《文化大观》：在泰山钢铁走向高质量发展之路的过程中，企业文化在其中起到了怎样的作用？

王永胜：企业文化是企业在长期的生产经营活动中形成的，是一个企业的核心价值观所在。

多年来，我们坚持以文化人、以文育人，以作风建设推动文化建设，以文化建设推动发展建设，营造了风清气正、公平公正的办事环境。全体职工的凝聚力、向心力和战斗力不断增强，业务素质不断提升，办事创业热情高涨，为企业的转型升级和高质量发展凝聚了智慧和力量。

二、世界格局下的竞争，根本何在？
从实体经济看天下观与使命感

"民族智慧"＋"自主创新"赢得发展先机

《文化大观》：泰山钢铁近年来在实体经济领域成绩斐然，主要采取了哪些发展路径呢？

王永胜：这个厂最初是我们自己出钱建起来的，当时还没有银行贷款这个事，所以一开始我们就推向市场经济。北方的环境保守一点，获利差一点，但是我们的危机感和紧迫感很强，我们一开始就走差异化、专业化的路子，不断地转型升级。

我们在大概 2000 年的时候上的窄带；到了 2003 年的时候，我们拆除螺纹上的中宽带；2005 年，大家都在上热轧的时候，我们上冷轧；到了 2007 年，在各地钢铁产能呈井喷式发展的时候，我们开始转型生产不锈钢。在这个过程中，我们填补了山东钢铁方面的诸多空白：2004 年，950 毫米热轧中宽带生产线建成投产，填补了华东六省一市的空白；2006 年，950 毫米冷轧机组竣工，填补了山东省无高档冷轧板的空白；2007 年，国内第一套自主设计制造的 1700 毫米冷轧机组竣工投产；2008 年，不锈钢工程建成投产，填补了山东无大型不锈钢高档产品的空白……

2007 年转型生产不锈钢的时候，全行业当中很多人就想不到。我们当时上的是宽幅的高端不锈钢，业内非常关注。我们努力了这么多年，交了不少学费，遇到过很多难题，但是我们终于走过来了，闯出了自己的路子。

"早半步，致远行"。在新旧动能转换、流程再造、精益制造、智能制造等方面，泰山钢铁始终实现比同行业"早半步"发展，形成了热轧、冷轧、不锈钢"三驾马车"并驾齐驱的良好发展局面，在激烈的市场竞争中发挥出新动能的优势，争取了主动，赢得了先机。

《文化大观》：引领行业的发展离不开创新，如何把老祖宗的智慧与先进的科学技术融会贯通？

王永胜：自主创新是企业发展永恒的主题。

儒家思想倡导"苟日新，日日新，又日新"的理念，革故鼎新、与时俱进是儒学精神的一个重要方面。

泰山钢铁一直坚持创新驱动发展，瞄准"专精特新"持续发力。"专"就是专注、专业化，"精"就是出精品、精细化，"特"就是特色、特种钢，"新"就是新业态、新技术、新工艺。

无论泰山钢铁生产经营的形势如何，我们都会坚持发动群众搞"五小发明"竞赛，并且每季度进行评奖。如今，泰山钢铁每年技术革新项目的平均数量已经达到 200 余项。

我们建立了国家级企业技术中心、博士后科研工作站、国家级实验室等创新平台，累计获得国家专利授权 595 项，47 项不锈钢技术填补国内空白，创造了中国钢铁工业史上的 17 项第一。我们还与中国钢研集团深度合作，共建国家高端装备用钢项目，全面实施了高端制造、新兴产业、氢能冶金及产城融合等领域的战略合作，重点研发以 2205、2507、441、443、439 为代表的双相不锈钢、超纯铁素体不锈钢、超级奥氏体不锈钢。将产品由现有家电、餐具用钢扩展到核电、军工、海洋用钢，目的在于实现更多的进口替代，打造"济南制造""山东制造"新名片。

目前，泰山钢铁是全国最具竞争力的 400 系不锈钢生产基地、山东省唯一一家全流程不锈钢生产企业、山东省重要的冷轧薄板生产基地，客户满意度连续 20 年达到 95% 以上。

《文化大观》：钢铁产能很大，如何进行转型升级？

王永胜：国家倡导的"双碳""高质量发展"就是我们的发展方向。对于山东省提出的"强省会"战略，钢铁的拉动作用非常强大，包括钢铁的基础供应，对各种合作行业的支撑。一个钢铁工人的岗位可以拉动接近 5 个岗位。

战争时期，我们之所以吃了很多亏，就是因为缺钢铁。所以说，中国的钢铁大发展，是很自豪的事情。中国对世界全球经济影响最大的是哪个行业？我认为是钢铁。

《文化大观》：钢铁可以带动一系列产业链的发展。

王永胜：一路走来，我们的企业从小到大，产业链不断发展和延伸。从矿区开始然后焦化、燃料、炼铁、炼钢、轧钢、冷轧、制品，我们的产业链逐渐延长。也因此，我们的核心竞争力，包括抗风险能力，也在逐年增强。

我们的产品可广泛应用到石油、化工、航空航天、汽车、船舶、医药、食品、水处理以及家电等领域。我们现在可以做制品了：电梯板，家电板，报亭，垃圾箱等，当然还有锅碗瓢盆等厨房用具，我们生产的钢铁可以应用到日常生活当中去。

民营企业的天下观
发展理念最终要归结到"文化"上

《文化大观》：泰山钢铁近年来在实体经济领域成绩斐然，主要采取了哪些发展理念呢？

王永胜：我们坚持五个发展理念：低碳、智能、品牌、国际、文化。

"低碳"是国家大力倡导的生产生活方式，减少碳排放，就能渐渐恢复天朗气清，绿水青山的生活。你看我们办公楼外面的天，感觉像在钢铁厂吗？我们的钢铁厂没有乌烟瘴气，都是绿树成荫，繁花似锦。

"智能"是往数字化，人工智能的方向发展。

"品牌"就是质量的稳定性，努力让客户对产品的认可、喜爱，形成一种依靠或依赖。

"国际"就是走出国门。想要提升竞争力，就必须"走出去"，充分利用好国际、国内两大市场。

五个发展理念最终归结到"文化"上，文化是企业发展的保障，我们将朴素的家国情怀的理念融合于其中。

《文化大观》：为什么把低碳放在第一位？

王永胜：绿色发展是我国国策，我们必须坚决拥护。此外，还有责任在里面。改革开放四十余年，消耗了大量的资源，为子孙后代着想，节能减排、环境保护是钢铁企业不可回避的重大考验。

《文化大观》：这一点已经超越了一个企业发展经济的格局。

王永胜：有些人抱着一种"过完这辈子就不过了"的心态，肆意糟蹋挥霍资源，有的地方水都没法喝了，土地里长出来的粮食吃起来也不怎么香了。有些地方用 30 年把 1 万年的煤挖光了，这是一种挥霍和严重的不负责任！

《文化大观》：泰山钢铁的低碳、绿色发展之路与儒家先贤提倡的生态环保思想有相同之处，泰山钢铁在这方面取得了哪些成果？

王永胜：儒家思想主张"仁爱万物""仁者以天地万物为一体"（《孟子·梁惠王》），一荣俱荣，一损俱损，倡导环境友好的理念和态度，尊重自然就是尊重人类自身。习近平总书记也提出了"绿水青山就是金山银山"的生态发展理念。①

打造一个与生态城市和谐发展的绿色企业，造福泰山钢铁职工和全市百姓，这是泰山钢铁一定要走且必须走好的路。我们以"绿色泰山钢铁、生态泰山钢铁"为发展战略，深入实施"城市钢厂"产业体系建设。2012 年，我们先后拆除了 180 立方米、320 立方米、450 立方米等几座高炉。2014 年，我们在不锈钢改造环保方面投入 3.6 亿元。在城市污水消纳、城市垃圾资源化、城市美化亮化等方面，我们也狠下功夫，积极实施固体废物和危险废物的循

---

① 仲音：《绿水青山就是金山银山（人民论坛）——共建人与自然生命共同体②》，《人民日报》，2022 年 8 月 18 日 04 版。

环利用，努力打造"产城融合发展、环境生态文明"的新型钢铁产业基地。

这一系列的措施，就是对低碳发展战略的落实。2017 年，泰山钢铁被工信部评定为第一批"绿色工厂"，我也被评为第四届"低碳山东十大领军人物"，并代表大会向全省各界及九千万齐鲁儿女发出了共建"低碳山东"倡议。这是新时期、新阶段，我们钢铁人的使命与担当。

我们的大方向是对的，只是建设起来有一个过程，不能一刀切。我们现在正在深度地治理，这方面的推进应该是卓有成效的。我们的高炉、燃料厂，周边到处都是树，就是一直在践行绿色发展的有力证明。

《文化大观》：在"低碳"方面，企业的支出大不大？

王永胜：这几年，我们对环保的投入很大。

我们先后投资 46 亿元，以严于、高于国家标准实施了生产污水处理、烟气深度治理及料场封闭等 60 余项节能减排改造项目。近年来，我们成立了"绿色智能城市钢厂产业技术研究院"，实施清洁生产，发展循环经济，不断降低能源消耗，并将一部分资源运用到城市的发展和居民的需求中，投资 3 亿元建设的工业余热暖民项目，供热面积近 450 万平方米，解决了周边 20 多个社区的供暖问题。

不计成本、不遗余力地打造一个与生态城市和谐发展的绿色企业，造福城市，造福百姓，这是泰山钢铁正在走的路。

《文化大观》：这也是一种社会责任的体现。

王永胜：儒家思想中有一个很重要的理念："穷则独善其身，达则兼济天下"，体现的是一种博大的情怀。

一个以优秀传统文化为底色的企业，鲜明特征就是强烈的社会责任，能够把个人利益和国家与人民统一起来，把经济效益与社会效益统一起来。做企业，就要有家国天下的情怀，为国家富强、为民族品牌的打造、为职工幸福而奋斗。

走出国门
"为万世开太平"的使命感

《文化大观》：在"国际"理念层面，泰山钢铁为走出国门实施了哪些举措？

王永胜：响应国家号召，我们计划走出国门。近年来，中国提出"一带一路"倡议，我们开始开拓海外市场。

前些年我们的不锈钢产品已出口到东南亚、欧洲、非洲等 20 多个国家和地区，在国际市场中占据了一席之地。在全球化背景下，我国倡导人类命运共同体，我觉得双循环很有必要。双循环是构建以国内大循环为主体、国内国际双循环相互促进的新发展格局。

如今，我们的钢铁厂已经建到了印度尼西亚。泰山钢铁要进一步扩大影响、提升水平，就要加快实施国际化发展战略和产业链全球化布局，争取成为我国钢铁行业"走出去"的国家新名片。前段时间，我们把一块泰山石送到了印度尼西亚的工厂，这是一种文化的象征。

《文化大观》：泰山文化不仅是山东的，也是世界的。

王永胜：泰山被誉为"天下第一山"。朝鲜古代文人杨士彦写的一首诗中就提到"泰山虽高，却仅为天底下的一座山，只要坚持不懈，就没有理由爬不上去"。这说明泰山就是他们心目当中最高的山，这个"高"是精神层面的。泰山是不可逾越的精神层面的高山，文化方面的高山。中华文化对日、韩等国的影响，是潜移默化、根深蒂固的。

中国比其他国家提得更多的是天下。我觉得中国人心胸宽广，心底有"天下兴亡，匹夫有责"的责任感，是一种"为天地立心，为生民立命，为往圣继绝学，为万世开太平"的历史使命感。

《文化大观》：您把张载的横渠四句都融于日常工作生活中了。

王永胜：我们要向世界一流的产品看齐，向世界一流的企业看齐。我们现在有一流的工艺，一流的装备，更有一支一流的队伍。我们的产品要走向全国，走向全球，实现中华民族的伟大复兴。

现在的中国不只是钢铁大国，更在慢慢地成长为强国。从规模上来看，我们中国的钢铁占世界一半多，中国的不锈钢也占世界一半多。但是目前还有一些尖端领域，比起一些传统的钢铁大国还有差距。比如说不锈钢方面，日本、德国就走在前面。

"朴素"情感引领下的高质量发展

《文化大观》：从世界的视野来看，泰山钢铁是否可以与国际上的一些知名钢铁企业媲美了？

王永胜：还不能说是媲美，是在向人家学习、看齐。

从山东来讲，我们是唯一一家全流程的不锈钢企业。从冶炼开始，从炼铁到炼钢，到不锈钢板，我们的流程比较完整。特别是400系不锈钢，已经形成了一个非常好的基地。我们下一步想做一个更好的不锈钢基地——特钢基地。在某些领域，某些产品，我们要做到最好。现在大发展的时期过去了，大家都讲求高质量发展，我们需要探索怎么做高品质、个性化的服务，走差异化、专业化的路子。

《文化大观》：泰山钢铁的产品，是否和泰山精神相一致？

王永胜：钢铁比黄金的硬度和韧性还要好，我们的产品广泛地应用于下游的工业制造，包括民生领域的家电、生活用品，我们也在积极地参与军工、海洋、核电等领域。

制造业不强大，国家怎么强大？我们钢铁工人是钢铁产业的代表，有自豪感，有地位。我们对于钢铁，有一种朴素的感情，钢铁在国计民生当中有着不可替代的作用。我们一直向先进制造业的方向努力。

《文化大观》：您多次提到"朴素"这个词，从泰山钢铁的办公场所来看，呈现出的也是朴素的样子。

王永胜：我最喜欢朴素的风格，不求奢华。奢华只是表面的，我们的心里有内涵，有支撑的东西，就不会在乎外表的奢华。

在世界格局下的竞争，根本还是文化的竞争，是理念的竞争。

《文化大观》：我们还是要从中华民族的智慧中去汲取发展的营养。

王永胜：我们两千多年封建王朝治国的理念，有很多宝贵的经验。从推翻封建帝制到现在，才一百多年。两千多年以及这一百多年的经验，我们应该总结一下，包括我们几十年的计划经济，以及四十多年的改革开放，不要把它对立起来。我们应该综合起来考虑，把这几个节点比较比较，把其中共同的好的东西梳理出来。我们的基础在哪儿？有一个片名给我很多启发——《让历史告诉未来》，我们应该好好地回顾一下历史，找到我们未来努力的方向。

通过回顾历史走过的弯弯曲曲，风风雨雨，才知道我们未来应该怎么办。怎么去实现中华民族伟大复兴？这个时候就得抛弃一些个人的，或者低层面的，看得更高一些，更宏观一些，既不能对过去照搬照用，也不能把过去完全否定。在仔细地去分析、体会之后，我们能更理性地找出一个方向。

现在我们中国崛起，在中华文化引领世界的时候，我们要去想怎么能够把自身做好，然后去影响、带动世界各国。在一个新阶段当中，把人类命运共同体这件事，由中国人，由中华文化引领得更好。

三、一个支点如何撬动一片区域？
以共同富裕对标"大同社会"

> ### "天地之大德曰生"
> ### 创造财富是使命

《文化大观》：《周易》讲"天地之大德曰生"，您是否认同企业的使命就是创造财富的观点？

王永胜：财富就是人所创造的价值，是消耗劳动时间的累积所产生的结果。

泰山钢铁就以"为职工增加收益，为国家创造财富"为宗旨。

我们立足本行业，把钢铁炼好。用老百姓的话来讲：各人干好各人的活。大家各司其职，把自己的活都干好了，安居乐业，秩序就稳定了。泰山钢铁自 1969 年建厂以来，半个世纪的积累，正是这样一步步成长起来的。

《文化大观》：近年来，泰山钢铁为社会、国家创造了怎样的财富？

王永胜：其中能看得见的，也就是有形的财富，有占地近万亩、可以实现从铁矿石到板带材、铸件的泰山钢铁厂区，园区内高炉、转炉、连铸机、轧机、酸洗线鳞次栉比、昼夜不息，生产的 400 系不锈钢销往 20 多个国家和地区。

无形的财富有钢铁战士的高超技能、工程师的先进技术和卓越的泰山钢铁文化，其中人才队伍和技能技术是泰山钢铁能勇立潮头的关键财富，而泰山钢铁文化是记录新中国变迁的真实写照，是指引泰山钢铁高质量发展的宝贵财富。

对社会来说，我们积极发挥民营企业的灵活优势，使老百姓用上了卫生、便捷的不锈钢，为地区的经济增长和稳定发展贡献了重要力量。另一方面，泰山钢铁补齐了山东地区不锈钢行业的空白，并积极探索钢铁行业产城融合的新发展模式，坚持"单纯、集约、高效、清洁"的建厂方针，在改革开放的洪流中探索了一条普适性的企业发展道路，为民族复兴、大国崛起贡献了宝贵财富。

找到共同富裕的出发点
发现初心里蕴藏的巨大能量

《文化大观》：作为一家大型的民营企业，在新时代谈财富，离不开共同富裕这个话题，请谈谈您对共同富裕的看法。

王永胜：共同富裕是建设中国特色社会主义理论的重要内容之一。在2021年中央财经委员会第十次会议上，习近平总书记再次强调了共同富裕的内涵和内容。①共同富裕不是平均主义，要分阶段促进，允许一部分人先富起来，先富带后富、帮后富，这也与儒家"修身、齐家、治国、平天下"的理念相符。

共同富裕的道路，是我们党的道路，我们要沿着这条路走。共同富裕非常符合中国的国情。中国幅员辽阔，人口众多，如果不实行共同富裕，贫富差距太大，影响社会的正常稳定发展。

我觉得共同富裕，就是我们遇到困难的时候，有那么一种好的秩序，让大家都能有饭吃，有一份工作做。中国共产党的初心是为中国人民谋幸福、为中华民族谋复兴，共同富裕是社会主义的奋斗目标。

为什么共产党能从五六十个人开始，经过风风雨雨，波澜壮阔的斗争，还前仆后继地奋斗？因为愿心大。他想到的是千千万万的劳苦人民，相当于整个中华民族，这种力量是无穷大的，所以他才能够克服无数的困难。

---

① 李毅：《理解共同富裕的丰富内涵和目标任务》，《人民日报》，2021年11月11日12版。

《文化大观》：这也就是泰山钢铁作为一个民营企业，能够始终坚持以党的思想作为引领的原因吧？

王永胜：为什么说要听党的话？是谁在领导和管理国家？是中国共产党，是党领导一支军队，经历过无数生死，前仆后继，打下江山，才建立政权。我们一定要有这种意识。我们小时候受的教育，是共产党员鲜血染红了我们的旗帜。所以我们要坚持党的领导，跟着党走建设共产主义的路线。

红军长征所经历的千难万险能给我们带来很大的启发。长征开始的时候，中央机关及中央红军8.6万余人，在于都集结，巧渡金沙江，爬雪山，过草地，到达陕西吴起镇的时候，只剩下7000余人。这是多大的牺牲啊！中国共产党的初心里蕴藏着一种巨大的能量。

这么坚强的党的领导，经历了风风雨雨的考验，包括对内对外斗争的丰厚经验，这种力量太强大了，有时候你不想，是感受不到的。共产党一开始就以大众为基准，共同富裕的提出，是根据党的宗旨为出发点的，所以我们肯定要走共同富裕的道路。

企业在共同富裕中的任务：将蛋糕做大

《文化大观》：在共同富裕的道路中，企业也要践行自己的责任。

王永胜：企业是先进生产力的代表，共同富裕的过程中企业最重要的任务是将蛋糕做大，将企业做大做好，同时创造就业机会和产值，让更多人获得更好的收益。在企业发展壮大的同时，我们始终不忘初心，积极履行社会责任。

前些年，我们经过十几年摸索，做出很大的牺牲，我们现阶段也还是很难的，但是出发点是对的。无论是精准扶贫、乡村振兴，还是对周边村庄的城乡一体化建设，包括莱芜有三个企业无法维持运转了，我们把它们接过来安置，接受债务，把它们运营好，这些都是社会责任的一种践行。

《文化大观》：您认为企业在共同富裕中应该有怎样的使命和担当？

王永胜：我们探索出的以企带村、以工促农新模式就是一种使命和担当的体现。通过项目带动就业，我们给周边的农民提供工作机会，招了三四千人进行培训。

36 年来，我们先后接纳了莱芜市食品公司、莱芜市第二发电厂、莱芜设备总厂、莱芜锅炉厂、莱芜纺织机械厂等单位 2000 多名下岗工人，为维护地方社会稳定、促进社会就业作出了贡献。尤其是 1995 年，在泰山钢铁刚刚突破危局，又接连上了炼钢、轧钢、制氧三个分厂，资金几乎告罄的情况下，我们全员接收莱芜纺织机械厂在册职工 1008 人，并且连厂里的债权债务一块接手。恢复生产以来，泰山钢铁解决了地方两万多人的就业问题。

此外，在社会公益事业方面，我们也不断开展扶危济困行动。这几年，泰山钢铁为社会慈善公益事业、各类灾难捐款累计达 1.5 亿元。

在这方面我们不断地探索和实践，有成功的也有不成功的，但是这个方向是坚定不移的。

对标"大同社会"
引领村民走上致富路

《文化大观》：在乡村振兴方面，泰山钢铁做了哪些工作呢？

王永胜：乡村振兴是我们关注的一项重点工作。十几年前，我们在莱芜对一个村庄进行了精准扶贫，包括住房的安置、旅游的开发等。我们打造的雪野山居，2021 年被评为济南市"泉城人家四星级民宿"，是助力乡村振兴建设的示范项目，可以说是共同富裕的齐鲁样板工程，在带动当地经济方面小有成绩。一批设施完备、功能多样、配套齐全的集休闲、观光、旅游、住宿、康养等为一体的高档民宿集群，改变了山村的落后面貌。

泰山钢铁还投资 1000 余万建设苗山镇阳光大道，为村民修建了一条致富路、幸福路。

2019 年 6 月，泰山钢铁进军现代化新型农业领域，成立了邳州长勺农业公司。我们种了很多粮食，自己种的"生态米"已摆上了职工的餐桌。在江苏省邳州市车辐山镇，我们开发建设稻虾共作项目，深入研究绿色生态循环种养模式，生产绿色安全优质的农产品。稻虾共作项目促进了当地的农业增效、农民增收，壮大了集体经济的生态富民模式，为江苏省邳州市生态农业发展提供了新的样板，让农民得到了实实在在的获得感、幸福感。

我喜欢山山水水，一片片庄稼地，一片片菜地，我喜欢这种自然的感觉。

《文化大观》：泰山钢铁正在走上一条高质量发展之路，如何带动周边百姓走上共同富裕之路呢？

王永胜：泰山钢铁所在地区周边的 10 个村中，雅鹿山北麓的东西白龙村、沙家庄、刘家庄村，人多地少，人均耕地仅有 0.7 亩，全家年收入不足几千元，被称作"难四村"。

为解决周边群众的致富问题，2003 年，泰山钢铁提出了"以工带农，以工扶农，以工哺农，以工富农"，带领这些村庄走工农一体协调发展的道路，得到了当时莱芜市委市政府的支持。工业园成立后，通过实施项目进村、劳力进厂、保障进家，我们解决了园区 1.5 万人的就业和养老问题。我们累计为 60 岁以上老人生活补助支出 2000 余万元、土地分红支出 5000 余万元，成为工业带动农业、统筹城乡发展的典型，被中央城乡一体化建设调研组认为是引领城乡一体化发展的一条好路子。

在此基础上，我们筹资 7 亿元为工业园群众建设同心家园；投资 1.2 亿元建设开放式雅鹿山公园；拿出专项资金对园区内的 6 处中小学进行修缮和重建，建设了现代化、高标准的汶水中学，大大改善了师生工作、学习环境。园区群众实现了老有所养、壮有所为、幼有所教、困有所帮、病有所医的目标。

《文化大观》：泰山钢铁所做的这些工作跟儒家经典《礼记》中讲的"故人不独亲其亲，不独子其子，使老有所终，壮有所用，幼有所长，矜寡孤独废疾者，皆有所养"有共通之处。

王永胜：这就是儒家理想中的大同社会。儒家圣贤想构建的大同社会，与马克思所说的共产主义社会有着诸多相似之处，其差异在于所适应的生产力的发达程度不同，其对于公平的追求是相同的。

我最欣赏的一句话，出自儒家经典《孟子》："老吾老，以及人之老，幼吾幼，以及人之幼。"要是把所有的老人都当作自己家的老人，所有的孩子都当成自己家的孩子，这个社会能不好吗？这就是我们的理想社会。

通往共同富裕的路上
以一个支点撬动一片区域

《文化大观》："以人为本"是企业发展的基础，如何才能带领员工走上一条好的财富之路呢？

王永胜：建厂初期，泰山钢铁就确立了"以人为本，既出钢材又出人才"的企业宗旨，尊重职工、关爱职工一直是企业传统。我们是把企业当作一个大家庭来经营和管理的，每个职工都是这个大家庭里幸福的一员。职工为企业创造了财富，我们就把企业发展成果惠及每一名职工。

几十年来，泰山钢铁始终坚持职工不减员，工资不仅不降低，平均工资反而保持逐年上升态势。泰山钢铁集中开发了三个职工居住区，其中有两个高档住宅区，公司为职工购房让利让惠，贴补共计2亿多元，实现了企业职工的安居乐业。

《文化大观》：泰山钢铁是如何实现"既炼钢又练人"的？

王永胜：我们常年不懈地开展职工培训，始终坚持把教育培训提升到发展战略的高度对待，把人才作为泰山钢铁发展的第一资源。

培训就是最好的教育。除了常规培训和技能练兵，还有领导干部的以身作则。我们从思想上、业务上全面地对员工进行培养。在管理上，我们建立了操作、专业技术、管理三个序列的职业晋升通道，将个人职业生涯发展与企业人才培养完全融合，开启全程化、多维度人才培养模式。

从去年开始，我提出所有员工要提高本领，就必须要在每天的工作之余加强理论学习，以理论指导实践。

《文化大观》：就是王阳明讲的"知行合一"。

王永胜：是的，生活和工作中都要做到知行合一。读书百遍，其义自见。各方面的工作，熟能生巧，熟练掌握的话，就非常了不起了。在这个基础上，我们才能保证每一个环节的工作质量与产品的质量，同时中下游才能做出好的产品。

在企业发展过程中，我们逐渐建立了一系列体现人文关怀的制度和规定，如家访制度、谈心制度、扶老济困等。"泰山钢铁靠我发展，我靠泰山钢铁生存"的这个理念已经深深扎根在每个职工的心里。

作为党员，要有党性观念；作为群众，要当个好人。怎么当好人？善良，实在，光明磊落，与人为善，这些都是基本的。只有发自内心的善意，才能传递下去。在企业文化的影响下，大量的先进典型涌现出来。集团公司平均每年900余名职工被评为岗位明星、岗位能手、劳动模范，50名以上职工荣获市级以上表彰奖励。今年，择一事终一生的艺痴史秀宝、用心诠释工匠精神的燕照顺、在责任与奉献中绽放青春光彩的殷齐敏荣获各级工会表彰的"五一劳动奖章"，他们是泰山钢铁职工的杰出代表，也是泰山钢铁职工培训理念的真实写照。

《文化大观》：聚集了这么多优秀人才，泰山钢铁是否已经成了这片区域的一个中心？

王永胜：是的。我们一直是莱芜的重点企业，省里的重点企业，甚至可以说是莱芜的一面旗帜。今年我们招了360多名学生，从企业层面来讲，莱芜的很多群众都愿意把孩子送到我们这来。我们这儿能让他们发展得更好。孩子在这儿，家长放心。

《文化大观》：群众对一个民营企业有这样的评价，很难得。

王永胜：学习也好，工作也好，发展也好，家长都放心把孩子送到这里。这一点，我们也感觉很荣幸。

《文化大观》：您认为对社会大众来说应该如何做好财富管理，实现财富增值？

王永胜：财富管理方面的事，我考虑得不太多。大家在一起，朝着一个发展的方向，其乐融融地把生产经营搞好，这是我们现阶段，也是未来很长一个阶段的理想。随着企业的进步，到时候大家都能提高待遇。

对社会大众来说，干好本职工作，增强自身技能，获得更好的收入是实现财富增值的第一步。我们泰山钢铁有工作的八条基本方法，我觉得还是很有成效的。

第一条就是对你所从事的工作更加努力，树立正确的财富观。财富是靠辛勤劳动换来的。

还有一条就是做你较擅长的事情，寻找一份合适的工作，并坚持下去，熟能生巧。当你在做自己特别熟练的工作时，肯定比没有经验的人效率要高。要把工夫下在能使你所做的事情变得更好的方面，实现财富增值，就必须要在价值更高的工作上下功夫。工作时间的长短与完成任务价值的大小并不一定成正比。在这方面，我们泰山钢铁还有很多经验，就不一一赘述了。

后　记

　　党的十八大以来，党中央高度重视中华优秀传统文化传承发展工作，习近平总书记提出了中华优秀传统文化创造性转化、创新性发展的重大论断。党的二十大报告强调，全面建设社会主义现代化国家，必须坚持中国特色社会主义文化发展道路，推进文化自信自强，铸就社会主义文化新辉煌。①

　　为传承弘扬中华优秀传统文化，推动"两创"落实落地，满足人民日益增长的精神文化需求，中国孔子基金会会同《文化大观》杂志策划推出《财富之道儒家说》一书，旨在深入阐发儒家经典中的财富之道，让大众对儒家文化有一个更加整体、全面、科学的认知，以儒学智慧指导社会实践，引导大众树立健康积极的财富观。

　　本书是推动文化"两创"的普及类图书，并收录到《中国孔子基金会文库》中。《文库》是中国孔子基金会为征集孔子、儒学以及中国传统思想文化研究的优秀作品而设立的。作为一种出版资助性质的事业，《文库》旨在总结和弘扬中华优秀传统文化，推动当代人文学术与社会科学的发展进步。

　　近年来，中国孔子基金会致力于儒学研究、儒学人才集聚和培养、儒学普及推广、儒学国际交流传播，做了多方探索，取得了良好效果。这本《财富之道儒家说》是中国孔子基金会在服务经济、服务企业

---

①习近平：《高举中国特色社会主义伟大旗帜 为全面建设社会主义现代化国家而团结奋斗——在中国共产党第二十次全国代表大会上的报告》，人民出版社2022年版，第42—43页。

方面做出的新的尝试。在世界百年未有之大变局的背景下，在向共同富裕的目标迈进的征途上，物质富足与精神富有缺一不可。学习、研究的最终目的是将圣贤智慧转化为行动自觉，向大众传播、普及优秀传统文化，就要引领大众，引导企业把握安身立命之道，实现知与行的统一。

借此机会，谨向长期以来关心、关注、支持中华优秀传统文化事业的同仁、朋友表示由衷感谢！让我们勠力同心，努力发展面向现代化、面向世界、面向未来的，民族的科学的大众的社会主义文化，为中华民族伟大复兴贡献自己的力量。

中国孔子基金会秘书处
2022 年 11 月

特别鸣谢

莱商银行
LAISHANG BANK